Ullstein Sachbuch

ÜBER DAS BUCH:

Wirkliches Leben vollzieht sich als Wechselwirkung – in der Gemeinschaft, im Dialog, in der Auseinandersetzung mit anderen. Doch um andere zu begreifen und zu lieben, sie in unseren persönlichen Kosmos integrieren zu können, müssen wir uns erst selbst verstehen und akzeptieren.
An zahlreichen Fällen aus der Praxis des Autors zeigt dieses Buch Möglichkeiten und Wege auf, die Voraussetzung für ein erfülltes und zufriedenes Leben zu finden: das innere Gleichgewicht – das, was das Besondere und Wesentliche an jedem Menschen ausmacht.

DER AUTOR:

Henry G. Tietze, geboren 1931 in Kiel, studierte Betriebswirtschaft, Betriebspsychologie und -soziologie. Tietze ist Gründer und Leiter des Instituts für kooperative Psychologie in München (Imaginationstechniken und Traumarbeit) und arbeitet dort als Psychotherapeut.

Weitere Werke des Autors: *Botschaften aus dem Mutterleib. Pränatale Eindrücke und deren Folgen; Entschlüsselte Organsprache. Krankheit als SOS der Seele; Heilung durch Hypnose; Im Spiegel der Träume; Imagination und Symboldeutung. Wie innere Bilder heilen und vorbeugen helfen. Kräfte der Hypnose; Die punktierte Seele.*

Henry G. Tietze

Schicksal und Chance

Liebe als Wanderung zwischen Bindung und Rückkehr

Ullstein Sachbuch

Ullstein Sachbuch
Ullstein Buch Nr. 34452
im Verlag Ullstein GmbH,
Frankfurt/M - Berlin

Ungekürzte Ausgabe

Umschlagentwurf:
Theodor Bayer-Eynck

Mit freundlicher Genehmigung
des Universitas Verlags,
München

Printed in Germany 1988
Druck und Verarbeitung:
Elsnerdruck, Berlin
ISBN 3 548 34452 6

April 1988

CIP-Titelaufnahme
der Deutschen Bibliothek

Tietze, Henry G.:
Schicksal und Chance : Liebe als
Wanderung zwischen Bindung und
Rückkehr/Henry G. Tietze.
– Ungekürzte Ausg. –
Frankfurt/M ; Berlin : Ullstein, 1988
(Ullstein-Buch ; Nr. 34452 :
Ullstein-Sachbuch)
ISBN 3-548-34452-6
NE: GT

Inhaltsverzeichnis

Einführung

Gleich eine Frage vorweg: Was erwarten Sie von diesem Buch? Vielleicht, daß es einen ganz anderen Menschen aus Ihnen macht, Sie sozusagen von innen her umkrempelt? Ist Ihnen bewußt, daß ein Buch – genau wie Kino oder Fernsehen – ein Erleben wie durch eine dicke Glasscheibe ist? Es geschieht nur so, als ob es »wirkliches Leben« wäre. Bilder, Gedanken, Vorstellungen laufen ab, »als ob« Sie dabei wären. Sie sind aber getrennt von dem, was wirklich geschieht. Es ist wie bei einem Pferderennen, Sie sind Zaungast, erleben aber nicht das lebendige Gefühl, auf einem Pferderücken zu sitzen. Sie können nicht verschmelzen mit dem Tier, können nicht mit ihm eins werden. Sie atmen nicht den Staub, Sie riechen nicht das verschwitzte Leder des Sattels, Sie nehmen nicht den Dunst vom warmen Pferdekörper wahr, wie es der Reiter tut. Genauso wie Sie es als Zaungast von Pferd und Reiter getrennt sind, genauso sind Sie häufig vom Autor eines Buches getrennt, das Sie gerade in der Hand halten. Und weil das so ist, weil wir keinen »echten Dialog« führen können, kann ich das, was ich bei Ihnen und mir anstrebe–echte Selbsterfahrung und Selbstverwirklichung–mit einem Buch schwer erreichen. Darin liegt der Fluch aller Bücher. In Ihnen geschieht vielleicht Ungeheures, aber nur »als ob« und »wie wenn«, aber nicht als gelebte Wirklichkeit. Ich möchte aus diesem Buch mitten in Ihre gute Stube springen und Sie fragen: »Verdammt, warum lesen Sie dieses Buch denn, anstatt sich ganz Ihrem Partner zu widmen, ihn zu küssen, ihn zu streicheln, ihm zu zeigen , wie sehr Sie ihn lieben, ihm zu beweisen, daß er der einzige Mensch auf dieser Welt ist, dem Sie alles geben können, was Sie haben: sich selbst!«

Fürchten Sie nicht, daß ich einen anderen Menschen aus Ihnen machen will. Das dürfen Sie schon selbst tun. Ich bin kein Moralist, kein Sektierer und vor allem kein Fanatiker. Mir sind meine Freunde, meine Partnerin, eine Seezunge in Weinsauce mit indischem Reis, das Träumen auf einem Segelboot in der Sonne lieber als all die Torheiten, die sich um die Begriffe Psychologie und Philosophie herumranken. Wohlgemerkt, ich bin Psychologe, vielleicht auch irgendwo ein Philosoph, aber vor allem habe ich Men-

schenkenntnis und Lebenserfahrung. Darum spreche ich in diesem Buch weniger als Psychologe zu Ihnen, sondern viel mehr als der Mensch, den das Leben nicht nur angeritzt hat, sondern schon sehr ernsthaft in die Zange genommen hat.
Wirklich gelebtes Leben vollzieht sich als Wechselwirkung, in der Gemeinschaft, im Dialog, in der Auseinandersetzung zwischen Mutter und Kind, zwischen dem Angestellten und dem Chef, ja sogar zwischen dem Menschen und dem, was er zu tun hat, zwischen ihm und seiner Aufgabe.
Einfach Mensch sein, das heißt, aus dem Leben so viel an Erkenntnis, Freude und Lust herauszuholen, als es zu geben vermag. »Glücklich sein«, das ist das Ziel, das wir alle mehr oder weniger anstreben. Darin besteht der Sinn eines unwiederholbaren Lebens. Um glücklich zu sein, bringt der Mensch seinen Geist zur Entfaltung; dadurch schärft er seine Sinnesempfindungen, erlebt er die Lust aus tausend Quellen, ist er bereit, Trauer, Schmerz und gelegentliches Unglücklichsein in Kauf zu nehmen. Denn wären wir ewig im Zustand des Glücks, wie könnten wir es noch erfassen?
Selbst wenn Sie es noch nie in Worten ausgesprochen haben, stellen Sie sich doch sicherlich innerlich immer wieder die Frage: »Wer bin ich eigentlich?« Sie wissen, daß außer Ihnen noch vieles Lebendige auf der Welt herumläuft, schwimmt, kriecht, fliegt und schleicht. Sie betrachten sich als etwas Besonderes. Sie sind stolz darauf, ein Mensch und nicht bloß ein Lebewesen zu sein.
Die Pastoren predigen es jeden Sonntag von der Kanzel: Das Besondere am Menschen gegenüber allen anderen Lebewesen sei, daß er als einziges beseeltes Wesen im Jenseits entweder in die Hölle oder in den Himmel komme.
Genau das macht in der Tat das Besondere am Menschen gegenüber anderen Wesen aus: Er lebt entweder im Himmel oder in der Hölle! Nicht aber, wie die Pastoren meinen, in einem jenseitigen Leben, sondern hier unten, in seiner Wohnung, in seinem Büro, an seinem Arbeitsplatz, im Umgang mit einer Behörde, in der Auseinandersetzung mit einem geliebten Menschen, vor allem aber in der Auseinandersetzung mit dem eigenen Selbstbild. Darin, daß Sie zwischen Himmel und Hölle wählen können, liegt die Besonderheit des Menschen. Hasen, Schlangen, Büffel, Kamele

und die vielen anderen Tiere empfinden die Umwelt wahrscheinlich viel wacher und differenzierter als der Mensch. Dagegen beurteilt und bewertet der Mensch sein Ich, seine Position gegenüber seinen Mitmenschen sicherlich viel wacher und differenzierter als die Tiere. In den unentwegten positiven oder negativen Selbsteinschätzungen, in der Lebensstimmung, die durch seine Selbstgefühle gezeugt wird, besteht die Besonderheit des Menschen, seine Hölle und sein Himmel. Solchen Selbsteinschätzungen und Selbstgefühlen, die der inneren Verfassung entstammen, scheinen Tiere nicht zu unterliegen. Daher kommen sie auch nicht in den Himmel oder die Hölle der Selbstgefühle, die für den Menschen unausweichlich sind, weil er mit ihnen zu leben hat.

Die meisten Menschen wissen, wo sie ihr Hemd, das Foto der Geliebten, den Geldbeutel und eine »heiße Nacht« finden. Wo sie aber ihr inneres Gleichgewicht finden, ist ihnen manchmal nicht als Frage bekannt. Die Schubladen, in denen gesucht wird, heißen: Doktor Schnell, Pastor Heilig, der Wirt Selig oder Frau Scharf, drei Häuser weiter. Daß aber Himmel und Hölle eine ganze Menge Schubladen in uns selbst drinnen haben, das ahnen viele nicht einmal. Nun weiß ich aber, daß ich Ihnen nichts erzählen kann, was nicht längst in Ihnen als Erfahrung vorhanden ist. Ich kann Sie also nur dazu veranlassen, die inneren Schubladen aufzumachen, die Erfahrungen klar zum Bewußtsein zu bringen, um sie dann richtig einzuordnen.

Professor Max Lüscher verdeutlichte das einmal sehr anschaulich: »Können Sie sich an die Zeit erinnern, als Sie Radfahren lernten?« Zunächst mußte ein Fahrrad zu Verfügung stehen. Dieses Vehikel wollen wir mit Ihrem Körper und der biologischen Erbmasse vergleichen. Auch bei Fahrrädern gibt es leichte Rennräder und massive Gestelle. Auch bei Fahrrädern gibt es attraktive, elegante und rostig verbogene. Auch Fahrräder können Fabrikfehler haben, was einer schlechten oder krankhaften Erbmasse entspräche. Die Straßenverhältnisse wollen wir mit der sozialen und wirtschaftlichen Situation vergleichen, in der Sie zu leben haben. Es gibt glatte und holprige Straßen; solche, die steil oder mühsam bergauf führen; und andere, die so abschüssig sind, daß Ihnen die Bremsen heiß laufen oder Ihre Talfahrt halsbrecherisch wird.

Das wichtigste aber von allem sind Sie selber, der Radfahrer. Man hat Ihnen gezeigt, daß Sie das Pedal treten müssen, um das Fahrrad anzutreiben. Das wollen wir mit der täglichen Aktivität vergleichen. Wer nicht antreibt, wer nicht aktiv ist, fällt auf die Nase. Wer plötzlich und rasant losstarten will, riskiert, mit dem Hinterrad wegzurutschen und seine Laufbahn auf dem Bauch zu beenden.
Man hat Ihnen gezeigt, wie Sie geradeaus und nach links oder rechts lenken können. Das Lenken wollen wir mit der Absicht vergleichen, bewußt auf ein Ziel loszusteuern.
All das kann Ihnen ein beliebiger Lehrer vorzeigen, damit Sie es nachahmen. Sie wissen aber, daß das beste Fahrrad (Erbmasse), die günstigsten Straßenverhältnisse (soziale Bedingungen) und auch das Antreiben (Aktivität) und das Lenken (Zielsetzungen) Sie keinen Meter voranbringen werden, wenn Sie nicht eine Voraussetzung erfüllen, die Ihnen kein Lehrer beibringen kann: Niemand kann Ihnen nämlich beibringen, wie Sie das Gleichgewicht halten. Das müssen Sie allein aus sich selber heraus entdecken. Wohl kann der Lehrer neben Ihnen herrennen und Sie im Sattel und im Gleichgewicht halten. Aber das ist auch die einzigste Hilfe, die er Ihnen geben kann bis zu dem Augenblick, da das Erlebnis Sie überkommt: »Ich hab's, ich kann's!«
Plötzlich fühlen Sie sich im Gleichgewicht und wissen, wie Sie es halten können. Jetzt bemühen Sie sich, das Gefühl beizubehalten oder es wiederzufinden, falls Sie aus dem Gleichgewicht gefallen sind.
Wissen Sie, was ich Ihnen mit diesem Beispiel sagen will? Ihr Gleichgewicht haben Sie als Kleinkind beim Gehenlernen finden müssen, und Sie müssen es jedesmal, wenn Sie eine neue Körpertechnik lernen, sei es Schlittschuhlaufen, Tanzen, oder wenn es darum geht, sich mit den Saiten einer Gitarre auseinanderzusetzen.
Ebenso wie bei den Körpertechniken müssen Sie auch bei dem Geistig-Seelischen darauf achten, Ihr inneres Gleichgewicht in der Stunde höchsten Glücks und in der Stunde tiefster Not in den Griff zu bekommen. Es ist dieses innere Gleichgewicht, was das Wesentliche, das Besondere des Menschen ausmacht. Sitzen Sie

fest im Sattel, finden Sie Ihr Gleichgewicht zu jeder Stunde und in allen Lebenslagen, dann sagen Sie sich: »Es ist so leicht, man muß einfach Mensch sein!«

Wenn Sie alle Sinne beisammenhaben und begeisterungsfähig oder wenigstens fleißig sind, wenn Sie Ihr inneres Haus öffnen, lüften und durchziehen lassen, wenn Sie anderen Eintritt gewähren und sie bewirten, dann können Sie dem inneren Glück nicht ausweichen. Glück ist wie ein Geschwür. Es wuchert. Der Kreis Ihrer Außenwelt bleibt nicht rund. Glücks-Buckel und Ausbuchtungen verraten Ihre Fähigkeit, das Haus zu öffnen. Sie werden zum »geborenen Menschen«. Zu einem Menschen, zu dem all diejenigen kommen, »die mühselig und beladen sind«. Sie müssen nur ein innenorientierter Mensch werden. Oder neigen Sie zum Partylöwen, zum umschwärmten Fräulein, oder zur hauptberuflichen Mutter, vollamtlichen Hausfrau, oder zur Mitleidstante, die immer herumläuft, als hätte sie eine Zitrone mit einer Birne verwechselt? Haben Sie Erfolg und werden Sie zum Opfer oder Lakeien Ihrer Erfolge? Spiegeln Sie sich in Ihnen und polieren Sie Ihr Image wie Ihre Schuhe auf Hochglanz? Machen Sie den Jet-Set zu Ihrem Leithammel oder trotten Sie irgendeinem Sekten-Chef nach? Dann machen Sie sich von dieser Rollengesellschaft abhängig und sind Sklave Ihres Prestigehungers, selbst wenn Sie es zum Präsidenten und zum Star aller Kamele gebracht haben.

Wie auch immer die Außenwelt beschaffen sein mag, ob der Außenkreis Ein- oder Ausbuchtungen hat, Sie fallen aus dem »Sattel«, wenn der Innenkreis nicht im Gleichgewicht kreisrunder Harmonie ist.

Glauben Sie, ich möchte Ihnen einen Schuß Moralin verabreichen? Meinen Sie, ich sei Generalvertreter für Moral und bekäme vom Herrgott ein besonderes Salär, einen besonderen Platz in der Ewigkeit, wenn ich Ihnen so komme? Ich muß Sie ernsthaft fragen: »Glauben Sie, ich wolle Sie beeinflussen, um aus Ihnen das zu machen, was sich der kleine Max als den großen Moritz vorstellt?« Nicht die Spur. Sie sollen weder Max noch Moritz, weder Hänsel noch Gretel, weder Strauß noch Willy Brandt, weder Greta Garbo noch Max Schmeling werden. Sie sollen zu dem finden, der Sie eigentlich schon immer waren: Sie selbst!

Das will ich wirklich – und Sie doch sicher auch?
Um nichts Geringeres als um Ihre Selbstverwirklichung, Selbstfindung geht es mir. Es geht um ein gesundes Selbstbild, um eine sehr gute Meinung von sich selbst. Wenn wir das einmal erreicht haben, dann kann eine eckige Welt uns den Buckel hinunterrutschen, wir spüren die Schramme nicht einmal, die sie hinterläßt.
Wenn Ihr innerer Glückstachometer harmonisch hin und her pendelt, dann können wir uns der Welt erfreuen, dann haben wir Zugang zu uns selbst und dann haben wir den richtigen Zugang zu anderen Menschen.
Kann man Vertrauen, Sympathie, Freundschaft oder Liebe »wollen«? Kann man einfach verlangen, daß man sie bekommt? Haben wir nicht gelernt, daß Bemühen um diese Dinge sie eigentlich mehr und mehr wegschieben? Erwarten Sie, liebe Freundin, lieber Freund, einen Liebeszauber von mir, wie es schon immer und auch heute bestimmte Magier versprechen? Gibt es irgendeinen Menschen auf der Welt, der uns dafür ein Geheimrezept verraten kann?
Es gibt ihn und ich will Ihnen sagen, wer es ist: Ich. Dazu will ich Ihnen auch gleich das große Geheimnis verraten: »Lieben sie sich selbst und Sie haben (fast) alle Ihre Probleme gelöst.« Aber was hier so einfach klingt, was wie ein Küchenrezept angeboten wird, ist das Schwierigste, was wir zu lernen und begreifen vermögen. Denn gerade diesen Punkt haben die meisten Eltern bei der Erziehung falsch gemacht. Sie haben uns so erzogen, daß wir uns in der Regel nicht gut sind, zumindest uns mißtrauisch beobachten, als ob uns selbst nicht zu trauen sei.
Erst wenn wir uns selbst mögen, anerkennen, akzeptieren, wenn wir beginnen, uns selbst zu verstehen, sind wir in der Lage, andere Menschen zu verstehen. Wir wollen doch auch von anderen verstanden werden; wollen, daß Partner, Mütter, Väter, Nachbarn, der Chef, die Kollegen uns verstehen. Das können sie erst, wenn wir uns selbst zu verstehen gelernt haben. Aber warum ist das denn so schwer, sich selbst zu lieben, sich selbst verstehen? werden Sie fragen.
Drehen wir doch die Zeit einfach einmal zurück: Irgendwo, irgendwann waren Sie ein Kind. Das ist eine der großen, der selbst-

verständlichen, anscheinend bedeutungslosen und vergessenen Grundtatsachen des Erwachsenenlebens, die in einer wichtigen Beziehung zu Ihrem heutigen Leben steht. Wir sind so sehr damit beschäftigt, erwachsen zu sein, daß wir dabei total vergessen, daß wir einmal ein Kind waren. Ein lachendes, ein weinendes, ein trotziges, ein bockiges, ein trauriges, ein leidendes, ein von aller Welt verlassenes Kind!

Wir unterschlagen unsere Kindheit vor uns selbst und übergehen sie bei der Beurteilung von uns selbst und anderen völlig. Ob Sie reich sind, oder arm, ob Sie »glücklich« sind, oder nicht, ob Sie gerade mit Ihrem Partner eine zärtliche Liebesstunde erleben oder gerade vom Chef geschimpft werden, ob Sie am Sarg eines lieben Menschen stehen, oder wegen einer Straftat vor Gericht stehen, Ihr inneres Kind ist immer dabei. Ihre Kindheit – und das Kind, das Sie einmal waren – liegt nicht völlig hinter Ihnen, sind nicht einfach vergangen und weit entfernt. Ihre Kindheit existiert buchstäblich lebendig und wirklichkeitsnah in jedem Augenblick, in dem Sie leben. Diese Schmerzen, dieses Lachen, dieses Traurigsein, dieses Verlassen-und-Verloren-sein, dieses gerade-gescholten- oder geprügelt-worden-sein in Ihrer Kindheit ist immer dabei, wenn Sie Ihr Leben mit der Umwelt auseinandersetzen. Diese Gefühle aus der Kindheit beeinflussen Ihre Beziehungen zu Freunden, Kollegen, zum Partner, ja sogar zu den eigenen Kindern. Diese Gefühle können Ihre Fähigkeit zu arbeiten oder zu lieben stören. Solche Gefühle können ein bedeutender Teil Ihrer Müdigkeit sein, Ihrer Unfähigkeit zur Entspannung, Ihrer lästigen Kopfschmerzen, Ihrer Magenverstimmung.

Fragen Sie sich einmal: Was ist dem Kind, als Sie einmal klein waren, alles passiert?

Das Kind von einst lebt in der Schale des Erwachsenen weiter. Und das Schlimme daran ist: es kann ein weinendes, ein plärrendes, störrisches, wütendes Wesen sein, ein kleiner Dämon, der uns völlig aus dem Konzept bringt.

Ob es Ihnen nun paßt oder nicht, Sie sind gleichzeitig das Kind von früher, das den ganzen Frust seines jungen Lebens mit sich schleppt und ein Erwachsener, der ständig damit beschäftigt ist, dieses Kind in sich abzuwehren, es kleinzukriegen, ihm den Mund zu verbieten, es genauso zu drangsalieren, wie es Ihre eigenen Eltern einmal tatsächlich mit Ihnen gemacht haben. Manchmal ist dieses Kind der furchtsame, der schüchterne und vor allem zurückschreckende Teil Ihrer Persönlichkeit.

Die meisten von uns versuchen, diese Kindheitsgefühle auszurotten. Wir leugnen sie, lehnen sie ab, wollen nichts von ihnen wissen, »überwinden« sie und setzen uns dabei herab und schelten uns »kindisch« und beschimpfen uns dafür, daß wir nicht »erwachsen« sind.

Und doch macht es gerade das Kind uns möglich, die Gefühlsentwicklung durchzumachen, um zu reifen und erwachsen werden zu können. Wenn wir zum inneren Gleichgewicht kommen wollen, dann müssen wir lernen, dieses innere Kind anzunehmen, uns mit ihm auseinanderzusetzen, damit wir der ausgeglichene Mensch werden können, der wir immer sein wollten.

Solange Sie keine klaren Begriffe und Vorstellungen von der inneren Wirklichkeit erworben haben, bleiben sie Ihnen unverstanden und größtenteils in einem Gefühlsnebel verborgen. Wer die innere Wirklichkeit ignoriert, gleicht dem Blinden, der die Realität von Farben leugnet, weil er sie nicht kennt. Wer die Gesetze und Zusammenhänge der inneren Wirklichkeit mißachtet, gleicht einem Kapitän, der nur mit dem Teil des Eisberges rechnet, der aus dem Wasser ragt.

Wenn Sie alles tun, um sich wirklich wohlzufühlen, dann profitieren auch die anderen davon. Wenn Sie Ihre Selbstgefühle entwikkeln und ins Gleichgewicht bringen, dann sind Sie für die anderen ein angenehmer Partner; schon deshalb, weil Sie all das nicht tun, was andere nicht leiden mögen, und vor allem was auch Sie an anderen nicht ausstehen können. Sie tun aus eigenem Interesse eine ganze Menge, was andere gern mögen, und wovon Sie reichlich profitieren. Sie tun das ohne Egoismus nur aus dem Gefühl eines reichen Innenlebens. Sie verbreiten eine Ausstrahlung, in der jeder, der in Ihre Nähe kommt, spürt, das ist ein lebendiger Mensch. Darum: einfach Mensch sein, es lohnt sich.

2. Juli 1982 *Henry G. Tietze*

Vom Umgang mit sich selbst

1. KAPITEL

Die lange Trauer um die betrogenen Kinderjahre

Wenn es zutrifft, daß das Staunen der Beginn aller Weisheit ist, dann wirft diese Wahrheit ein trauriges Licht auf die Weisheit der modernen Menschen. Was immer die Verdienste unserer hohen literarischen und allgemeinen Bildung sein mögen, die Gabe, sich wundern zu können, haben wir verloren. Alles wird als bekannt vorausgesetzt – wenn nicht uns selbst, dann irgendeinem Spezialisten, dessen AUFGABE ES IST, ZU WISSEN, was wir nicht wissen. Sich über etwas zu wundern, bringt einen in Verlegenheit, gilt als Zeichen geistiger Minderwertigkeit. Sogar unsere Kinder sind selten überrascht oder versuchen es nicht zu zeigen, und mit zunehmendem Alter verlieren wir allmählich die Fähigkeit, uns zu wundern. Auf alles die richtige Antwort zu haben ist wichtig, die richtigen Fragen zu stellen, wird dagegen als unwesentlich angesehen.

Wen wundert es da, daß wir uns nicht wundern?

Uns über nichts mehr zu wundern, ist eines der Programme, die in unserer Seele, in unserem Gehirn einprogrammiert werden. Alle diese Programme sind wie die Lochkarten eines Computers. Das, was wir leben, ist das Resultat von uns selbst gezogener Lochkarten. Aber auf den Karten finden sich nur Zeichen, die zu Anfang dort eingestanzt wurden. Manche Menschen beispielsweise fühlen sich frei und erfrischt, wenn Sie rebellieren können. Gewöhnlich geht das so vor sich, daß sie einige der Lochkarten, die in ihrer Jugend gestanzt worden, herauswerfen, und zwar die, die sie sowieso nie gebraucht haben, oder sie drehen einige Karten herum und machen genau das Gegenteil von dem, was auf der Karte steht. Oft läuft es darauf hinaus, der Anweisung einer weiteren Karte zu gehorchen, die da lautet: »Wenn du achtzehn bist, oder vierzig, nimm den neuen Kartenstapel in Gebrauch«, oder: »Dreh die folgenden Karten um.« Oder es heißt: »Wenn du achtzehn bist, oder

vierzig, wirf die Karten der Serie A weg. Laß ihren Platz frei.« Dieser freie Platz muß sofort mit einer neuen Kartenart gefüllt werden. Lieferant der neuen Programme sind unsere Partner, manchmal der Chef, oder sonstwer aus unserer Umgebung.
Sie werden es nicht glauben, solche Menschen sind irgendwie ferngesteuerte Wesen. Sie merken nicht einmal, daß sie nicht ihren eigenen Einstellungen folgen, sondern den von den Eltern in der Kindheit eingegebenen Programmen. Sie laufen auf einer Spule, die überhaupt keinen Realitätsbezug mehr hat. Ob sie es glauben oder nicht, alle Menschen haben mit fünf oder sechs Jahren ein fix und fertiges Programm, einen Lebensplan, diktiert von den Eltern. Wie jemand sein Leben verbringt, wohin es ihn führt, ob er ein Gewinner sein wird oder nicht, das alles steht in diesem Plan.
»In der Entwicklung von der mütterlichen zur väterlichen Bindung und ihrer schließlichen Synthese liegt die Basis für die seelische Gesundheit und die Erreichung von Reife.« Das hat einmal ein kluger Psychologe gesagt. Wenn unsere Eltern sich also nicht liebten, wenn sie sich zankten, wenn sie sich anschrien, wenn jeder seiner Wege ging, wenn sie nichts mehr füreinander übrighatten, dann kann man das zwar menschlich irgendwie verstehen, aber was nützt das Ihnen, was nützt es mir? Wir waren und sind verurteilt, eben nicht seelisch gesund zu sein. Mama und Papa mochten sich nicht und wir müssen das ein Leben lang ausbaden! Wir sind gestempelt. Wir tragen so etwas wie ein Kainszeichen, einen unsichtbaren »Judenstern«, wie es sie bedauerlicherweise im Dritten Reich gab.
Fragen Sie sich einmal selbst: »Wie stehe ich zu mir? Wie beurteile ich die Gefühle, Gedanken und Handlungen, wie schätze ich diese ein?« Das ist ganz wichtig für Ihr Leben. Was Sie tun und wovon Sie oft das Gefühl haben, es nicht tun zu können, bestimmt weitgehend die Art, wie Sie zu sich selbst stehen. Diese Gefühle, die etwas mit Ihrem Wollen und Tun zu tun haben, das sind die Verzerrungen aus der Kindheit, die uns unsagbare Schmerzen verursachen. Wenn Sie sich möglicherweise als Mann dumm und schwach fühlen, oder als Frau ungeschickt und häßlich sind, Ihrer Meinung nach, dann stehen als Schatten Vater oder Mutter drohend hinter Ihnen und lassen Ihnen keinen Raum zur persönlichen Entfaltung.

Ein Kind entwickelt sein Selbstwertgefühl und das Gefühl, ein begabtes, wichtiges und einzigartiges Lebewesen zu sein, aus der liebevollen Aufmerksamkeit, die ihm von seinen Eltern entgegengebracht wird. Es »sieht« oder fühlt sich in ihrer Liebe, Bestätigung und Beachtung seiner Bedürfnisse gespiegelt; es lernt in der frühen Kindheit auch, wie es ihre Bestätigung suchen und gewinnen kann und was ihr Mißfallen erregt.
Können Sie sich noch an Ihre Kindheit erinnern? Wissen Sie noch, wie Sie als Kind Ihre Eltern als allmächtige, fast gottgleiche Wesen ansahen, deren Billigung Sie brauchten? Als Sie aber älter wurden und anfingen, mehr Verantwortung zu tragen, da schwand dieses »Götterbild« dahin. Irgendwann haben auch Sie gemerkt, daß Vater und Mutter ganz gewöhnliche Menschen sind. Menschen, die die gleichen Bedürfnisse, Schwierigkeiten, Schwächen und Launen haben wie andere Menschen auch. Es ist ein gutes Zeichen, wenn wir die Schwäche und Vorzüge unserer Eltern akzeptieren können. Wir wollen schließlich nicht behaupten, alle Eltern hätten bei der Erziehung riesengroße Fehler gemacht. Mit wenigen Ausnahmen haben sie zumindest aus ihrer Sicht »das Beste« gewollt und getan.
Manch einer aber, der sich bewußt wird, welche Fehler Vater und Mutter bei seiner Erziehung gemacht haben, wird richtig wütend und zornig auf »die Alten«. Das ist anfänglich noch eine normale, gesunde Reaktion. Oder kann man nicht etwa wütend werden, wenn man bedenkt, wie gesund und glücklich wir hätten leben können, wenn diese Obergötter nicht so egoistisch, manchmal auch nur etwas dumm gewesen wären?
Aber da ist noch ein Pferdefuß: Gehören Sie vielleicht zu jenen Leuten, die diesen alten Ärger ewig warmhalten? Sind Sie vielleicht schon über vierzig Jahre alt und machen Sie die Eltern immer noch zum Sündenbock, der an der gesamten Misere Ihres Lebens die Verantwortung trägt? Sicher, ich habe gesagt, daß Vater und Mutter die Lochkarten für unsere Zukunft gestanzt haben. Und diese Lochkarten machen uns das Leben oft zur Hölle. Sie erklären zum Beispiel, warum das Leben häufig so glücklos war und warum vielleicht gerade Sie, ein attraktiver und begabter Mensch, sich ständig bestrafen, indem Sie den eigenen Wert herabsetzen!

Sind Ihre Eltern schuld?
Auf den ersten Blick sieht es so aus, als sei diese Frage ganz einfach zu beantworten. Haben die Eltern nicht unsere ganz eigene, individuelle Gefühlsebene in der Kindheit geschaffen? Waren sie es nicht, die uns geschlagen, gescholten, verletzt, kindlichen Schmerz zugefügt haben? Wenn wir eine gewisse Art von Logik heranziehen, könnte man meinen, sie wären verantwortlich. Aber so läßt sich Logik nicht auf das menschliche Leben anwenden. Selbst nach dieser Art von Logik müssen Sie zumindest anerkennen, daß wir auch sehr vieles Positives, Gutes, Liebevolles, Schönes von unseren Eltern mitbekommen haben. Auch wenn die anderen Haltungen uns geschadet haben.
Die Wurzel des Problems liegt in der Tatsache, ob man diese alten Lochkarten loswerden kann. Ob man sich neue, positivere Lebenshaltungen erwerben kann. Ob das innere Kind besänftigt, gestreichelt, oder auch in seine Schranken gewiesen werden kann. Die beste Art, all unseren Ärger, unsere Wut, unsere Aggressionen, unsere Traurigkeit, unseren seelischen Schmerz zu behalten, ist der Umstand, Vater und Mutter weiterhin die Schuld zuzuschieben – auch wenn sie wirklich schuldig sind. Nicht im Sinne des Strafgesetzbuches, sondern aus der viel strengeren Sicht unseres schmerzhaften Erlebens. Eines müssen wir uns vor Augen halten: Solange unsere Eltern für uns weiterhin strafende, böse, strenge Gottheiten bleiben, solange hat das Kind in uns die Oberhand und wir können als Erwachsener nur hilflos danebenstehen. Manchmal erschrecken die Leute, wenn man ihnen auch nur eine einzige Frage nach der Diktatur aus dem Elternhaus stellt. Besonders erschrecken sie über die Fragen nach der Auswirkung der elterlichen Erziehung auf ihr Leben. Es erscheint ihnen manchmal als Verrat und Beunruhigung, weil ihre Wut wegen der erlittenen Schmach in der Kindheit ganz tief in der Seele eingegraben wurde, ganz weit verdrängt wurde. Sie haben sie so weit zurückgedrängt, daß sie sie selbst nicht mehr erkennen und nicht einmal wissen, daß wenn sie den Partner »anfegen«, in Wirklichkeit die Eltern gemeint sind. Wegen dieser Tatsachen ist es Ihnen doch sicher klar, daß wir Ihre inneren elterlichen Haltungen ausgraben und sie genau untersuchen müssen. Aber auch darüber sind Sie sich bitte im

klaren: Wir wollen nicht Ihren und meinen Eltern den Prozeß machen, wir wollen lediglich die Lochkarten ziehen und wollen das ganze System ändern, es sozusagen flexibler machen, es unserer Gegenwart anpassen. Vergessen wir nicht, wir haben unsere Eltern sicherlich geliebt und wir lieben sie noch.

Die Eltern als Schicksal

Sind wir nicht einst manchmal weinend zur Mutter gelaufen, hatten wir nicht im stillen die Hoffnung, von ihr ans Herz gedrückt zu werden, von ihr liebevoll übers Haar gestreichelt zu werden, von ihr auf den Arm genommen zu werden? Sind wir nicht ganz aufgeregt zu ihr gelaufen und haben ihr von einer neuen Entdekkung berichtet, die wir gemacht haben? Mutterliebe ist die Kraft, aus der wir vieles schöpfen. Die tiefste Sehnsucht des Menschen strebt immer wieder nach der Mutterliebe. Die Vaterliebe ist da ganz anders. Die Mutter ist die Heimat, aus der wir kommen; sie ist die Natur, die Erde, das Meer. Der Vater dagegen ist in den ersten Jahren irgendwie nicht da. In den ersten Lebensjahren hat er kaum Verbindung mit dem Kind und darum ist er in der frühen Kindheitsphase nicht vergleichbar mit der Mutter.
Vor Jahren saß mir ein gewichtiger Herr gegenüber, ein Herr in »bester Position«. Er hatte einige Tage zuvor seinen sechzehnjährigen Jungen »zur Untersuchung abgegeben«, weil er, wie der Papa meinte, »ein totaler Versager« sei. Eine Pleite nach der anderen müsse er mit dem »Kerl« erleben. Er selber habe es zu etwas gebracht und wolle, daß auch aus dem »Kerl« etwas ordentliches werde. Dieser »Kerl« aber sei ein Ausbund von Faulheit. Ich solle nun feststellen, »ob er wirklich nicht kann, oder nur nicht mag«.
»Er könnte, aber er will nicht«, sagte ich diesem liebevollen Prachtexemplar von Vater.
»Und warum will der Kerl nicht?«
»Weil Söhne, die von ihren Vätern ›der Kerl‹ genannt werden, keinen Grund haben, zu wollen.«
»Wie meinen Sie das?« fragte der Herr in guter Position mißtrauisch.

»Gegenfrage: Wie lange wollten Sie in Ihrer Firma eine leitende Position haben, wenn Ihre Vorgesetzten sie mit ›der Kerl‹ titulieren würden?«
Das saß! Der gute Mann holte tief Luft und – bat um meinen Rat. Der war nicht schwer zu geben. Ob er ihn beherzigt hat, das weiß ich allerdings nicht. Er hat sich nie mehr blicken lassen. Das Urteil des Vaters ist in der menschlichen Gesellschaft eine höchstrichterliche Entscheidung. Vor dem Vater bestehen, heißt Selbstvertrauen gewinnen. Sein andauerndes Mißfallen allerdings kann ein Kind zu Boden schmettern; kann ihm die Freude nach jeder Leistung, die Freude am Leben überhaupt nehmen.
»Du bist mein Sohn nicht mehr!« – Dieser Fluch braucht nicht ausgesprochen zu werden. Väterliches Mißtrauen, väterliche Geringschätzung verpesten wie ein tückischer Gifthauch das Leben junger Menschen. Vaterstolz und väterliches Wohlwollen aber geben dem Kinde Mut zur Entfaltung all seiner Kräfte, wobei ihm das Bild des Vaters zum »Vorbild« werden kann. Daß auch bei unseren Vätern nicht alles in Butter ist, das werden die einzelnen Kapitel dieses Buches noch zeigen. Die Mutter als Schicksal, so könnte vielleicht der Aufsatz heißen, den Sie über Ihr Leben schreiben würden. Ein Kind, das sich bejaht fühlt in seinem Dasein, weiß, daß es geliebt wird, daß ihm seine Ohnmacht und Schwäche verziehen, sein Anspruch an die Mutter nicht nachgetragen und aufgerechnet wird. Das verstehende Verzeihen, das freudige Bejahen des Kindes sind die edelsten Vorrechte der Mutter; eine strenge und kalte Mutter verrät immer Mangel an Liebesfähigkeit. Die Kinder reagieren auf eine lieblose Mutter in sehr verschiedener Weise. Kräftige und vitale Kinder suchen sich den Mangel an seelischer Nahrung zu ertrotzen, sie werden aggressiv, heftig, eigensinnig, unlenkbar, ungehorsam, sind später in der Schule unbeliebte Kameraden und in tieferer Schicht immer ganz unglückliche Menschen. Sie versuchen sich vom Leben und anderen Menschen zu »erpressen«, was ihnen von der Mutter versagt wurde. Andere Kinder panzern sich mit Stumpfheit, sie kapseln sich ein wie ein Igel und schützen ihr Innenleben, das durchaus nicht gefühlsarm zu sein braucht, mit einer stacheligen Schale. Es sind Menschen, die man später als verschlossene Naturen wiederfindet, die kalt,

ungesellig und einzelgängerisch vor den Pflichten ausweichen, sich auch als Erwachsene gegen die Umwelt zu schützen wissen, die ihnen einmal zuwenig Liebe gab. Man kann von ihnen und von vielen anderen sagen: Ruiniert, von den eigenen Eltern.
Für ein kleines Kind ist neben der Nahrung eines lebenswichtig: die Liebe der Mutter!

Das Etikett der Selbsteinschätzung

Wenn Sie versuchen wollen, das innere Kind zu besänftigen, fragen Sie sich am besten: »Welche Art Vater, welche Art Mutter bin ich mir selbst? Wie behandle ich mich, welcher Art sind die Programme, die bei mir ablaufen. Mit welchen Lochkarten füttere ich meinen inneren Computer? Setze ich mich herab, verspotte ich mich? Mißachte ich mich? Bestrafe ich mich? Bin ich zu nachgiebig zu mir? Behandle ich mich genauso, wie meine Eltern mich in solchen Situationen behandelt haben?
Das müssen Sie wissen, sobald die Kindheit, die Jugend vorüber ist, dann sind Sie es selbst, der den strengen Richter übernimmt. Sie schlüpfen sozusagen unbewußt in die Rolle der Eltern. Sie leihen sich diese Verhaltensregeln bei Vater und Mutter aus, denn es sind ja nicht Ihre Verhaltensregeln, sondern eigentlich die Ihrer Eltern. Erwachsene sind sich der Tatsache oft nicht bewußt, daß viele ihrer Haltung sowohl gegenüber der Welt im allgemeinen wie auch gegenüber sich selbst aus der Kindheit stammen.
Wenn Sie einsehen, daß diese Haltungen nicht die Ihren sind, können Sie wirklich anfangen, Haltungen sich selbst gegenüber zu bilden, die Ihre eigenen sind. Die Summe Ihrer frühkindlichen Gefühle formt sich zu einem lebendigen, aktiven Teil des Erwachsenen-Selbst heraus – zu Ihrem beständigen Kind von früher.
Das auffallendste Beispiel für die Lebendigkeit des Kindes von früher bei Männern ist wahrscheinlich die emotionale Intensität und die Begeisterung, mit der die Karriere von einem Beckenbauer, einem Müller, einem Uwe Seeler oder einer sonstigen Sportgröße oder einer Mannschaft ihrer Kindheit verfolgen. Wenn ein Junge Ball spielen lernt, entwickelt er tiefe Treuegefühle gegenüber sei-

ner Schule, seinem Sportverein und mancher Sportgröße. Noch als Erwachsener verfolgt er das Auf und Ab »seiner« Mannschaft, pfeift Gegner verächtlich aus, schämt sich und ist bestürzt, wenn die eigene Mannschaft schlecht spielt, freut sich und ist tief befriedigt, wenn sie siegt. Der Erwachsene ist häufig im »Kopf«, er ist intellektuell, gleichzeitig sieht das innere Kind die Situation durch die gefühlsmäßige Brille. Die zwei Absichten können so unterschiedlicher Art sein, daß wir das Gefühl haben, in zwei Richtungen gezogen zu werden. Manchmal meinen wir, unser Denken und Fühlen gleicht sich überhaupt nicht, warum handeln wir so oder so, wenn wir eigentlich gar nicht so handeln wollen? Das ist häufig dann der Fall, wenn das Kind von früher mit dem Erwachsenen ringt.

Nochmals die Frage: Wer sind Sie, wie beschreiben Sie sich selbst? Wahrscheinlich werden Sie auf die Vergangenheit zurückgreifen, um diese Frage zu beantworten. Sie werden weniger an das innere Kind denken, sondern einfach meinen, das war ich schon immer. In Ihnen, in mir und in vielen anderen Menschen läuft immer noch die alte Programmspule. Was für Selbstdefinitionen haben Sie? Sind es fein säuberliche Etiketten über die Jahre hinweg zusammengetragen? Haben Sie einen Kasten voller Selbstbeschreibungen, von denen sie regelmäßig Gebrauch machen? Vielleicht finden sich Redewendungen darunter, wie: »Ich bin schüchtern, ich bin faul, ich bin unmusikalisch, ich bin ungeschickt, ich bin vergeßlich«, und dazu noch ein ganzer Katalog weitere »Ich-bin-Sätze«, mit denen Sie parieren.

Selbstbeschreibungen sind nicht an sich schon nachteilig; sie können aber auf schädliche Weise angewendet werden. Allein die Tatsache, daß Sie sich überhaupt Schilder umhängen, kann sich für Ihr weiteres inneres Wachstum überaus hemmend auswirken. Nur zu leicht werden die Etiketten als Vorwand benützt, um immer gleich zu bleiben. Sören Kierkegaard hat gesagt: »Sobald du mich festlegst, verneinst du mich.« Wenn der Mensch seiner Kennzeichnung gerechtwerden muß, geht das Selbst zugrunde.

Das gleiche gilt für die Selbstbeschreibung. Untersuchen Sie, wie sehr Sie an die Vergangenheit gekettet sind. Die selbstschädigenden »Ich-bin-Erklärungen« gehen allesamt auf das innere Kind zurück: So bin ich nun einmal – ich war schon immer so – ich kann nichts dafür – das ist halt meine Art. Da haben wir sie alle auf einem Haufen beieinander: die Klammern, die Sie davor zurückhalten, zu wachsen, sich zu verändern, Ihr Leben, von diesem Moment an – mehr bleibt Ihnen nicht – neu, aufregend und randvoll mit gegenwärtiger Erfüllung zu gestalten. Die Ursprünge Ihrer Ich-bin-Sätze fallen in zwei Kategorien. Die eine Sorte von Etiketten stammt aus Ihrer Umwelt, aus Ihrer Kindheit. Sie bekamen sie sozusagen schon als Kind angeklebt, sich angeheftet und tragen sie heute noch brav mit sich herum. Die andere Kategorie ist das Ergebnis einer Entscheidung, die Sie getroffen haben, um unbequemen oder auch schwierigen Situationen aus dem Weg gehen zu können.

Solange Sie glauben, Sie seien nun einmal so, haben sie keine Chance, das innere Kind loszuwerden, es sozusagen in seine Schranken zu verweisen. Wie Sie das nun ab sofort umstellen können, erfahren Sie im nächsten Kapitel.

Eine der mühseligsten Aufgaben unsere Daseins ist das Ausfliegen aus dem Nest. An allzuvielen Stellen hat sich die Abhängigkeit in unserem Leben eingenistet; sie überall aufzustöbern wird noch durch die Tatsache erschwert, daß viele die innere Abhängigkeit eines anderen zu ihren Gunsten ausnutzen. Psychische Abhängigkeit heißt, jeglicher verpflichtenden Beziehung ledig und von fremdgeleiteten Verhältnissen frei zu sein. Es bedeutet, sich in keiner Zeit genötigt zu sehen, etwas zu tun, was man ohne eine bestimmte Beziehung zu einem anderen nicht auch tun würde. Die Sache mit dem Flüggewerden ist deshalb besonders heikel, weil die Gesellschaft uns lehrt, in speziellen Beziehungen wie denen zu Eltern, Kindern, Autoritätspersonen und Menschen, die wir lieben, bestimmte Erwartungen zu erfüllen. Das Nest zu verlassen heißt, ein Mensch für sich zu werden und sich so zu verhalten, wie es den eigenen Wünschen entspricht. Es bedeutet keinesfalls, allen Verkehr abzubrechen. Angenommen, der Umgang mit einem anderen Menschen macht Ihnen Freude und steht Ihren Zielen nicht im Weg, dann halten Sie ihn wert und lieb und ändern sie nichts daran. Innerlich abhängig sind Sie dagegen, wenn Sie in einer Beziehung stehen, in der es eine freie Entscheidung nicht gibt; in einer

Beziehung, in der Sie verpflichtet sind, etwas zu sein, was Sie gar nicht sein wollen, so daß Sie auf das Ihnen aufgezwungene Betragen mit Ressentiments reagieren. Hier liegt der innerste Kern der seelischen Problemzone, die etwas mit dem inneren Kind zu tun hat. Es ist immer eine wunderbare Sache, mit anderen Menschen Beziehungen zu unterhalten. Wenn Sie jedoch von einer Beziehung abhängig sind oder wenn Sie Ihnen aufgezwungen worden ist, so daß Sie darunter nurmehr Groll empfinden, dann bewegen Sie sich auf einem selbstschädigenden Terrain. Nicht die Beziehung an sich stellt also das Problem dar, sondern die dazu bestehende Verpflichtung. Sich verpflichtet fühlen zieht Schuldgefühle und Abhängigkeiten nach sich, während freie Wahl Liebe und Unabhängigkeit fördert. In einem seelischen Abhängigkeitsverhältnis kann von freier Wahl nicht mehr die Rede sein. Folglich wird es in einer solchen Verbindung unweigerlich Aufbegehren und böses Blut geben.

Innere Unabhängigkeit besteht darin, auf andere nicht angewiesen zu sein. In dem Moment nämlich, in dem Sie auf andere Menschen angewiesen sind, werden Sie verletzlich, zum Sklaven. Sollte der Mensch, auf den Sie angewiesen sind, weggehen, sich anders entscheiden oder sterben, dann führt für Sie kein Weg an innerer Lähmung oder am Zusammenbruch vorbei. Indessen lehrt uns die Gesellschaft, von einem ganzen Rattenschwanz von Leuten, bei den Eltern angefangen, abhängig zu sein. Womöglich halten Sie in vielen für Sie bedeutsamen Beziehungen immer noch die Hände auf, um zu bekommen, was Sie suchen. Solange Sie das Gefühl haben, etwas deshalb tun zu müssen, weil es in einer bestimmten mitmenschlichen Beziehung von Ihnen erwartet wird, solange Sie mit Ressentiments reagieren, wenn Sie diesen Erwartungen nicht nachkommen, und mit Schuldgefühlen, sobald Sie es unterlassen, – solange haben Sie sich unter diejenigen zu zählen, für die es gilt, sich dieser seelischen Problemzone zu stellen.

Das Beseitigen innerer Abhängigkeit fängt bei Ihrer Familie an, bei der Art, wie Ihre Eltern Sie als Kind behandelt haben und wie Sie heute mit Ihren eigenen Kindern umgehen. Wieviele innere Maximen, die Abhängigkeitsverhältnisse unterstützen, tragen Sie immer noch mit sich herum? Wieviele zwingen Sie Ihren Kindern auf?

Der Trauschein macht noch keinen guten Ehepartner

Der Trauschein ist eine Einrichtung, die von der Gesellschaft geschaffen wurde, um die Einmischung der Eltern auszuschalten. An ihre Stelle soll der Segen der Gesellschaft treten, was oft genug geschieht. Aber mit dem Trauschein in der Hand ist man weder ein guter Ehemann noch eine gute Ehefrau, ebenso wie man durch den Besitz eines Führerscheins noch lange kein guter Autofahrer ist. Ein guter Ehemann, eine gute Ehefrau und ein guter Autofahrer wird man aufgrund der elterlichen Anweisung im Lebensplan. Wo gute Programme vorhanden sind, wird man sowohl guter Ehepartner als auch guter Autofahrer. Ein Verlierer wird in beiden Fällen versagen, weil er laut Lebensplan keinen Erfolg haben darf. Das Kind übernimmt den Willen der Eltern so früh, daß es ihn später für seinen eigenen hält. Es liegt fast auf der Hand, daß Menschen, die in der frühen Kindheit so erzogen worden sind, sich als Erwachsene geradezu anbieten, sich manipulieren zu lassen – duch Partner und Vorgesetzte ebenso wie durch Autoritäten und Ideologien.

Wir können, anstatt nur die Oberfläche des heutigen Tages zu sehen, eine dreidimensionale Einschätzung unserer Haltungen gewinnen.

Einige Menschen scheinen sich durch die Kindheit mit Leichtigkeit hindurchbewegt zu haben. Sie wurden nicht in schwerwiegender Weise verletzt oder gebrandmarkt, da ihnen in jenen Jahren keine schädlichen elterlichen Haltungen eingebrannt wurden; andere, die tief verwundende Haltungen zu ertragen hatten, haben größere Schwierigkeiten, wenn sie sich selbst behandeln wollen, wie es freundliche Eltern tun.

Es gibt drei wesentliche Schritte, um mit dem inneren Kind fertigzuwerden. Der erste Schritt besteht darin, die störenden Gefühle und ihren Ursprung in der Kindheit zu erkennen. Der zweite Schritt ist, diese Gefühle als Teil der eigenen Persönlichkeit anzunehmen und zu achten – als so unvermeidlich, wie die Kindheit selbst. Der dritte Schritt ist, Grenzen zu ziehen, damit diese alten

Kindheitsgefühle die Handlungen und Lebensfähigkeit nicht lenken oder beherrschen. All dies kostet schwere, geduldige und wiederholte Arbeit.

Sich grämen, klagen oder schimpfen führt zu nichts. Aber wir können, indem wir den hier angedeuteten Schritten folgen, anfangen, das Gefühl, das wir von uns selbst haben, zu ändern – und mit unserem »Kind von früher« heute in der Gegenwart wie auch in der Zukunft fertigwerden.

Der Trauschein macht noch längst keinen guten Ehepartner, habe ich gesagt. Und ich habe die alten Programme dafür verantwortlich gemacht. Dafür gibt es noch einen weiteren Grund. Da jeder von uns ein Kind von früher in sich hat, ist es logisch, daß sich vier und nicht zwei Personen im Arm halten, wenn das Ja-Wort vor dem Standesbeamten gesagt wird. Wenn in der nun folgenden Ehe einer dieser vier dominiert, gibt es bestimmt Schwierigkeiten. Warum so viele Ehen scheitern, warum danach so viele Menschen Kummer leiden und seelische Not fühlen, liegt in der Tatsache, daß die wenigsten sich Gedanken darüber machen, daß immer vier anstatt zwei das Ehebett teilen. In vielen Liebesromanen und Schlagern wird immer wieder die Zweisamkeit beschrieben und besungen. Für junge Menschen ist das Aufeinanderzugehen durch die rosarote Brille verfärbt. Später, nachdem die erste romantische Zeit vorbei ist, sind viele enttäuscht, frustriert und schließlich verbittert und resigniert, weil das, was als wunderbare Zweisamkeit so gefühlvoll besungen wird, sich so kompliziert darstellt.

Man hat uns einfach noch nicht gesagt, daß an einer Partnerschaft immer vier beteiligt sind. Dieser Umstand verwirrt einige Leute und schockiert sie, andere belustigt es.

Weil an jeder Ehe vier Personen beteiligt sind, ist jede Ehe von Natur aus kompliziert. Würde man jungen Leuten das beizeiten beibringen, könnten Sie schon früh lernen, die Dinge realistischer zu sehen. Man muß ihnen sagen, daß jeder sein inneres Kind mitbringt, das durch die Eltern geprägt wurde. Die junge Frau würde verstehen, daß ihr Mann immer noch den »Jungen«, der er einmal war, in sich hat, der seine Sachen niemals wegräumte und der nie dann zum Essen kam, wenn er gerufen wurde. Und der Mann würde verstehen, daß seine Frau »ihr Mädchen, das sie einmal war«, in sich hat, dem man immer wieder beteuern mußte, daß es anziehend und begabt sei, und das sich vor Mäusen fürchtete und sich nicht frei herauszusprechen getraute.

In der Ehe äußert das Kind, das Sie einmal waren, seine Wünsche, Bedürfnisse und Sehnsüchte offener und ausdrücklicher als in jeder anderen Situation. Es mag – und zwar wegen jeder Frustration – schreien, weinen, mit den Füßen stampfen, weglaufen, beleidigt sein, sich verkriechen. Es mag wütend und zornig werden, rasen und toben oder sich in eisiges Schweigen zurückziehen.

Das ist dann, wenn Ihre Frau sich beklagt: »Mein Gott, sei doch nicht wieder so kindisch!« Oder Ihr Mann sagt: »Du benimmst dich wie ein kleines Mädchen, nicht aber wie eine Frau!«

Warum ist das so? Das ist so, weil Sie und ich einmal glaubten, eine Ehe würde das Gefühl von Geborgenheit und Vertrautheit mit sich bringen, wie wir es einmal als Kind erlebt haben. Wir haben den inneren Wunsch, in das behagliche Nest zurückzuschlüpfen, aus dem wir einmal gekommen sind. Die Ehe scheint uns die Hinterhofbühne zu sein, auf der wir unsere kindlichen Spiele spielten. Das aber, was wir als Kind im Hinterhof als Lustspiel darbrachten, entwickelt sich im ehelichen Kampf nicht selten zur Tragödie.

Wenn die Weichen, die in der Kindheit für unsere »Ehefähigkeit« gestellt wurden, derart ins Niemandsland gestellt sind, wenn der Zug ins Nichts führt, dann könnten wir wieder einen gerechten Zorn in uns aufsteigen spüren und drohend die Faust ballen und wütend sagen: »Verdammt in alle Ewigkeit! Und das alles, weil ich die falschen Eltern hatte.«

Vergeben und vergessen

Selbst wenn es in unserer Familie während unserer Kindheit für uns unglückliche Zeiten gab, hat sie doch den meisten das Gefühl des Daheimseins vermittelt. Fast jeder kann sich an schmerzhafte Kindheitserlebnisse erinnern. Viele von uns wurden gezwungen, Dinge zu tun, die sie nicht tun mochten – und als Erwachsene meiden wir sie. Unsere Eltern, Schwestern und Brüder hatten Haltungen uns gegenüber, die uns verletzten, aber wir wurden damit fertig, soweit wir damals dazu in der Lage waren. Schelte, Schläge, Verweigerungen und Entzug haben uns vielleicht das Gefühl gegeben, unannehmbar, unzureichend und isoliert zu sein. Jetzt jedoch, wo wir erwachsen sind, können wir anfangen, unsere Eltern so zu sehen, wie sie wirklich waren – und nicht als die allmächtigen und allwissenden Menschen, die wir als Kinder sahen. Wir sehen sie jetzt als Menschen mit Fehlern, Schwächen und Problemen, wie die meisten Menschen sie haben. Bei allen Fehlern, die sie uns gegenüber gemacht haben, war doch das Bestreben, das Beste aus der Erziehung zu machen, im Vordergrund. Sie taten, was sie konnten. Vielleicht wußten sie zuwenig, aber das was sie wußten, taten sie.

Während Sie Ihr inneres Kind von früher erkennen und kennenlernen, sollten Sie die verletzenden Haltungen, denen Sie als Kind begegnet sind, sorgfältig untersuchen. Man kann sie leicht wiedererkennen: sie tun immer noch weh. Dieses Wiedererkennen dient nicht dazu, Ihren Eltern den »Schwarzen Peter« zuzuschieben, sondern dazu, daß Sie diese verletzenden Haltungen sich selbst gegenüber ablegen, wenn Sie die Rolle Ihrer eigenen Eltern spielen. Auch wenn unsere Eltern über das normale Maß hinaus »die Faust im Nacken« für uns waren, wäre es für uns vorteilhaft, ihnen zu verzeihen. Wer alte Seelennarben beseitigen will, muß die Operation an sich selber ganz alleine durchführen. Jeder ist sein eigener plastischer Seelenchirurg.

Man kann alte Narben nicht mit Wundermedizin beseitigen. Handauflegen, warme Kissen oder Pflaster nützen recht wenig. Sie müssen herausgeschnitten und sauber beseitigt werden. Viele Menschen doktern mit den verschiedenen Balsamen und Salben an ihren alten Narben herum. Dabei kommt nichts heraus. Ein junger Mann ist immer wieder von seiner Mutter geschlagen worden. Diese Zeit konnte er nicht vergessen. Er absolvierte eine Psychotherapie, in der ihm geraten wurde, seiner Mutter zu verzeihen. Also »erschießt« er seine Mutter nicht. Nach außen hin besucht er sie, bringt ihr Blumen und unterhält sich freundlich mit ihr. Aber immer noch sitzt der Giftstachel in ihm. Wenn sie ihn bittet, etwas für sie zu besorgen, wenn er, während sie im Krankenhaus liegt, gelegentlich die Blumen in ihrer Wohnung gießen soll, »vergißt« er das. Seine Redensart ist: »Ich habe ihr alles verziehen, aber vergessen kann ich das nie!«

»Ich kann vergeben, aber nicht vergessen!«, das ist nur eine vornehme Art zu sagen: »Ich kann grundsätzlich nicht vergeben.« Vergebung ist wie eine zerrissene Banknote, verbrannt, ausgelöscht, nie wieder vorgezeigt. Vergebung, wirklich echte Vergebung, völliges Vergessen – das ist das scharfe Skalpell, mit dem man alte Narben ausräumt, ausheilt, beseitigt.

Halbe Vergebung, halbherzige Verzeihung entspricht einer mißlungenen Operation, bei der die Fäden herauseitern. Vergebung als Pflichtgefühl ist eine Scheinoperation. Das Verzeihen muß genauso vergessen werden wie die Ursache der Vergebung. Vergebung, die wieder hervorgekramt wird, erwartet ständig Dankbarkeit von dem, der die Vergebung erhalten hat. Man vergibt aber keine Schuld, indem man eine andere Schuld aufbürdet. Das ähnelt dem schmutzigen Geschäft des Geldverleihers, der einen alten Schuldschein gegen einen neuen eintauscht.

Dieses erste Kapitel, verehrter Leser, hat Sie vielleicht beunruhigt, hat möglicherweise alte Narben aufgerissen, es hat Ihnen wehgetan, an alte Geschichten erinnert zu werden. Sie spürten vielleicht noch einmal den Schmerz hochkommen, Sie fühlten Wut auf die Eltern und haben möglicherweise erkannt, daß der Ausruf »Schuldig!« keinem weiterhilft. Und Ihre Zwischenrufe »An den Galgen mit ihnen!« haben Ihnen auch nichts genützt. Vielleicht haben Sie erkannt, daß Verzeihen auch etwas mit den inneren Bildern von der Kindheit und den Eltern zu tun hat. Sie besänftigen das innere Kind damit. Sie tun sicherlich Ihren Eltern etwas Gutes mit dem Verzeihen, aber sich selbst tun Sie noch viel mehr Gutes, denn Sie hätten damit den ersten Schritt zur inneren Beruhigung getan. Sie hätten Ihr inneres Kind besänftigt. Und vergessen Sie nicht: Wer gar nichts Kindliches mehr an sich hätte, der wäre kein höherer, sondern ein verkümmerter, vertrockneter Mensch. Ihm würden aller Schwung, alle Lebendigkeit, alle Begeisterungsfähigkeit, alles Künstlertum, alle Religiosität, alle Fähigkeit zur Freude, alle Phantasie, alles mitmenschliche Gefühl, alle Güte, aller Humor, kurzum alle eigentlich menschlichen Züge fehlen. Er wäre der ste-

rile, der völlig unproduktive Mensch. Er könnte nichts eigenes mehr schaffen und nichts eigenes mehr erleben, wenn das Kind in ihm nicht mehr wäre.
»Denn dieses ›Kind im Menschen‹ ist der unsterbliche Schöpfer in ihm ...«, wie Christian Morgenstern im Motto zu seinen »Galgenliedern« sagt. Es wäre also gar kein erstrebenswertes Ziel – und auch kein erreichbares –, wenn ich den Umgang mit mir selbst darauf abstellen wollte, das kindliche, egozentrische Wesen in mir endgültig zu überwinden und restlos erwachsen zu werden. Wenn uns das gelänge, dann wären wir zu höchst unangenehmen Zeitgenossen geworden. Wir hätten all das verloren, was unsere eigentliche Entwicklung ausmacht. Wir könnten uns überhaupt nicht mehr weiterentwickeln, sondern würden erstarren. Wir würden demnach nicht zu einem erwachsenen Menschen, sondern zu seinem Zerrbild. So paradox es klingt: Um erwachsen werden zu können, müssen wir kindlich sein. Darum heißt unser Motto: Das innere Kind lenken, aber nicht töten.
Stellen Sie sich dieses Buch wie eine Bergbesteigung vor. Das erste Kapitel hat Ihnen den Rucksack – sozusagen mit dem Reisegepäck – vollgestopft. Gefüllt mit vielen unangenehmen Erlebnissen aus der Kindheit und aus unserem Leben. Ein Aufstieg ist bekanntlich nicht leicht. Es gibt schwierige Passagen zu überwinden. Immer mehr würde also das Reisegepäck auf unserem Rücken drücken, der Weg wäre immer beschwerlicher. Es wird notwendig sein, unterwegs einiges von dem Reisegepäck, von dem, was uns drückt, aus dem Rucksack zu nehmen und es einfach wegzuwerfen. Mit weniger Gepäck läßt sich das Ziel, der Gipfel, leichter erreichen.

2. KAPITEL

Das Selbstbild als Urteil

»Sich selbst sicher sein«, daß heißt, daß die Sicherheit nicht von den Umständen, nicht von anderen Menschen abhängt. Sie wurzelt vielmehr in den Grundfesten der eigenen Persönlichkeit. »Meiner selbst sicher sein«, das bedeutet, daß ich mir selbst vertrauen kann wie einem guten Freund, der mich nicht im Stich läßt, wenn's darauf ankommt. Das ist die wesentlich tiefere, deswegen aber auch nicht mehr so leicht verständliche Bedeutung des Wortes »Selbstsicherheit«.

Bevor wir uns über Selbstsicherheit und Selbstvertrauen unterhalten, wollen wir uns einmal die »Trick-Kiste« des selbstunsicheren Menschen anschauen.

Ich denke da an Mary-Ros. Wenn ich sie gelegentlich traf, dann gabe es kein Entrinnen mehr für mich. Sie überhäufte mich sofort mit einem Wortschwall, dem ich kaum folgen konnte. Etwa so: »Fein, Henry, dich zu sehen, weißt du, mit Herbert (ihrem Mann) klappt es überhaupt nicht mehr. Gerade jetzt zur Fußballweltmeisterschaft. Man kann kein Wort mehr mit ihm reden, dauernd sitzt er vor dem Fernseher. Und dann Mirjam (ihre Tochter). Ich weißt nicht, was ich da noch verstehen soll. Sie ist in der letzten Zeit so aufmüpfig. Dabei habe ich sie extra in die Waldorfschule gegeben …«

»Ja Mary-Ros …«

»Unterbrich mich doch nicht dauernd Henry. Weißt du, mit dem Hausmeister habe ich auch dauernd Ärger. Erst vorige Woche …«

»Du, Mary-Ros …«

»Und meine Mutter Henry …«

Ich brauche immer viel Geschick um mich aus dieser Wortumklammerung zu befreien. Mary-Ros hatte mich nicht – und was noch viel schlimmer ist – auch sich selbst nicht wahrgenommen. Sie redete nur leer in den Raum. Dabei kann es passieren, daß sie beim nächsten Treffen schweigsam, muffig, verschlossen und in sich gekehrt ist. Sie bietet das typische Beispiel eines typischen selbstunsicheren Menschen. Mary-Ros ist jener Menschentyp, der andere häufig nicht zu Wort kommen läßt, der uns überschüttet mit einem Schwall von Worten. Ein Mensch der alles besser weiß, uns gelegentlich überrascht durch stoisches Stillschweigen. Selbstunsichere Menschen sind manchmal umwerfend schüchtern und verlegen und ein anderes Mal maßlos übertrieben selbstbewußt und arrogant. Mit so einem Verhalten irritieren sie ihre Umwelt. Wir können uns manchmal vor Lachen über ihre Unbeholfenheit ausschütten, obwohl wir eigentlich traurig sein sollten. Aber sobald wir uns ihnen widmen, haben sie uns in der (Erpresser-) Zange und lassen uns nicht mehr los.

Aber sprechen wir nicht nur von den anderen, wie ergeht es uns selbst in der Zwangsjacke der eigenen, subjektiv empfundenen Minderheit?

In jedem Menschen sind wertvolle Entwicklungsmöglichkeiten angelegt. In jedem! Es gibt auf der ganzen Erde kein Fleckchen, unter dem nicht Bodenschätze schlummern. Sicher, es gibt Unterschiede. In Südafrika gibt es Diamanten, in Kanada Gold und in Persien Öl. Und so verschieden wie die einzelnen Kontinente und Länder in ihrem Reichtum sind, so verschieden sind auch die Menschen untereinander. Der eine trägt mehr »Gold« in sich, der andere mehr »Öl«. Wichtig ist, daß wir unseren »Untergrund« erforschen und fündig werden. »Das mag alles ganz schön und gut sein«, mag mancher denken. »Gerade ich soll wertvolle Eigenschaften in mir tragen, wo ich doch seit frühester Kindheit zu hören bekam, daß ich wertlos, nutzlos, zu nichts zu gebrauchen bin?« Wer sich mit solchen Gedanken durchs Leben müht, ist voller Selbszweifel. Selbstquälerisch setzt er sich mit sich selbst auseinander und im Extremfall grenzt das alles an Selbstzerstörung.

Jeder weiß, an der Freundschaft ist das Schönste die Treue. Nichts verabscheuen wir mehr als den Freundesverrat. Wer denkt aber schon daran, sich selbst der beste Freund zu sein, und wer erkennt schon so ohne weiteres, daß wir gegen uns selbst Selbstverrat üben? Wir sagen oft, daß ein Mensch »sich selbst treu geblieben sei«; und wir wissen genau, was wir damit meinen. Aber dann muß es logischerweise auch den Selbstverrat geben, die Untreue gegen

sich selbst – und diese Untreue beginnt mit dem Selbstzweifel. Aber: Keiner kann vor sich selbst davonlaufen, das eigene Kind ist immer schneller, es ist überall dabei.
Wenn solche Gefühle so nachhaltig sind, daß sie zu Empfindungen der eigenen »Wertunzulänglichkeit« führen, dann sprechen wir von »Minderwertigkeitsgefühlen«. Es handelt sich bei diesen seelischen Vorgängen aber nicht um objektive Minderwertigkeiten, also um tatsächliche Minderleistungen. Es handelt sich vielmehr um subjektive, also rein persönlich empfundene Abweichungen von den »besseren Leistungen« der anderen. Minderwertigkeitsgefühle entstehen nur dadurch, daß man meint, in den Augen der anderen Menschen als minderwertig zu gelten. Etwas abgrenzen von den Minderwertigkeitsgefühlen müssen wir die Unterlegenheitsgefühle. Unterlegenheitsgefühle haben wir, wenn wir uns schlecht behandelt fühlen und uns nicht wehren können. Wenn wir uns »blamieren«, wenn wir bei einer Gehaltserhöhung oder einer Beförderung übergangen werden, wenn wir nicht »für voll genommen werden« und viele ähnliche Situationen. Der seelisch gesunde Mensch ist solchen Situationen gewachsen. Zumindest überwindet er solche Erlebnisse bald. Er nimmt sie nicht so wichtig. Er vergißt sie schnell. Sie wirken nicht in seinem Innern nach, sie »wurmen« ihn nicht.
Auch in der Welt des Kindes gibt es solche Erlebnisse oft. Ein seelisch gesundes Kind aber, das in der richtigen Abgestimmtheit von Liebe und Vertrauen aufwächst, hat ein unbekümmertes Selbstgefühl und läßt sich nicht »die Butter vom Brot nehmen«. Es läßt sich nicht in die Ecke drängen. Es sorgt von sich aus für seine Geltung und Anerkennung im Kreise der Geschwister und Spielgefährten. Ein solcher junger Mensch fühlt sich in seiner Welt sicher und geborgen. Er erhält dadurch immer neue Kraft zum Wachsen und Entfalten. Wer diese Sicherheit aber nicht in seiner Jugend erwerben konnte, der wird oft mit auftretenden Minderwertigkeitsgefühlen nicht fertig. Er wird jahrelang und nicht selten sein Leben lang darunter leiden.
Wer sich nicht befreien kann von seinen Minderwertigkeitsgefühlen, die er durch einen Mißerfolg bekommen hat, der versagt auch gegenüber anderen Lebensanforderungen!

Wer in der Schule falsche Antworten gab und dafür vom Lehrer immer wieder gerügt wurde, der traut sich weitere Antworten nicht mehr zu. Wer seelisch zart und sensibel ist, der wagt in der Schule nicht seinen Finger zu erheben und mitzudenken. Seine »gespeicherte Lebensspule« lautet: »Nur nicht melden, nur immer still sein, die anderen dürfen gar nicht merken, daß du da bist.«
Genau das ist es: Solche bedauernswerten Menschen tragen in sich das tiefe verzweifelte Gefühl, daß sie eigentlich überhaupt nicht leben dürften! Sie erlauben es sich nicht, zu leben, voll da zu sein.
Wieviel Familien und Betriebe gibt es, in denen es das berühmt-berüchtigte schwarze Schaf gibt. Und wieviel Menschen leben unter uns, die einmal schwarzes Schaf waren und aufgemuckt haben. Sie sind heute keine »schwarzen Schafe« mehr, sondern lebenstüchtige Persönlichkeiten.

Andere haben Minderwertigkeitsgefühle, weil sie abstehende Ohren haben, oder zu dick sind, O-Beine oder X-Beine haben. Wie sehr solche Unzulänglichkeiten von der jeweiligen Auffassung und sogar von der Mode abhängen, erkennen wir daraus, daß heute keiner mehr darunter »leidet«, wenn er rote Haare hat. Selbst Glatzen sind gelegentlich gefragt, wie die Krimiserie »Einsatz in Manhattan« zeigt.

Freilich, wer schielt, oder stark kurzsichtig ist und sehr dicke Augengläser tragen muß, kann darunter ebenso leiden wie einer, dessen Gesicht voller Pickel ist.

Die einen verkriechen sich vor ihrer Umwelt, weil sie sich einbilden, von den Menschen doch nur mißachtet zu werden. Die anderen versuchen, ihren Schönheitsfehler irgendwie zu verdecken: Sie werden geltungssüchtig und affektiert.

In den Reifejahren neigen fast alle jungen Menschen zu dieser oder jener Überkompensation: Sie drängen ja alle nach Anerkennung in der Welt der Erwachsenen! Sie haben mehr oder weniger heftige Minderwertigkeitsgefühle, wenn sie von den Erwachsenen beobachtet werden und neigen daher zu Überheblichkeit. Die Mädchen werden eitel und gefallsüchtig und die angehenden »Herren der Schöpfung« werden blasiert und renommiersüchtig. Den richtigen inneren Ausgleich findet ein Mensch erst durch sachliches Lebenswissen. Erst dadurch findet er seinen Standpunkt im Leben.

Wer diesen Ausgleich nicht findet, der wird in seinem äußeren Benehmen und vor allem auch in seiner inneren Haltung immer gekünstelter und unecht. Er kann seine innere Unfertigkeit nicht verdecken – weder durch auffällige Gebaren noch durch mondäne Kleidung. Solche Menschen bleiben unzufrieden. Sie können äußerst empfindlich und rebellisch sein. Ebenso unzufrieden und verzweifelt bleiben jene Menschen, deren Minderwertigkeitsgefühle nie zu einer Kompensation drängten, die also nie für einen inneren Ausgleich ihrer (scheinbaren) Minderwertigkeit finden.

Im Leben werden sie häufig zu Duckmäusern und Leisetretern. Sie bleiben griesgrämige, mürrische und ungenießbare Lebenspartner. Sie können ihren Mitmenschen jede Lebensfreude verderben. Sie werden entweder »Störenfriede« in jeder Gesellschaft oder als lästige Anhängsel angesehen. Man kann mit ihnen nicht warmwerden. Und doch: Sie sind Menschen, ganz tief innen sind sie ein genauso liebenswerter Mensch wie Sie und ich! Sie haben sich einfach nur noch nicht getraut, diese Seite von sich zu zeigen.

Auf der anderen Seite ist nicht jeder, der von anderen den Vorwurf erhält, er hätte »Minderwertigkeitskomplexe«, gleich ein Leidender an sich selbst. Es gibt auch eine Reihe von gesunden und sogar wertvollen Hemmungen, gerade bei jungen Menschen.

In meiner psychologischen Beratungspraxis, in der ich besonders viel mit gehemmten Menschen zu tun habe, kommt es mir oft so vor, als ob eine Gnadenwirkung darin liege, wenn der Mensch als Ausgleich für seine Unzulänglichkeit sich in einem anderen Lebensbereich besonders hervorhebt.

Die große Hoffnung: Morgen

Und immer wieder fällt mir auf: die große Hoffnung wird auf das Morgen gesetzt. Morgen werden wir tun, wozu wir uns heute nicht entscheiden konnten. Dabei ist es für alles, was wichtig ist, morgen schon zu spät. Lebensentscheidungen – auch kleine, nebensächliche – werden heute getroffen. Wenn wir etwas in unserem Leben verändern wollen, dann müssen wir heute damit beginnen.

Jeder Mensch sucht ständig nach Sicherheit und innerem Halt, aber nur wenige finden sie. Der Grund liegt darin, daß die meisten Menschen Sicherheit in der Abhängigkeit von anderen suchen und nicht in sich selbst. Oder andere geben den Verhältnissen die Schuld. Wie Marion zum Beispiel. Manchmal trifft sie ein Kummer – scharf und stechend – wie etwa der Neid auf die jüngere Nachbarstochter. Kaum zwanzig ist die hübsche Tochter von nebenan. Aber sie hat schon einen Mann; er betet sie an. Marion aber ist allein, deswegen haßt sie die Männer, die immer nach kurzer Bekanntschaft wieder gehen. Die Männer sind schuld, daß es ihr so schlecht geht. Einmal war sie verlobt gewesen, das war vor fünf Jahren. Wenn sie sich mit den Freundinnen unterhält, dann sagt sie: »Ach laß mich doch mit dem Fred in Ruhe, der hat viel zu viel geraucht, meine Gardinen waren schon braun. Und Herbert kam immer unrasiert zum Frühstück.« Diese Litanei betete sie oft. Marion hatte einen sicheren Instinkt, bei ihren Partnern die Achillesverse zu finden. Sie gab keine Ruhe, bis sie nicht irgend etwas gefunden hatte, das sie dem jeweiligen Freund anhängen konnte. Immer waren die Männer schuld. Sie selbst? Sie hatte eben nur Pech gehabt.

Was aber ist die tiefere Ursache für Marions Verhalten? In sich spürte sie eine Verachtung auf alle Männer und vor allem auf den eigenen Vater, das wußte sie nur nicht. Und was noch schlimmer war, in ihrem tiefsten Innern verspürte sie eine Art Selbstverachtung. Wer solchen Vater hatte, der taugte ja nichts, der konnte ja keinen besseren Mann finden als der Vater einer war. Oder hatte sie überhaupt einen Mann verdient? Woran mangelte es Marion aber am meisten? Sie konnte sich selbst nicht annehmen. Sie fand sich als unschön, sie »taugte irgendwie nichts«, die anderen hatten eben mehr Glück, überhaupt, das Leben war irgendwie fad, öde und leer.

Aus welchen Gründen zieht ein Mensch es vor, sich nicht selbst anzunehmen?, müssen wir fragen. Sollten Sie ein ähnlicher Pechvogel wie Marion sein, dann heißt für Sie die Frage: Warum behandle ich mich selbst so wie einen Menschen, der zweitklassig ist? Würden Sie ihren besten Freund, Ihre beste Freundin so behandeln wie sich selbst? Es gibt kein Verhalten ohne Ursache. Der Weg zur Beseitigung der selbstzerstörerischen Verhaltensweisen ist aufgerissen durch Schlaglöcher des Unverständnisses gegenüber sich selbst. Erst wenn Ihnen klargeworden ist, warum Sie sich eigentlich übelwollen, könnnen Sie beginnen, sich anders zu behandeln. Und was Sie alles tun, um dieses Gebäude durch nichts einstürzen zu lassen. Überlegen Sie doch einmal, wie Ihre Eltern, Großeltern oder Lehrer Sie behandelt haben. Ist da irgend etwas, was Ihnen als »Endlosspule« mit auf den Weg gegeben wurde, irgend etwas, das eigentlich nicht Sie sind?

Sind Sie »besessen?« – besessen von einer Elternrolle, die Ihnen immer wieder einhämmert: »Du taugst nichts, das kannst du nicht – andere können das besser – was haben wir uns nur mit dir eingehandelt?« Hämmert in Ihnen diese Dauerkanonade von negativen Vorwürfen, haben Sie als kleines Mädchen, als kleiner Junge niemals gehört »Das hast du fein gemacht!« Hat Mutter oder Vater Sie in den Arm genommen, Ihnen das Gefühl gegeben, »so wie du bist, so hab ich dich lieb«?

Wenn Sie diese Sätze zwei oder dreimal lesen, dann das Buch zur Seite legen, und nun beginnen, über sich selbst nachzudenken, dann kann es passieren, daß Ihnen die Tränen kommen, die Tränen der Erinnerung. Es ist nicht der erwachsene Mensch, der dann weint, es ist das innere Kind in Ihnen, dem die Tränen gekommen sind. Und diesem Kind von früher tut es sehr gut, diesen alten Schmerz einmal abzuweinen, loszulassen. Sie brauchen sich gar nicht zu schämen. Sie fühlen sich selbst! Geben Sie diesem Gefühl nach, lassen Sie sich richtig hineinfallen. Es gibt nichts Wunderbareres auf der Welt, als sich selbst zu spüren, auch im Gefühl des Schmerzes. Der Satz, ein deutscher Junge weint nicht, hat längst seine Gültigkeit verloren. Heute darf ein deutscher Junge sehr wohl weinen. Weil es für ihn wichtig ist, mit sich und seinen Gefühlen Verbindung aufzunehmen. Wie können wir sonst ein positives Gefühl für uns entwickeln, wie wollen wir uns selbst ein guter Freund werden, wenn wir nicht einmal unseren alten Schmerz anschauen können, um zu spüren, daß das ein ganz realer Schmerz ist und daß wir doch eigentlich ganz anders sind, als unsere Eltern es uns immer wieder einhämmern wollten. Man hatte uns doch nur nicht die Gelegenheit gegeben, so zu sein, wie wir eigentlich woll-

ten. Das Gefühl von Zuneigung zu sich selbst, diese Empfindung, ich bin doch ein »prima Mädchen«, ein »recht brauchbarer Kerl«, das kommt nicht von heute auf morgen, das müssen wir wachsen lassen. Erlauben Sie diesen neuen Gefühlen nicht, sich wieder zu verkriechen, wenn es anfangs nicht alles so klappt und Sie hin und wieder Rückschläge bekommen. Nehmen Sie sich selbst ernst wie sonst keinen Menschen auf der Welt und tun Sie das immer wieder, Sie werden spüren: Es beginnt etwas Neues in Ihnen zu wachsen!
Es gibt so pseudokluge Sprüche, wie: »Wie's da drinnen aussieht, geht niemandem etwas an« – oder: »Runterschlucken ist die beste Medizin.« Sehr wohl geht es jemanden etwas an, wie es in Ihnen aussieht, zu allererst einmal Sie selbst. Sie beginnen jetzt, sich mit sich selbst auseinanderzusetzen. Sie nehmen sich ernst genug, Ihr Leben unter die »Lupe« zu nehmen. Vielleicht beginnen Sie Tagebuch zu schreiben. Tun Sie das ernsthaft und gründlich. Für jedes Schmerzgebiet ein eigenes Kapitel mit Überschriften, etwa: Mein Leben und die Liebe – oder: Karriere und Ehrgeiz – oder: Das Drama meiner Kindheit. Schreiben Sie immer nur an jenem Kapitel, in dem Sie gerade einen alten Schmerz verspüren. Wenn Sie das wirklich tun, wenn Sie beginnen, alte Gefühle wieder auszugraben, dann sind Sie auf dem Weg, ein reifer Mensch zu werden.
Manche mögen sagen, man sollte »schlafende Hunde nicht wekken«. Aber überlegen Sie doch einmal selbst: Wo schlafende Hunde sind, da sind eben Hunde. Hunde stehen aber symbolisch für Aggressionen, für unsere Wut, für unseren Zorn. Und mancher von Ihnen hat schon einmal erlebt, wie »die Gäule« mit ihm durchgingen. »Die Gäule« waren in diesem Fall die »schlafenden Hunde«, die durch irgend etwas geweckt wurden. Sie können sehr gefährlich werden, die »schlafenden Hunde«, sie können uns manchen Kummer bereiten. Ist es da nicht besser, sie sanft zu wecken und langsam wegzuführen?

Herr im eigenen Haus

Haben Sie sich im stillen nicht immer schon gewünscht, der eigene Herr im Haus zu werden? Betrachten Sie Ihr Leben einmal als Film, in dem Sie die Hauptrolle spielen. Diese Portion Egoismus dürfen Sie sich wirklich zugestehen. Sie sind Herr im Haus und Sie geben die Kommandos, wenn die Mieter rebellieren. Irgendwo sind wir Menschen alle zu sehr mit uns selbst beschäftigt, um wirklich wahrzunehmen, was im anderen vorgeht. Dieser Egoismus bringt aber auch eine gewaltige Portion Verantwortung mit sich: Verantwortung für sich selbst. Mit dieser Einstellung dürfen wir uns nicht mehr auf andere verlassen. Wir erkennen, daß nur wir selbst und wirklich nur wir etwas in unserem Leben ändern können. Indem wir beginnen, uns etwas ernsterzunehmen, beginnen wir zwangsläufig, uns damit intensiver mit uns auseinanderzusetzen. Wieviele Menschen sind ständig auf der Suche nach Gott und haben sich selbst noch nicht gefunden. Wie aber, frage ich Sie, wollen Sie Gott finden, wenn Sie sich selbst noch nicht gefunden haben?

Ein weiterer Punkt bei dieser Arbeit ist, daß Sie dabei nicht ständig nach Bestätigung durch andere suchen. Andere können Ihnen höchstens Knüppel zwischen die Beine werfen, denn möglicherweise haben die anderen es gar nicht so gerne, daß wir uns ändern, daß wir da nachreifen, wo wir schwach waren. Denn mit dieser Veränderung werden wir zu Konkurrenten, zur Gefahr für andere – vermeintlich. Sie hatten sich so sehr daran gewöhnt, uns so zu sehen, wie wir immer waren: schwach und schüchtern. Nun sollen Sie plötzlich das Bild von uns korrigieren. Das würde für sie bedeuten: auf die eigenen Schwächen gestoßen zu werden. Denn auch die anderen sind irgendwo in sich schwach. Es gibt überhaupt keinen Menschen, die nur stark oder nur schwach sind. Wir Menschen sind polar angelegt und Schwäche und Kraft sind gleichermaßen in uns. Und es liegt in unserem Lebensscript, welche dieser beiden Seiten wir nach außen leben.

Was aber künftig wichtig ist, wenn wir allmählich beginnen zu wachsen ist nicht das Urteil der anderen, gültig ist nur das, was wir selbst von uns halten. Dadurch verändern wir unser Selbstbild und eines Tages müssen auch andere akzeptieren, daß sich da etwas in uns geändert hat. Zwangsläufig müssen diese Menschen unserer Umgebung endlich zur Kenntnis nehmen, daß wir längst nicht mehr der Mensch sind, den sie einmal kennengelernt haben. Sie haben es mit einem neuen, gefestigten Menschen zu tun. Und sie tun gut daran, das zu akzeptieren.

Denken Sie daran, keiner kann es allen rechtmachen. Darum ist es für uns von Vorteil, daß wir es uns selbst rechtmachen, damit haben wir schon sehr viel getan. Als ich in Südamerika lebte, traf ich einen deutschen Arzt. In seiner Wohnung hing ein langer Spruch, von dem ich mir nur einige Zeilen gemerkt habe: »Tu was du kannst, und leg dich ruhig nieder, nach einer Zeit wirst du spüren, daß du Großes geleistet hast.« Das ist doch schon etwas, oder? Mehr als wir können vermögen wir nicht zu tun. Aber wir sollten auch nicht weniger tun. Wenn wir alle unsere Möglichkeiten ausgeschöpft haben, dann können wir uns tatsächlich ruhig hinlegen, denn das was wir getan haben, das wird für uns weiterwirken.

Das bereinigte Selbstbild

Wer sind Sie, wie beschreiben Sie sich? Wahrscheinlich werden Sie auf Ihre Vergangenheit zurückgreifen, um diese Frage zu beantworten, auf Ihr vergangenes Leben, das Sie hinter sich gebracht haben und von dem Sie sich nur unter Schwierigkeiten losmachen können. Was sind das für Aufkleber, die Sie sich selbst gegeben haben? Die einen sagen: »So bin ich eben, ich war schon immer so!« Andere meinen: »Ich bin liebenswürdig – ich bin tolerant – ich bin faul – ich bin zu nichts zu gebrauchen.« In einem meiner Seminare sollten die Teilnehmer einmal ein Selbstbild entwerfen. Sie werden es nicht glauben, da kamen tatsächlich Bemerkungen vor wie: »Ich bin ein Schwein – Ich bin ein hoffnungsloser Fall – Ich bin ein schlechter Mensch« – und so weiter. Von den zwölf Teilnehmern war nicht einer, der ein positives Selbstbild entwerfen konnte. Sie meinen vielleicht, das sei eben eine Ausnahme, aber weit gefehlt, das kommt häufiger vor als Sie ahnen.
Kann man mit einem solchen Selbstbild einen liebenswerten Partner finden? Kann man mit so einer Meinung von sich selbst einem ausgefüllten Berufsleben nachgehen? Kann man mit solchen Gedanken und Empfindungen in sich eine gute Mutter, ein guter Vater sein? Man kann es nicht.
Wir sprechen heute vom positiven Denken und Fühlen. Eine riesi-

ge Welle schwemmt mit dieser Thematik über uns hinweg. Es gibt bei uns in Deutschland, in Österreich und in der Schweiz einen »Freundeskreis der Positivisten«. Alles Menschen wie Sie und ich, die nichts anderes wollen, als zu sich selbst zu finden. Der 28jährige Manfred zum Beispiel war einmal einer von ihnen. Er erzählte mir: »Ich bin einfach da hingegangen, weil ich so verzweifelt war. Ich hatte eine nörglerische, rechthaberische Frau, die immer etwas an mir auszusetzen hatte. Also ging ich zu diesem Freundeskreis, hörte mir eine Menge Vorträge an und merkte bald, daß diese Menschen dort voller Probleme waren, irgendwie hatte ich das Gefühl, sie machten sich etwas vor. Wenn ich ein paar kritische Äußerungen machte, dann warf man mir vor, nicht positiv zu sein. Innerlich war ich aufgebracht. Wie sollte ich es denn machen? Man gab mir ein bestimmtes Buch in die Hand. Dort las ich zu meinem Problem: ›Oft beginnt eine Frau nur deshalb zu nörgeln, weil sie sich unbeachtet glaubt und sich mehr Liebe und Aufmerksamkeit ersehnt. Zeigen Sie also Ihrer Frau mehr Interesse und würdigen Sie ihre vielen guten Wesenszüge und Eigenschaften so rückhaltlos, wie sie es verdient.‹ – Ich fing also an, meiner Frau jeden Wunsch von den Augen abzulesen, half noch mehr im Haushalt mit, machte die Einkäufe, ging mit ihr aus, widmete ihr alle meine freie Zeit, aber das half alles nichts, sie nörgelte nun auf anderen Gebieten, spürte, daß sie die Überhand über mich bekam, und schikanierte mich auf andere Weise. Heute sind wir geschieden, wenn mir einer mit positivem Denken kommt, dann sehe ich rot.« So wie Manfred geht es vielen Menschen. Sie können den Begriff Positives Denken nicht in die Praxis umsetzen. Manchmal habe ich das Gefühl, daß die Leute, die darüber reden, selbst nicht wissen, was sie meinen. Ich fragte Manfred, ob er sich vorstellen könne, daß ein trauriger, depressiver Mensch in der Lage sei, positiv zu denken. Versuchen Sie einmal, einem traurigen Menschen zu sagen: »Mensch, reiß dich doch zusammen, schau nur, draußen scheint die Sonne, du brauchst dich doch nur zu freuen.« Der so Angesprochene wird sich nach solchen Worten abwenden und die Empfindung haben, von Ihnen überhaupt nicht wahrgenommen worden zu sein. Schließlich können wir nicht ständig vor Freude hüpfend und lachend durchs Leben ziehen. Die Traurigkeit gehört doch genauso zum Leben wie die Fröhlicheit. Der Mensch ist polar angelegt. Viele sogenannte Positivisten verdrängen diesen »negativen« Aspekt in sich und häufig kommt er als Magengeschwür wieder. Andersherum: Sagen Sie einmal an einem regnerischen Tag zu einem verliebten Paar: »Ich verstehe nicht, daß ihr so fröhlich seid, draußen ist es grau und trübe.« Die beiden Verliebten werden genausowenig Verständnis für Ihre Worte aufbringen wie der traurige Mensch. Sie sind in ihrem Gefühl der Liebe und daraus kann sie auch nicht der Regentag reißen.

Und genau darauf kommt es beim positiven Denken an: Nicht das Denken allein ist maßgebend, der Gedanke muß als Wurzel ein positives Gefühl haben. Und genau hier fängt die Schwierigkeit an, denn es gilt die alten destruktiven Gefühle aus der Kindheit, eben unsere Grundgefühle, zu verändern. Das geschieht aber nicht durch einen Willensakt, sondern dadurch, daß wir beginnen, uns mit uns selbst auseinanderzusetzen und die weit weggeschobenen Gefühle wieder hervorholen. Erfahrungsgemäß können wir da zuerst auf vieles Böses stoßen, wie Schuld- und Neidgefühle, manchmal auch Haß oder Wut. Wenn wir uns damit auseinandergesetzt haben, diese negativen Dinge in uns angeschaut, noch einmal gefühlt haben, erst dann kommen die echten positiven Gefühle zu uns. Dieser Weg ist manchmal sehr schwierig und gelegentlich geht es nicht ohne die Hilfe eines Psychotherapeuten.

Aber wichtige Voraussetzung ist, daß wir beginnen, Regie in unserem Leben zu führen, unser Leben selbst in die Hand zu nehmen. Der Entschluß, die Hilfe eines Seelenarztes in Anspruch zu nehmen, ist immer ein erster Schritt in Richtung zur Selbstfindung. Denn der alte Traum, daß sich alle unsere Traurigkeit mit einem Knall auflöst, den sollten wir beseite schieben, er wird sich nie erfüllen. Wir müssen beginnen, an uns selbst zu arbeiten. Wer eines Tages ernten will, der muß zuerst einmal säen.

Handeln Sie nicht wie der Bauer, der ständig um eine gute Ernte betete, bis schließlich eine Stimme vom Himmel erscholl: »Wann beginnst du mit dem Säen, Bauer?«

Noch ein Punkt ist wichtig, wollen wir ein positiver Mensch sein. Jeder Mensch handelt immer so, wie er sich selbst bewußt oder unbewußt innerlich sieht. Es kann wirklich niemand anders handeln, als es ihm sein inneres Selbstbild erlaubt. Sobald wir beginnen, an uns selbst zu arbeiten, zu erkennen, daß wir gar nicht so sind, wie unsere Eltern uns immer hingestellt haben, wenn wir beginnen, uns eine Überzeugung zu erarbeiten, daß wir »eine Perle«, einen wertvollen Kern in uns tragen, den es nur gilt immer für uns und für die Umwelt sichtbar zu machen, wenn sich also allmählich unser Selbstbild wandelt, dann können wir erfahren, wie sich unsere Grundhaltung allmählich verändert und daß wir mit einer neuen Haltung mit der Zeit ein positives Lebensgefühl bekommen.

Freuen Sie sich, daß Sie Sonja nicht kennen. Würden Sie Sonja begegnen und sie fragen, wie es ihr ginge, dann bekämen Sie als Antwort eine Litanei über all ihre gegenwärtigen Krankheitssymptome, über vergangene Krankheiten und ebenso über die Krankheiten ihrer Familie. Ich habe schon oft dieser Frau klarmachen wollen, daß all ihr Klagen und Wehgeschrei ihr nicht weiterhelfen würde.

»Klage niemandem«, so sagt Knigge, »dein Ungemach, vertraue keinem den Kummer deines Herzens an. Sie haben nämlich im Grunde kein rechtes Interesse dafür. Sie verstehen sich kaum auf freundliche Anteilnahme, sie fühlen sich gelangweilt; deine Geheimnisse sind ihnen nicht wichtig genug, um sie treu zu bewahren.«

Klagen wir also niemandem unser Leid.

Klagen wir aber auch nicht uns selbst unser Leid, denn wir kommen doch nicht weiter damit. Wenn wir also beispielsweise Magenschmerzen haben, dann müßen wir uns die Frage stellen, warum haben wir denn Magenschmerzen?

Vielleicht, weil wir eine Schleimhautentzündung oder gar ein Geschwür haben, mögen manche denken. Das wäre aber auch nur die halbe Wahrheit. Psychosomatiker wissen längst, daß hinter den meisten Erkrankungen eine seelische Ursache steckt. Sie sagen, wenn wir Schmerzen haben, dann weint unsere Seele über den Körper. Die Fragestellung geht darum weiter und muß lauten: Warum habe ich eine Gastritis oder ein Geschwür? Welcher Konflikt verbirgt sich dahinter? Was ist das, das ich mir nicht anschauen will, das ich immer wieder wegschiebe?

Wir dürfen uns aber auch ruhig einmal fragen, welche Vorteile uns

so eine Erkrankung bringt. Beispielsweise müssen wir nicht zur Arbeit, die »steht uns sowieso bis zum Hals«, oder wir werden nun endlich einmal von unserem Partner verwöhnt, dürfen uns ins Bett legen, bekommen wohlschmeckende Diät, Säfte und Tees, wir bekommen viel mehr Aufmerksamkeit als sonst.
Worauf es ankommt ist, daß wir uns nicht etwas vorjammern, sondern in einem solchen Falle uns ernsthaft mit unserer Erkrankung auseinandersetzen. Auch das gehört zur Umwandlung zu einem positiven Selbstbild.
Balthasar Gracian, der 1653 sein »Handbuch der Weltklugheit« herausbrachte, sagte unter anderem darin: »Der Kluge und der Dumme mögen dasselbe tun, jedoch unterscheiden sie sich in der Zeit, in der sie es tun: Jener tut es zur rechten, dieser zur unrechten Zeit.«
An anderer Stelle schreibt er: »Wer dumm ist, bleibt es in der Regel auch, bildlich gesprochen: Was er auf den Kopf setzen sollte, trägt er an den Füßen. Aus der Linken macht er das Rechte. Er verkehrt all sein Tun. Damit der Dumme dennoch auf den rechten Weg kommt, gibt es nur eine Methode: daß er gezwungen wird, das Rechte zu tun, nachdem er das Rechte freiwillig nicht hat tun können. Der Kluge dagegen erkennt gleich, was jetzt oder später getan werden muß. Er ergreift zur rechten Zeit die Initiative.«
Zur rechten Zeit. Wann ist die rechte Zeit? Meiner Meinung nach heute. Denn wer sich auf positiv umpolen will, der erkennt, daß wir gerade in diesem Augenblick leben. Weder gestern noch morgen. Veränderung ist ein ständiges Stück Arbeit an sich im Hier und Heute.
Wie gelangen wir nun zur Selbstsicherheit?

Der Weg zu uns selbst

Für keinen Menschen ist diese Frage unerheblich. Selbstsicherheit, das ist kein Möbelstück, das man sich einmal für das ganze Leben angeschafft hat. Sie ist immer gefährdet, und wir müssen uns ständig bemühen, sie neu zu erringen und zu vertiefen. Einer der größten Fehler im Umgang mit der Selbstsicherheit ist der Punkt, wo wir meinen, ein selbstsicherer Mensch müsse frei sein von jeder Unsicherheit. Es gibt immer noch Autoren, die meinen, mit einem Buch den Menschen die absolute Selbstsicherheit verkaufen zu können. Ich weiß so ein Mittel, wie Sie die Lebensunsicherheit für immer loswerden: Sie lassen sich bis an Ihr Lebensende in einen medikamentösen Dauerschlaf versetzen. Dann nämlich müssen Sie sich nicht mit sich selbst und der Umwelt auseinandersetzen. Aber solange Sie wach sind, solange Ihre Existenz in jedem Augenblick in Zufälle verstrickt und von Gefahren bedroht ist, bleiben Sie letztlich ungesichert. Selbst dann, wenn Sie alle möglichen Versicherungen abgeschlossen haben.

Wer aller Unsicherheit entrinnen will, der darf sich nicht mehr ändern. Am einleuchtendsten wird das im Bereich des Denkens. Solange der Mensch nämlich denkt, irrt er auch. Selbst im positiven Denken liegen Irrtümer parat. Irrtum aber und die Erkenntnis des eigenen Irrens erzeugen Zweifel. Und wer zweifelt, ist nicht sicher. Um dieser geistigen Unsicherheit zu entkommen, müßte man alles, was man im Augenblick weiß, zum unabänderlichen Lehrsatz erklären – und alle Andersdenkenden zu Irrenden oder gar Dummköpfen.

So kommt es, daß manche tatsächlich unduldsame Sturheit mit Selbstsicherheit verwechseln. Sie übersehen aber, daß dahinter nichts steckt als Angst, die einen Totstellreflex ausgelöst hat wie bei einem Käfer.

Ich kann Ihnen nicht prophezeien, daß Sie alle Unsicherheit lossein werden, wenn Sie sich nur gehörig anstrengen. Sie sollen ja auch nicht zu einem imposanten Heldendenkmal erstarren, sondern ein lebendiger, liebenswerter Mensch bleiben. Mit den Worten eines Wissenschaftlers heißt das: »Wir müssen den Mut haben, neben unsere eigenen Zweifel zu treten.«

Unsere Selbstsicherheit muß so stark sein, daß sie allen Unsicherheiten unseres menschlichen – allzumenschlichen Daseins standhält. Ein weiterer weitverbreiteter Irrtum ist, man könne Selbstsicherheit durch Willenstraining erreichen. Aber, die Methoden des Willenstrainings setzen ein gewisses Maß an Selbstsicherheit voraus! Der Selbstsichere kann durch Willenstraining noch sicherer werden, aber der Selbstunsichere wird dadurch noch unsicherer.

Das ist vielleicht verallgemeinernd gesprochen, aber es soll eine Warnung sein, die sich nicht nur auf eine bittere Erfahrung stützt. Gerade Selbstunsichere gehen der Versuchung zu allen möglichen Techniken der Willensschulung auf den Leim. Sie wollen sich in Heimarbeit den Dreß der stahlharten Supermänner wie James Bond, oder Telly Savalles und eiskalt entschlossener Heldinnen schneidern. Sie bezweifeln, daß Frauen auch so sein können? Dann besuchen Sie einmal die Body-building-Schulen, was da eifrig trainiert wird, um aus manchmal wirklich schönen Frauen stahlharte Amazonen zu machen.

Was ist das Ergebnis? Zu Hause üben sie Kopfstand und Handkantenschlag, Dauerkonzentration und Schmerzüberwindung. Nachts träumen sie, wie sie den Chef schachmatt setzen, und am nächsten Tag bedanken sie sich für jeden Tritt, den sie bekommen. Dabei aalen sie sich schon wieder in den Gedanken wie: »Na warte, Bursche, wenn ich erst einmal Übung 1123 durchtrainiert habe.«

Der Selbstunsichere muß sich erst um eine Steigerung seiner Selbstsicherheit bemühen. Erst wenn sich auf diesem Wege die ersten Fortschritte einstellen, darf er auch Techniker in Willenssachen werden. Wobei ich natürlich noch sagen und betonen möchte: Wollen ist Anspannung, ist Verkrampfung. (Selbst)-Vertrauen ist loslassen, bedeutet entspannen, heißt, locker an die Sache herangehen. Selbstsicherheit ist keine Sache des Willens. Sie ist vielmehr eine Sache des Gefühls, die Entschlossenheit, Stoßkraft und Spannkraft des Willens erst ermöglicht.

Ein weiterer, weitverbreiteter Irrtum ist der Umstand, daß viele meinen, Selbstsicherheit bestünde in der Sicherheit des Auftretens. Ich halte seit Jahren Seminare und Vorträge und ich kann Ihnen versichern, daß ich vorher ganz schön nervös bin. Wer da in mich hineinschauen könnte, der würde niemals glauben, daß ich Psychologe bin und über all die Hintergründe der Selbstunsicherheit Bescheid weiß. Natürlich merkt das keiner, denn anfangs habe auch ich »meine Maske« auf. Aber sobald das Seminar oder der Vortrag beginnt, dann fällt diese Nervosität, dieses Lampenfieber von mir ab, dann lebe ich mit meinem Thema, dann bin ich sicher, weil ich meiner Sache und meiner selbst sicher bin. Das, was vor-

her war, war nichts anderes als eine innere Unruhe, eine Spannung, die sich bis zum Beginn steigert. Kein Mensch würde mich für unsicher halten. Aber ich selbst fühle mich ziemlich genervt in solchen Situationen. Aber sobald es losgeht, breitet sich in mir eine tiefe Ruhe aus.
Aus dieser Erfahrung heraus weiß ich, daß Selbstsicherheit nicht allein mit sicherem Auftreten etwas zu tun hat. Daraus können wir lernen: Sicheres Auftreten ist die Frucht, nicht die Wurzel der Selbstsicherheit.
Es gibt noch einen Irrtum über Selbstsicherheit: nämlich die Meinung, Selbstsicherheit sei ein Vorrecht der »Erfolgreichen«. Marylin Monroe war ein erfolgreicher Filmstar. Ihr Auftreten verriet sie äußerlich als eine selbstsichere schöne Frau. Aber sie war so verzweifelt und innerlich selbstunsicher, daß sie Selbstmord beging. Wenn Sie gelegentlich die Lebensbeichten von berühmten Leuten in der Boulevardpresse lesen, dann werden Sie sehr schnell dahinterkommen, wie sehr gerade Menschen der Öffentlichkeit innerlich selbstunsicher sind. Ich bin einigen in meiner Praxis gegenüber gesessen, ich kann Ihnen versichern, sie sind Menschen wie Sie und ich.
Ich habe keinen Zweifel daran gelassen, daß Erfolgs- und Mißerfolgserlebnisse vor allem in Kindheit und Jugend den Aufbau unserer Selbstsicherheit und Selbstunsicherheit entscheidend beeinflussen. Davon brauchen wir auch nicht abzugehen, wenn wir nun jenen gegentreten, die im äußeren Erfolg die Visitenkarte des Selbstsicheren erblicken. Ihnen halten wir entgegen, daß Selbstsicherheit gerade im mutigen Ertragen unabwendbarer Mißerfolge ihre letzte Aufgipfelung erfährt.
Nur wer trotz des Scheiterns all seiner Pläne und guten Absichten die »innere Würde« nicht verliert, ist in Wahrheit selbstsicher. Solche Haltung ist kein Luxus für Helden. Sie muß vielmehr unseren Alltag durchformen.
Es ist würdelos, unablässig über Beschränkungen und Enttäuschungen zu lamentieren, die wir nicht ungeschehen machen können. Wir sind nicht allein »unseres Glückes Schmied«. Erbe, Geschichte, Umwelt, Zufall, sie alle schmieden mit. Sicher, wir können Ererbtes eindämmen, Überkommenes und Übernommenes

abschütteln, dem Zufall mutig ins Auge schauen, aber wir können es eben nur zum Teil. Außerdem sind Fehler und Mißerfolge dazu da, um daraus zu lernen und daran zu reifen.

Die größte Selbstsicherheit besitzt, wer sich seinen Wert nicht mehr durch äußere Erfolge bestätigen lassen muß.

Wir haben das Werden unserer Selbst(un)sicherheiten zu ergründen versucht. Wir haben eine Antwort auf die Frage gesucht, welche kleine Mängel unsere Selbstsicherheit ins Wanken brachte, und auf die noch wesentlichere Frage, warum so viele Bagatellen so viel Macht über uns gewonnen haben. Dabei haben wir allen Menschen beherzt ins Auge geschaut, die unsere Selbstsicherheit gestützt oder untergraben haben. Und dann haben Sie sich hoffentlich einen Ruck gegeben, der alle Fesseln zerrissen hat, so daß Sie jetzt ein bißchen schwankend vielleicht noch, aber doch immerhin schon auf Ihren eigenen Beinen stehen. Damit ist, ob Sie es nun glauben oder nicht, im Grunde schon alles gewonnen. Noch nicht im Augenblick natürlich. Denn alte Fesseln schneiden tief ins Fleisch, und es wird vielleicht noch Jahre dauern, bis Sie Ihre volle Bewegungsfreiheit erlangt haben. Dieses Buch soll ja auch nichts anderes darstellen als den ersten Schritt in eine neue Richtung. Verstehen Sie mich und dieses Buch als einen Wegweiser. Den Weg müssen Sie, wie ich schon gesagt habe, allein gehen. Sie werden am Anfang noch ein wenig wackelig auf den Beinen sein. Aber erinnern Sie sich doch einmal an die Zeit, als Sie das Laufen lernten. Anfangs war es schwierig, aber es wurde immer besser. Überlegen Sie einmal, wieviele Kilometer Sie bis jetzt in Ihrem Leben schon gegangen sind. Genauso wird es mit diesem neuen Weg der Selbstbejahung sein. Irgendwann, wenn Sie zurückschauen, spüren Sie, daß Sie schon einen weiten Weg hinter sich gebracht haben. Aber es wird Ihnen auch ähnlich wie der Königin vom »Rumpelstilzchen« gehen. Die Kobolde aus dem Schattenreich ihrer Vergangenheit ertragen es nicht, daß man ihnen ihren Namen ins Gesicht schleudert. Ihre düstere Herrschaft ist zu Ende, sobald man sich nicht mehr vor ihnen fürchtet.

3. KAPITEL

Die Maske des Seins

Ein ganzes Leben lang reagiert der Mensch auf Reize, die von außen kommen und daher Außenreize genannt werden. Mit zunehmender Entwicklung werden diese Reaktionen immer mehr verfeinert. Das erste Lachen des Säuglings mag aussehen, als sei es eine Grimasse. Mehr und mehr nimmt das Lachen feinere Züge an – je nachdem, was die Mutter sagt und tut, und vor allem, wie das geschieht. Vom Lächeln und Schmunzeln, vom geöffneten Mund und den geweiteten Augen bis zum Strahlen über das ganze Gesicht, zum glücklichen Quietscher und lautem Lachen gibt es bald eine ganze Skala von Verhaltensweisen, fein abgestuft nach den jeweiligen Außenreizen. Solche Differenzierungen stellen wir in sämtlichen menschlichen Verhaltensweisen fest: Im Bereich der sinnlichen Wahrnehmungen – in bezug auf das Sehen und Hören, das Schmecken und Riechen, das Tasten und Fühlen also – und vor allem im Bereich des Denkens. Das Denken ist die verstandesmäßige Anpassung an neue Situationen. Intelligenz heißt im Grunde nicht mehr und nicht weniger als: Sinnvolle Anpassung an die jeweiligen Gegebenheiten. Je individueller die Weiterentwicklung des jungen Menschen wird, desto feiner abgestuft verlaufen die Reaktionen auf die Umweltreize. Je regelmäßiger und stärker der Mensch immer neuen, veränderten Außenreizen ausgesetzt wird, um so mehr entfalten sich seine Fähigkeiten. Das heißt: Je häufiger und je intensiver die Anforderungen an den jungen Menschen werden, desto mehr wird er gezwungen, zu reagieren und sich anzupassen. Er muß sich gedanklich anstrengen – und übt damit seine Intelligenz. Als erstes lernt ein Kind sich in der Familie anzupassen. Und hier werden die »Lochkarten fürs Leben« gestanzt. In sehr vielen Familien wird eine derartige totale Anpassung verlangt, daß das Kind zum »funktionierenden Roboter« wird, der ein Leben lang wie ein »dressiertes Zirkuspferd« reagiert. Diese stereotype, von Zwängen begleitete Erziehung hat den kleinen Men-

schen schon derart eingezwängt, daß er schon bei Schuleintritt und während der gesamten Schulzeit nur noch »funktioniert«.
Der Schuleintritt stellt jedes Kind vor neue Situationen: Es muß sich an Menschen und Bedingungen außerhalb der Familie anpassen. Wer das nur passiv tut und sich willenlos überall nur beeinflussen läßt, ohne eigene Ansprüche zu bekunden, der wird auch im späteren Leben »nur ein Mitläufer«: Seine eigentlich guten Anlagen wurden schon im Keime abgewürgt. Schon in der Schule sagen die Lehrer von so einem Menschen: »Er ist ein unbeschriebenes Blatt.«
Dieser stereotype Lebensablauf ohne Höhen und Tiefen setzt sich während der Berufsausbildung fort. In der späteren eigenen Familie hat alles »seine Ordnung«, das Leben läuft ohne Höhen und Tiefen ab. Das Leben solcher Menschen verläuft auf »Schienen«, sie kommen niemals mehr von ihrer Spur herunter. Die Lochkarte ihres Lebens lautet ständig: »Sei brav, sei anständig, du sollst dich nicht schmutzig machen, du mußt alles tun, was Mami, Papi, der Lehrer, der Chef sagen.« Und sie tun auch alles, was der Ehepartner sagt, denn sie haben nie im Leben etwas anderes kennengelernt als das zu tun, was man von ihnen erwartete. Und man hat sehr viel von ihnen erwartet, nur eines nicht: selbstständig zu denken!
So ein Mensch wurde zum »Herdentier« abgestempelt, er gehört zum großen Heer der Masse. Seine Lochkarte behinderte ihn, eine Persönlichkeit zu werden. Andere Kinder hatten im Elternhaus mehr Freiraum, sie konnten sich zu kritischen und selbstkritischen Menschen entwickeln. Dadurch, daß sie nicht eingeengt wurden und es später auch nicht zuließen, daß man sie einengte, hatten sie die Chance, sich zu Persönlichkeiten zu entwickeln, zu Menschen, die immer selbst über ihr Leben bestimmten. Und hier haben wir die Antwort auf meinen provokativen Satz: »Das Leben ist wie ein Film, in dem wir gewissermaßen die Hauptrolle spielen.« Solche Menschen nehmen aktiv am Leben teil, sie isolieren sich nicht, sie ziehen sich nicht irgendwann einmal verzagt oder resigniert in ihr Schneckenhaus zurück. Andere sind allein. Und Alleinsein hat noch nichts mit einsam sein zu tun. Denn einsam sein können wir auch in einer Ehe, in unserer Firma, mitten auf einem großen Platz unter vielen Menchen. In jeder Großstadt

leben Tausende von alleinstehenden Männern und Frauen, die jeden Morgen zur Arbeit gehen, abends wieder heimkehren und dann nahezu ihre gesamte Freizeit in ihrer Wohnung verbringen. Ihre Behausung enthält nichts, womit sie sich beschäftigen können, und niemand ist da, mit dem sie sich streiten und wieder versöhnen könnten. Im Normalfall hat ein solcher Mensch kaum Verabredungen, vielleicht hat er ein paar Freunde, die aber kaum Wert auf einen größeren Kontakt legen und sich alle paar Monate einmal melden. In der Zwischenzeit gehen sie ins Kino oder ins Konzert, aber immer allein. Irgendwann verlieren sie die Lust, für sich allein zu kochen. So ganz allmählich verliert ihre Haut die Straffheit und Glanz und dann kommt das Unausweichliche, sie beginnen zu kränkeln. Das Vorhandensein oder Fehlen gesellschaftlicher und auch körperlicher Kontakte beeinflußt auch die Art, wie die Menschen sich bewegen. Ein erfahrener Beobachter kann einsame Menschen schon daran erkennen, wie sie die Straße entlang gehen und die Menschen und Dinge um sich herum betrachten. Einsame Menschen haben den Kontakt zu den kleinen Freuden ihres Lebens verloren. Wer mit sich selbst zerfallen ist, kann wohl kaum im Einklang mit der Welt ringsum leben. Sehr häufig stecken hinter tiefer Einsamkeit Minderwertigkeitsgefühle, aber auch tiefer Selbstzerstörungsdrang. Wer sich selbst haßt und verachtet, der ist auch zu keiner warmherzigen Liebe für andere fähig, und darin liegt wohl die große Tragik aller einsamen Menschen.

Wer tief an sich selbst zweifelt, wird weder festen Halt in irgendeinem Glauben finden noch anderen einen solchen Halt geben können. Wer sich selbst betrügt – und der einsame Mensch betrügt sich um sein eigenes Leben – kann auch keinem Mitmenschen gegenüber wahrhaft und aufrichtig sein. Wer sich selbst quält und erniedrigt, kann andere nicht erheben und erfreuen. Und wie auch sonst immer die Beziehung eines Menschen zu sich selbst gestört sein mag – wir können sicher sein, daß diese Störung sich im ganzen Umfeld seiner Erlebnisse auswirken wird.

Die Persönlichkeitsentfaltung

Es ist nicht so einfach, von den alten »Lochkarten«, von dem »Schienenweg« unseres Lebens herunterzukommen. Ein altes Sprichwort sagt: »Wer sein eigener Lehrmeister sein will, hat einen Narren zum Schüler«. Man kann ebenso sagen: Wer sein eigener Erzieher sein will, hat den widerspenstigsten, undankbarsten Schüler, den es nur geben kann.

Sollen wir deshalb alles so lassen wie es ist? Nun, viele von uns haben schon in der Bibel nachlesen können und von der breiten Straße und dem engen, steinigen Weg gelesen. Der Weg zur Lebensänderung, der Weg zur Selbstverwirklichung ist immer steinig. Denn die inneren Kobolde unserer Kindheit wehren sich erst einmal, bevor wir sie loswerden.

»Leben heißt, sich wandeln, und vollkommen zu sein, sich oft gewandelt zu haben.« Das sagte im vergangenen Jahrhundert der große englische Kardinal und Denker Henry Newman. Persönlichkeitsentfaltung ist unabhängig vom Lebensalter. Sie kennen sicher auch Leute, die sich in der Silvesternacht alles mögliche vornehmen. Sie haben einen ganzen Katalog parat, der im kommenden Jahr geändert werden soll. Doch wenn sie dann zum Jahresende Bilanz ziehen, dann haben sie kaum etwas geschafft. Woran liegt das? Erstens haben sie sich zuviel vorgenommen, zweitens haben sie sich nicht wirklich mit den Problemen auseinandergesetzt. Ich komme im Kapitel über die Wünsche noch genau darauf zu sprechen.

Ich hätte hier einen guten Vorschlag für Sie: Wünschen Sie sich, sich zu verändern. Wünschen Sie sich zu reifen, wünschen Sie sich, der Mensch zu werden, der Sie immer schon sein wollten, beginnen Sie Ihren eigenen inneren Menschen auszugraben. Denn das, was Sie wurden, das ist das »Produkt der Umstände«. Sie wurden das, was Ihre Eltern, Ihre Lehrer und andere aus Ihnen gemacht haben. Sie wurden aber niemals Sie selbst. Und der Weg, Sie selbst zu sein, ist nicht mit der Lektüre dieses Buches beendet. Dieses Buch kann nur ein Anstoß, ein Anfang sein. Und für Sie genügt es auch im Augenblick, diesen Neubeginn Ihres Lebens, ganz tief, von innen heraus zu wünschen. Es genügt, den kleinen, tief im Innern verschütteten Menschen aufschreien zu lassen, ja, ich möchte nun endlich Ich werden. Es genügt genauso, diesem Aufschrei zu lauschen. Es genügt, sich selbst einmal zuzuhören. Was ist das, was ich ständig suche? Wo finde ich das, wonach ich mich ein Leben lang gesehnt habe? Ich denke da zum Beispiel an Hubert. Vor eineinhalb Jahren unterhielt ich mich mit ihm. Hubert wollte heiraten. Er war stolz, er war glücklich. Er hatte, wie er sagte, »die wunderbarste Frau der Welt« getroffen. Alles sei schon vorbereitet, die Hochzeit sollte in vier Wochen stattfinden. Sein Entschluß war gefaßt, und er war endgültig.

Und vorgestern traf ich ihn wieder. Er war unglücklich, er sah bleich und traurig aus. Er mußte ständig schlucken, während er mit mir sprach. Was war passiert?

Hubert war gerade geschieden worden. Dreizehn Monate hatten ihm genügt, um ihn aus seinem »siebten Himmel« zu holen. Und seine Worte klangen nun ganz anders. Jetzt war sie nicht mehr die wunderbarste Frau der Welt, er hätte damals die Lage völlig falsch eingeschätzt. Sie verstand ihn nicht. Alle seine Versuche, Probleme gemeinsam aus der Welt zu schaffen, scheiterten an ihrem fehlenden Verständnis. In etwas mehr als einem Jahr gab er auf, was für ein ganzes Leben konzipiert war. Nur weil einige schnelle Versuche des Zusammenlebens nicht gelungen waren. Damit hatte Hubert allerdings ein hieb- und stichfestes Alibi. Sie, die Schöne, sie, die Wunderbare, sie, die tollste Frau seines Lebens war an allem schuld!

Jeder weiß, ein Architekt, ein Bauingenieur, ein Filmregisseur, ein Buchautor, sie alle brauchen Zeit, um das, was sie sich vorstellen, zu entwickeln, zu konzipieren, aufzubauen, ausreifen zu lassen, zu einer runden Sache werden zu lassen. Und für eine Ehe sollte das nicht gelten? Standesamt, Kirche, Möbelkauf, Wohnung mieten, zusammenziehen, das alles sollte reichen, um eine Ehe zu führen?

Einfach zusammenziehen, und schon stimmt der Laden?

Partnerschaft bedeutet miteinander zu reifen, miteinander die Ekken und Kanten abzuschleifen. Wo bleibt denn da der Sinn aus dem Trauspruch: »... in guten und in schlechten Tagen ...?« Ist es nicht viel leichter, die Verantwortung dem anderen in die Schuhe zu schieben, anstatt sich zu fragen, was habe ich in dieser Partnerschaft falsch gemacht? Die Verantwortung auf andere zu schieben, das ist zu einer Art Gesellschaftsspiel geworden. Der Arzt soll uns helfen, wenn wir jahrelang unsere Gesundheit ruiniert haben. Der Staat soll für Sicherheit und Wohlstand sorgen. Gegenwärtig bangen so viele Menschen um den Frieden, ohne sich einen Deut um ihren eigenen inneren Frieden zu kümmern. Den Urlaub lassen wir von einem Reisebüro planen. Da kommt schon wieder unsere alte Lochkarte durch: »Laß mich das machen, das kannst du nicht, ich (das Reisebüro, dein Papi) werden alles für dich unternehmen. Du brauchst nicht zu denken, du bist noch viel zu klein.«

Das ist die einfachste Art, jedem Risiko aus dem Wege zu gehen. Wenigstens für einige Zeit. Bis wir schließlich nicht mehr Herr im Hause sind. Wir haben alles, was uns unabhängig machen könnte, anderen verpfändet. Und das alles nur, weil wir nicht die Verantwortung für uns übernehmen wollen, die Vater und Mutter uns in den Kindertagen niemals zugestanden haben. Und wir haben immer noch genug Sand in den Augen, um nicht zu erkennen, daß nur wir es sind, die alles ändern können. Wir glauben anderen mehr als uns selbst, weil wir nicht selbst erkennen, was für uns wichtig ist.

In einem meiner Alpha-Seminare, wo die Teilnehmer lernen, in tiefem Entspannungszustand Kontakt zum tieferen Kern ihrer Persönlichkeit herzustellen, sagte einmal ein Teilnehmer: »Ich habe dreißig Jahre meines Lebens damit zugebracht, dem Geld und allem möglichen sinnlosen Luxus nachzujagen. Jeder Tag war voller Hektik, weil ich dachte, ich würde irgend etwas versäumen. Bis mir klar wurde, daß ich auf diese Weise dem wirklichen Glück immer weiter davonlief. Hier habe ich die Empfindung von Glück in einem Maße gefunden, daß ich nie zu erträumen wagte. Das lag vor allem daran, daß ich mir die Zeit nahm, über mich gründlich nachzudenken. Hier tue ich das, was mir wirklich Freude macht. Und ich habe an allem, was ich tue, Freude.«

Was dieser Mann ausdrücken wollte, ist die Jagd nach dem Ewighaben-Wollen, das ihn letztlich nicht befriedigt hat. Immer war er auf der Jagd nach etwas, das er aber nicht über die materiellen Werte fand. Seine Bedürfnisse und seine Gefühle blieben unerfüllt, seine Phantasie verkümmerte, sein Denken wurde zur Schablone. Dadurch verlor das, was er tat, seinen wirklichen Sinn. Nach dem Besuch unseres Seminars konnte er eine ganz neue Beziehung zu sich selbst und den Dingen herstellen. Er konnte seine Phantasie wieder ausgraben, spürte, daß in ihm ganz tief innen der Wunsch nach dem Sein existierte. Er war wieder in der Lage, einen verwitterten Baum zu betasten, konnte sich ein Stück Rinde abbrechen und es untersuchen. Er konnte versuchen zu ergründen, warum der Baum keine Blätter mehr hatte. Waren es die Käfer, die Schneestürme oder gar die Umweltverschmutzung? Er ließ seiner Phantasie freien Lauf und versuchte sich vorzustellen, wie es gewesen sein könnte. Mit diesen Gedanken wuchs seine Anteilnahme. Er hatte wieder Zugang zur Natur gefunden und damit sich selbst ein Stück besser kennengelernt, er hatte erleben können, daß er ein Teil dieser Natur war: Er hatte sein S E I N gespürt.

Begegnung mit der eigenen Erfahrung

Dies ist die weitverbreitetste Grundhaltung, die für Millionen Menschen typisch ist: Sie sitzen bequem im Zuschauerraum und sehen zu, was um sie herum geschieht. Erfüllt von der ewigen Sehnsucht, einmal selbst im Mittelpunkt zu stehen.

Aber niemand kann das Leben leben, das er sich wünscht, wenn er den Erfahrungen ausweicht, die er machen muß. Weil nur diese Erfahrungen das wirkliche Leben ausmachen.

Stellen Sie sich vor, Sie sitzen vor dem Fernseher und dort spielt man Ihnen nur den Anfang des Stückes vor und das Ende. Oder Sie sind in einem Fußballstadion und aus einem unerklärlichen Grund wird das Spiel nach fünfzehn Minuten beendet. Sie würden das weder vor dem Fernseher noch im Fußballstadion akzeptieren. In unserem eigenen Leben tun wir das ständig. Da suchen wir den bequemsten und eiligsten Weg zur Befriedigung, ohne uns der Mühe der Erfahrung zu unterziehen, die jede wirkliche Erfüllung eines Wunsches notwendig macht.

Manch einer wird jetzt denken, was soll das, ich habe mein Päck-

chen zu tragen, ich habe Sorgen genug, die mich plagen, wie soll ich mich auch noch damit auseinandersetzen.
Nun, dann muß ich Ihnen die Gegenfrage stellen: Sind die Sorgen, die Sie sich machen, überhaupt notwendig? Oder sind die Sorgen nur deshalb so groß, weil Sie erwarten, daß irgendwer kommt und sie Ihnen abnimmt? Hoffen auch Sie auf den großen Knall, der Ihr ganzes Leben verändern soll?
Seien wir doch einmal ehrlich zu uns selbst: Unser Leben ist nun einmal kein Honiglecken. Es ist die permanente Auseinandersetzung mit tausenderlei Hindernissen, die andere, aber wir uns auch selbst in den Weg legen. Die einfachste Art, mit ihnen fertigzuwerden, ist nicht, sie zu ignorieren, bis sie immer größer und zu einer schwerwiegenden Belastung werden. Viel einfacher ist es, sich mit ihnen rechtzeitig auseinanderzusetzen. Wenn Sie die Erfahrung suchen, die mit der Bewältigung jedes Problems verbunden ist, statt ihr auszuweichen, können Sie daraus Gewinn und Befriedigung ziehen. Deshalb kann Ihnen niemand die Erfahrung ersparen.
Vor einigen Jahren erlitt ich einen Herzinfarkt. Ich lag insgesamt drei Monate im Krankenhaus. Ich benutzte damals die Zeit, um mein bereits angefangenes Buch »Die punktierte Seele«, zu Ende zu schreiben. Die Ruhe im Krankenhaus, das tiefe Erlebnis, dem Tode noch einmal entronnen zu sein, brachte es dazu, daß ich dieses Buch ganz anders schrieb, als ich es ursprünglich geplant hatte. Und gerade jenes Buch brachte mir dann sehr viele Leserzuschriften, in denen mir immer wieder gesagt wurde, daß dieses Buch eine besondere Tiefe hatte und daß die Leser sich so sehr darin wiederfinden würden. Viele meiner Freunde sagten, daß ich nach meiner Erkrankung ein ganz anderer Mensch geworden sei. Nun, ich habe immer noch eine ganze Palette von Fehlern und Schwächen. Aber sie sind nicht mehr dieser niederdrückende Ballast wie in früheren Jahren, ich habe erkannt, daß nichts so wichtig ist wie das Leben selbst. Und daß es einzig und allein an mir liegt, die Dinge zu klären. Manchmal erwische ich mich noch dabei, wie ich einige Sachen einfach beiseite schieben möchte. Aber sie kommen zurück wie ein Bumerang, bis ich mich damit auseinandersetze. Denn ich habe mir die Lebenseinstellung zu eigen gemacht, daß alle Hürden, die wir zu nehmen haben, wichtige Erfahrungen für unser

Leben sind, aus denen wir etwas lernen können und müssen. Wir müssen uns also fragen: »Was ist wirklich wichtig für unser Leben?«
Manche mögen denken, wichtig ist für mich das Glück meiner Familie, oder gesund zu bleiben und arbeiten zu können. Solche und ähnliche Antworten entsprechen dem, was man allgemein für wichtig hält. Aber nichts von dem ist wirklich konkret. Es klingt jedoch immer höchst bedeutend, wenn man seine Familie oder seine Arbeit in den Mittelpunkt seines Lebens stellt. Wer an solche Wertungen tatsächlich glaubt, begeht den verhängnisvollen Irrtum anzunehmen, daß alles, was bei anderen Anerkennung findet, auch wirklich wichtig sein muß.
Wir sind mit der ständigen Gefahr konfrontiert, die Wichtigkeit der Dinge, die uns betreffen, nicht selbst zu bestimmen, sondern dies dem Urteil anderer zu überlassen. Ich bin und bleibe bei der Meinung, in meinem Film spiele ich die Hauptrolle. Aber ich bin auch für Nächstenliebe. Doch meine ich, daß ich meine Nächstenliebe nur jenen geben möchte, die ihrer wirklich bedürfen, die in Not sind, die mit meiner Liebe etwas anfangen können. Aber beileibe nicht an jene, die mich ausbeuten möchten, die mich für ihre Zwecke manipulieren möchten, die mich vor ihren Karren, vor ihren Zug spannen wollen. Für mich – und hoffentlich auch für Sie gilt: Wichtig für uns in erster Linie ist das, was wir selbst für wichtig halten, und nicht das, was andere uns für wichtig darstellen möchten, weil es ihnen gerade nützt.
Zugegeben, das ist kein Leitspruch für Menschen, die ihr Glück in der Nächstenliebe suchen. Aber ich habe auch immer wieder festgestellt, daß jene sich sicher sehr aufopfernden Menschen immer wieder die Rolle spielen: »Schau Papi, ich bin lieb, schau Mami, ich bin lieb«.
Was ich sagen will, es gibt Menschen, die die Nächstenliebe brauchen, um ihr angeknackstes Selbstwertgefühl aufzumöbeln: Wenn ich mich für andere aufopfere, dann schenkt man mir auch Beachtung. In Wirklichkeit wollen solche Menschen sich selbst helfen und schaffen es nur nicht. In solcher Nächstenliebe steckt dann die versteckte Hoffnung, es könnte sich einer finden, der auch mir hilft. Sicher, das Leben besteht aus Geben und Nehmen. Ich bin

sehr dafür, anderen, in Not geratenen Menschen zu helfen. Aber ich bin auch der Meinung, daß jeder erst einmal versuchen sollte, sich selbst zu helfen. Wenn er nicht dazu in der Lage ist, dann verdient er unsere volle Unterstützung.

Die Entscheidung zwischen Haben und Sein

Im Entscheidungsprozeß wirft sich uns immer wieder die Frage zwischen Haben und Sein auf. Zu diesem Prozeß gehört ganz wesentlich eine deutliche Veränderung der Werte, eine Neustrukturierung der Voraussetzungen, unter denen wir jahrelang, während einer Ehe, aber auch vorher gelebt haben.
Es kommt zu einer Verlagerung vom Oberflächlichen zum Wesentlichen, vom Äußerlichen zum Innerlichen, vom »ich sollte« zum »ich bin«, von der Rigidität zur Flexibilität, von der Verpflichtung zum Versuch.
Menschen sind wichtiger als materielle Güter!
Joachim, einer unserer Klienten, hat das einmal so ausgedrückt: »Die größte Änderung in meinem Leben ist, daß ich nun darauf achte, mit Menschen zusammenzukommen, die mir wirklich etwas bedeuten, wie meine Kinder, meine Freunde, meine Frau. Früher stand meine Arbeit an erster Stelle und die Menschen an zweiter. Aber was hat man von einem großen Haus, einem neuen Auto, einem Farbfernseher, wenn man niemanden hat, mit dem man Liebe oder auch nur Spaß zusammen erleben kann? Jetzt weiß ich, was der Dichter gemeint hat, der sagte, daß das Leben eine Sache der Menschen ist.«
Man schätzt Menschen um ihrer selbst willen und nicht aufgrund ihres Auftretens, ihres Reichtums oder ihrer Zugehörigkeit zu einer bestimmten Altersgruppe oder gesellschaftlichen Klasse. Jeder Mensch kennt in seinem Leben Situationen, in denen er das Gefühl bekommt, »jetzt möchte ich jemanden, der mit mir spielt«. Der größte Gewinn aus einer kreativen Weiterentwicklung ist das gesteigerte Selbstwertgefühl – und das nicht nur im Hinblick auf unsere geistigen Fähigkeiten, sondern auch im Hinblick auf unser körperliches und seelisches Selbst. Leben heißt Veränderung. Und

in den ersten Phasen der Veränderung spüren wir eine immer stärkere Bewußtheit von Angst, Schuld und Wut als unsere ureigenen Gefühle, die wir akzeptieren, und beginnen, sie positiv zu nutzen. Und hier haben wir einen wesentlichen Unterschied zwischen den sogenannten »positiven Denkern« und echten positiven Menschen. Die einen drängen negative Gefühle weg, leugnen sie, wollen von ihnen nichts wissen, würden niemals zugeben, daß es sie überhaupt in ihnen gibt – und die anderen erkennen sie und integrieren sie in den allgemeinen Lebensprozeß, um sie dann nicht zu kompensieren, sondern sie zu wandeln, und ihre Energie für sich nutzbar zu machen. Die Entwicklung zum ganzheitlichen Menschen geht weiter, wenn der reifende Mensch bisher ungeahnte Fähigkeiten und Fertigkeiten entdeckt und sie auf Probleme des Alltags anwendet. Je mehr wir die uns bisher unbekannten Bereiche in uns erforschen und prüfen, umso mehr beziehen wir sie in das ein, was wir sind. Mein Freund Peter sagte einmal zu mir: »Ich mag mich – nicht nur meinen Kopf, oder meine Kraft, sondern das Ganze – die Tränen, die Ängste und auch die Schwächen. Wenn ich jetzt bei irgend etwas gemischte Gefühle habe, dann versuche ich herauszufinden, was die unterschiedlichen Stimmungen in mir sagen, statt sie zum Schweigen zu bringen. Vielleicht bin ich deswegen heute Menschen gegenüber offener als früher. Manchmal ist es ein schreckliches Gefühl, aber es ist die einzige Möglichkeit, zu leben. Vorher war zwischen mir und dem Rest der Welt eine Glaswand.«

Eigenliebe hat nichts mit Narzißmus zu tun

Irgendwann sehen wir den Menschen als Menschen und nicht als Verlängerung seiner eigenen Bedürfnisse und Phantasien. Der in sich ruhende Mensch ist in der Lage, sich selbst anzunehmen, sich zu akzeptieren, so wie er ist – sich selbst zu lieben. Aber viele, sehr viele Menschen fragen sich zu Recht, wie mache ich das denn. Ich möchte es ja so gerne versuchen! Es gibt einen Weg, der von der tiefen inneren Ablehnung wegführt, aber man muß ihn langsam gehen, Schritt für Schritt. Wenn Sie einmal beobachten, wie ein

Kind Treppen steigen lernt, oder sich erinnern, wie Sie es selbst gelernt haben, können Sie erkennen, wie man hier vorgehen muß. Ein Kind, das das Treppensteigen lernt, setzt einen Fuß auf die Stufe, dann hebt es sich hoch, bis es mit beiden Beinen auf dieser Stufe steht – es steigt nicht leichtfüßig von einer Stufe zur anderen. Bei jeder Stufe wiederholt es denselben Vorgang. Allmählich gewinnt es Vertrauen und lernt, mit jedem Schritt eine Stufe zu nehmen. Im Umgang mit Ihrem »innerlichen Kind von früher« steht an erster Stelle, daß Sie sich selbst annehmen – und sich dadurch die Selbstsicherheit erwerben, die aus diesem Annehmen entsteht. Sie können das folgendermaßen machen: Legen Sie sich irgendwo, wo Sie ungestört sind, flach hin, schließen Sie die Augen und stellen Sie sich vor, Sie säßen Ihren Eltern gegenüber. Es entsteht ein innerer Dialog. Sie werfen Ihren Eltern vor, wie sehr Sie durch deren unbewußte Ablehnung gelitten haben. Sagen Sie Ihren imaginierten Eltern all das, was Sie sich sonst nicht getraut haben zu sagen. Als zweiten Schritt stellen Sie sich vor, Ihre Eltern antworten Ihnen in dem Sinn, daß sie sagen, sie hätten nichts von Ihren inneren Nöten gewußt, und sie bitten Sie um Verzeihung, mit dem gleichzeitigen Versprechen, daß das alles jetzt anders werden sollte. Nachdem Sie sich innerlich von den »Eltern« verabschiedet haben, führen Sie den Dialog mit sich selbst weiter. Sie versprechen sich, nachdem die Lage mit den Eltern geklärt ist, daß auch Sie sich selbst in Zukunft besser behandeln wollen. Sie werden sich künftig weder innerlich beschimpfen noch herabsetzen noch ablehnen. Machen Sie das vierzehn Tage lang jeden Tag. Machen Sie es mit tiefer innerer Überzeugung, daß es genauso sein wird wie Sie es wünschen. Die Überzeugung ist ganz wichtig, weil der leiseste Zweifel den Erfolg gefährdet.

Nach vierzehn Tagen lassen Sie die inneren Bilder wechseln. Nun stellen Sie sich einen Doppelgänger von sich selbst vor, den Sie in den Arm nehmen können und dem Sie sagen, wie wertvoll und begabt er sei, und daß Sie es wundervoll fänden, daß er auch in der Lage sei, anderen etwas zu geben. Sie können sich diesen Doppelgänger auch als inneres Kind von früher vorstellen, dem Sie nun all die Liebe geben, die es früher nicht bekommen hat. Diese Ihnen vorgeschlagene Übung nennt man Desensibilisierung und sie hat schon vielen Menschen geholfen. Wenn Sie solche Desensibilisierungsübungen von Grund auf lernen wollen, dann biete ich Ihnen die Möglichkeit, einmal mit mir Kontakt aufzunehmen. Ich führe monatlich Seminare durch, in denen diese Techniken vermittelt werden.

Aber vielleicht haben Sie Schwierigkeiten, sich selbst anzunehmen, weil Sie irgendwann einmal gehört haben, daß es »unanständig« sei, sich selbst zu lieben. Solcher Glaube ist weit verbreitet und einer der größten Irrglauben der Menschen. Wir haben sehr wohl das Recht – und nicht nur das, wir müssen begreifen, daß ein großer Teil der menschlichen gesunden Entwicklung über die Eigenliebe läuft. Wie sollen Sie denn jemals einen anderen Menschen wirklich lieben können, wenn Sie nicht einmal in der Lage sind, sich selbst anzunehmen? Das, was Sie sich selbst nicht geben können, vermögen Sie auch nicht an andere weiterzureichen, denn Sie besitzen es nicht!

Eigenliebe hat auch nichts mit jener egoistischen Selbstsucht zu tun, die andere ausschließt. Die Eigenliebe schließt andere Menschen mit ein, sie geht sogar noch weiter, in der Eigenliebe ist die Erkenntnis verborgen, daß ich ein Bestandteil der gesamten Natur bin und indem ich mich selbst liebe, liebe ich alles Lebendige. Die Eigenliebe beansprucht auch nicht mehr die Vorstellung: »Ich will Liebe haben!«

In der Rolle des Seins

Das Leben spielt schon eine große Rolle in unserem Leben, weil wir als Kind nicht die nötige Aufmerksamkeit und Liebe bekommen haben, möchten wir alles mögliche andere haben, wir möchten Süßigkeiten haben, Spielzeug haben, Schnuller haben, alles Ersatz für die elterliche Liebe.

Schon in der Bibel können wir nachlesen: »Sammelt euch nicht Schätze auf der Erde, wo Motten und Würmer sie zerstören und Diebe einbrechen und sie stehlen, sondern sammelt euch Schätze im Himmel, wo keine Motten und Würmer sie zerstören und keine Diebe einbrechen und sie stehlen. Denn wo dein Schatz ist, da ist auch dein Herz.« (Mt 6, 19)

Bedeutet das nun, daß wir in die »Wüste« gehen und ein alternatives Leben beginnen sollen? Wäre demnach nicht all unser Besitz eine Sünde, denn unser Herz hängt nun einmal am Fernseher, am Auto, am eigenen Haus als unserem »Schatz«.
Nun, zunächst sind wir jederzeit frei, eine eigene Entscheidung zugunsten Haben oder Sein zu treffen. Natürlich sollten auch unsere Grundbedürfnisse befriedigt sein. Wir leben in einer Leistungsgesellschaft und die hat ihre Spielregeln aufgestellt. Aber trotzdem, es wirft sich die Frage auf: Müssen wir uns stressen zugunsten eines Zweitwagens oder zugunsten immer neuer Errungenschaften, die wir in Wirklichkeit gar nicht brauchen? Wir lassen uns einfach einreden, daß wir sie bräuchten. Unsere Begriffe vom Haben sind schon sehr weit gesteckt. Wir sagen: Ich habe einen Körper, eine Seele, einen Kopf, ich habe Füße, kaum einer sagt, ich bin mein Körper, ich bin meine Seele, ich bin Ich!
Ich habe Schnupfen, ich habe Magenbeschwerden, ich habe eine Nierenkolik gehabt. Ich habe die Krankheit und die Krankheit hat mich!
Wir wissen viel mehr über das Haben als über das Sein. Wir jagen ständig dem Haben nach, weil es etwas Existentielles ist – das Sein, das haben wir verlernt, oder noch schlimmer, wir haben es nie gelernt. Sein, das ist die Erlebnisebene in uns, das sind unsere Sinne, das sind unsere Gefühle, das ist der Kern unseres S e i n s !
Ich liebe, also bin ich,
Ich rieche deinen erregenden Duft, also bin ich,
Ich bin gefangen von deinem Anblick, also bin ich,
Ich höre deine Stimme, also bin ich,
Ich nehme dich in die Arme und spüre deine sanfte nackte Haut, also bin ich,
Ich streife mit dir durch den Wald, also bin ich,
Ich spüre deine Traurigkeit, also bin ich,
Ich freue mich über dein Lachen, also bin ich!
Wir alle tragen eine Maske, die Maske des Erfolges, die Maske des Ehemannes, der Ehefrau, des Lehrers, der Ärztin, des Schlossers, des Taxifahrers.
Haben Sie sich schon einmal die Frage gestellt: Wer bin ich? Ja,

wer sind Sie wirklich, was sind Ihre tief verdrängten Wünsche und Hoffnungen, was haben Sie von dem, was Sie wirklich einmal wollten und im Grunde immer noch wollen, gelebt?
Erich Fromm sagt zum Sein: »Die Voraussetzung für die Existenzweise des Seins sind Unabhängigkeit, Freiheit und das Vorhandensein kritischer Vernunft. Ihr wesentliches Merkmal ist die Aktivität, nicht im Sinne von Geschäftigkeit, sondern im Sinne eines inneren Tätigseins, dem produktiven Gebrauch der menschlichen Kräfte. Tätigsein heißt, seinen Anlagen, seinen Talenten, dem Reichtum menschlicher Gaben Ausdruck zu verleihen, mit denen jeder – wenn auch in verschiedenem Maß – ausgestattet ist. Es bedeutet, sich selbst zu erneuern, zu wachsen, sich zu verströmen, zu lieben, das Gefängnis des eigenen isolierten Ichs zu transzendieren, sich zu interessieren, zu lauschen, zu geben.«
Viele trachten nach dem Haben, weil ihre Erlebnisebene so sehr eingeengt ist.
An dieser Stelle wirft sich die Frage auf: Wie können Sie Ihren Weg zur Selbstverwirklichung finden? Wie kann man den Ausdruck des inneren Selbst in konkretes Verhalten umsetzen? Ich möchte Ihnen die acht bescheidenen Anfänge, die der Psychologieprofessor Abraham Maslow bei einem Vortrag vor Psychologen ausgeführt hat, aufzeigen: Bemühen Sie sich, jeden Moment einzeln und total zu erleben. Versuchen Sie, ihn voll und unabgelenkt zu fühlen, wie ein Kind es tun würde. Versinken Sie ganz in diesem Augenblick, lassen Sie alles andere beiseite. Wahrscheinlich erleben Sie hin und wieder solche Momente der völligen Konzentration; Sie können sie öfter herbeiführen. In so einem Augenblick des Erlebens ist die Person völlig und wirklich menschlich. Das ist der Augenblick, wenn das Selbst sich verwirklicht. Betrachten Sie das Leben als eine Folge von Wahlmöglichkeiten, eine nach der anderen. Sie müssen jeden Tag ein dutzendmal wählen. Jedesmal entscheiden Sie sich, entweder voranzuschreiten, oder zurückzugehen; sich weiterzuentwickeln oder aus Gewohnheit oder Furcht zurückzufallen. Versuchen Sie, sich immer häufiger für Weiterentwicklung und persönliches Wachstum zu entscheiden. Selbstverwirklichung ist ein andauernder Prozeß. Wenn Sie zwölfmal am Tag eine Entwicklungsentscheidung statt einer »Angstent-

scheidung« treffen, bewegen Sie sich zwölfmal pro Tag auf die Selbstverwirklichung zu.
Hören Sie auf die plötzlichen Eingebungen Ihres Inneren. Sehen Sie nach innen, um sich über Ihre Geschmacksrichtungen und Entscheidungen klarzuwerden. Die meisten von uns hören nicht auf sich selbst, sondern auf die verinnerlichte Stimme von Mama und Papa oder die Stimme des Establishments, der Älteren, der Autoritäten, oder der Tradition. Konzentrieren Sie sich statt dessen auf das, was Sie wirklich fühlen, und nicht darauf, was Sie glauben fühlen zu müssen. Jedesmal, wenn Sie die Verantwortung für Ihr Selbst übernehmen, machen Sie einen weiteren Schritt auf die Verwirklichung Ihres Selbst zu. Seien Sie mutig, wagen Sie es, anders zu sein. Riskieren Sie unpopuläre Äußerungen wie etwa: »Mein Leben ist wie ein Film, in dem ich die Hauptrolle spiele. Zunächst gilt, was ich denke, sage und tue!«
Finden Sie heraus, was Sie tun wollen, und arbeiten Sie daran, es gut zu machen. Seien Sie so erstrangig wie möglich. Das kann bedeuten, daß Sie eine anstrengende Periode der Vorbereitung durchstehen müssen, um ihre Möglichkeiten zu verwirklichen.
Seien Sie für Spitzenerlebnisse offen, jene »kleinen Augenblicke der Ekstase« – denn sie sind die flüchtigen Momente der Selbstverwirklichung. Versuchen Sie solche Bedingungen zu schaffen, in denen Spitzenerlebnisse am wahrscheinlichsten vorkommen, und akzeptieren Sie sie, wenn sie erscheinen.
Nach Maslow hat fast jeder Spitzenerlebnisse, aber manche Menschen schieben diese kleinen mystischen Erlebnisse beiseite und negieren sie.
Identifizieren Sie soviel wie möglich Ihre Abwehrmechanismen – Verhaltensmuster, die Sie angenommen haben, um sich vor emotionalen Schmerzen zu schützen – und finden Sie den Mut, sie aufzugeben. Das ist schmerzhaft, aber notwendig, denn ein Problem zu unterdrücken ist keine Lösung.
Wenn Sie versuchen, diese Anweisungen in die Tat umzusetzen, dann sind Sie auf dem Weg zur Selbstverwirklichung – auf dem Weg herauszufinden, wer Sie sind, was Sie mögen, was gut oder schlecht für Sie ist; auf dem Weg, Ihr Selbst zu erkunden und danach zu handeln, was Sie in Ihrem Selbst als Richtlinie finden.

Denken Sie immer daran, der Mensch steht im Mittelpunkt und nicht seine Probleme. Das Ziel kann nicht sein, ein Problem zu lösen, sondern zu reifen, zu wachsen, so daß wir mit den Problemen besser fertigwerden. Wenn wir genügend Integration gewinnen, um ein Problem unabhängiger, verantwortlicher, weniger gestört und besser organisiert zu bewältigen, dann werden wir auch neue Probleme auf die gleiche Weise lösen können. Wenn Sie sich einmal an Ihre Kindheit erinnern, an die Kartoffeln, die die Eltern eingekellert hatten, dann wird Ihnen auch aufgefallen sein, wie die Keime der Kartoffeln hin zum Kellerfenster wuchsen. Sie hatten einen Drang zum Licht. Die Bedingungen waren vielleicht ungünstig, aber dennoch begannen die Kartoffeln zu keimen, blasse, weiße Schößlinge, so ganz anders als die grünen Sprößlinge, die im Frühjahr aus der Erde wachsen. Aber diese dünnen weißen Sprößlinge wuchsen dennoch einen halben Meter zum Kellerfenster hin. Ihr bizarres, vergebliches Wachstum war vergleichsweise der verzweifelte Ausdruck der Entfaltungstendenz. Sie würden nie ihr Entfaltungspotential erreichen, ein kümmerliches Dasein. Ähnlich ergeht es vielen Menschen, die sich verschließen, abkapseln. Auch in ihnen ist der Drang zum Wachstum, die große Hoffnung, zum Licht zu kommen.

Die Kartoffeln sind auf die »Gnade oder Ungnade« der Menschen angewiesen. Wir selbst aber, wir können die Entscheidungen für unser Leben selbst fällen. Wir können uns entscheiden, im Keller zu bleiben, oder aber wir können den Entschluß fassen, dem Licht entgegenzuwachsen.

Das innere Gleichgewicht in der Stunde des höchsten Glücks und in der Stunde des Todes in den Griff zu bekommen, bedeutet, sich selbst verwirklicht zu haben. Es ist eine Haltung, die das Besondere des Menschen, das Menschliche ausmacht.

Sitzen Sie fest im Sattel und finden Sie Ihr Gleichgewicht zu jeder Stunde und in allen Lebenslagen, dann haben Sie das Rüstzeug für ein erfülltes Leben. Ihr Lebensspruch könnte lauten: »Ich bin heiter und gelassen, in jeder Lebenslage.«

Bekanntlich hat der liebe Gott sein Sechstagewerk mit dem Menschen beendet. Demnach sind wir Samstagskinder und keine Sonntagskinder. Das spüren wir in vielen Lebenslagen. Aber wir

können wachsen und reifen, damit wir innerlich zu Sonntagskindern werden.
Solange wir keine klaren Begriffe und Vorstellungen von der inneren Wirklichkeit erworben haben, bleiben sie uns unverstanden und großenteils in einem Gefühlsnebel verborgen. Wer die innere Wirklichkeit ignoriert, gleicht einem Blinden, der die Realität von Farben leugnet, weil er sie nicht kennt. Wer die Gesetze und Zusammenhänge der inneren Wirklichkeit mißachtet, gleicht einem Kapitän, der nur mit dem Teil des Eisberges rechnet, der aus dem Wasser ragt. So entstand die größte Schiffskatastrophe der Weltgeschichte: der Untergang der ›Titanic‹!
Umsomehr wir die inneren Wirklichkeiten und Realitäten beachten, umsomehr haben wir die Chance, uns selbst zu finden. Eines hat dieses Kapitel klarzumachen versucht: Wir können nicht mehr sagen: »Andere sind schuld daran, daß ich nicht so leben kann wie ich möchte.« Oder: »Ich möchte so vieles anders machen, warum schaffe ich das bloß nicht?«
Jetzt wissen Sie sicherlich mehr darüber. Es wird Ihnen weiterhelfen. Vorausgesetzt, Sie sagen nicht: »Alles was da zu lesen war, ist schön und gut. Mein Fall allerdings liegt ganz anders.« Und dann zählen Sie zwei Dutzend Gründe auf, warum Sie auch in Zukunft nichts für sich tun können.
Vergessen Sie nicht: Etwas in Ihrem Leben zum Besseren zu verändern, kann nicht Sache dieses Buches sein. Dafür tragen allein Sie die Verantwortung.
Es liegt an Ihnen, ein faszinierendes Abenteuer daraus zu machen. Für manche mag es erstrebenswert sein, für Veränderungen in der Welt oder Umsturz unserer Gesellschaft zu kämpfen. Vielleicht gelingt es dem einen oder anderen, so die Aufmerksamkeit einer Gesellschaft zu erhaschen. Ich halte es mit C. G. Jung, der einmal sagte: »Willst du die Welt verändern, dann fange bei dir selber an.«

Vom Umgang mit anderen

4. KAPITEL

Liebe deinen Nächsten, es ist gesund

Wie Nächstenliebe wirkt, zeigt sich in Statistiken der psychosomatischen Krankheiten. Man kann unter Streß stehen, kann so ungesund essen, daß einem eigentlich der Herztod droht – wer eine feste Beziehung zu seinen Nächsten hat, wird dies alles eher überstehen, gesund. Es gibt einen Ort in Amerika, da leben überwiegend Italiener. Nun weiß man, daß die Italiener ein gutes familiäres Verhältnis zueinander haben. Diese Italiener in Amerika lieben Pizza, Pasta und Salami, alles, was gut und schwer ist. Und sie lieben es reichlich: 2700 Kalorien, davon allein 41 Prozent in Fett, tagaus, tagein. Man sollte meinen, daß Roseta – so heißt der Ort, in dem diese Vielfraße wohnen – eine Goldgrube für Kardiologen und Totengräber sei. Das Gegenteil ist der Fall: Die Leute in den Nachbarorten haben dreimal so viel Herzinfarkte und doppelt so viele sterben daran, gewichtiges Beispiel für ein Phänomen, das die Epidemiologen in letzter Zeit mehr und mehr fasziniert: Es gibt Menschen, die trotz eines geradezu selbstmörderischen Lebensstils einfach nicht krank werden. Streß, Zigaretten, Arbeitslosigkeit, zu viel Essen, zu wenig Bewegung heißen die Killer, die uns krankmachen und uns umbringen – normalerweise. Aber es gibt Ausnahmen. Raucher, ewig auf der Suche nach einem Alibi, haben diese Ausnahmen immer schon gekannt, jenen Großonkel, jenen Kettenraucher. Er würde heute noch leben, wäre er nicht überfahren worden – vom Milchmann. Einige dieser Ausnahmen haben einfach eine eiserne Konstitution, schon Eltern und Großeltern sind steinalt geworden. Andere Ausnahmen, so fand man jetzt, haben noch etwas anderes gemeinsam: einen guten Draht zu ihren Mitmenschen. Wer Freunde hat, lebt gesünder und länger. Das bedeutet, wir können und sollten eigentlich uns den anderen Menschen in Liebe öffnen. Weniger Verkrampfung, weniger Verschlossenheit bedeuten ein besseres Miteinander – und das kommt beiden Seiten zugute. Es gibt Menschen, deren gesunder Egoismus durch eine Haltung überboten wird, als wären sie allein auf dieser Welt. Erich

Fromm hat einmal die wunderbaren Worte gesagt: »Wenn ich einen Menschen wirklich liebe, liebe ich alle Menschen, liebe ich die ganze Welt und liebe ich das Leben. Wenn ich zu einem anderen sagen kann: ›Ich liebe dich‹, muß ich auch sagen können: ›Ich liebe in dir alle Menschen, ich liebe in dir die Welt, ich liebe auch in dir mich selbst.‹«
Kernpunkt aller Liebe ist die Nächstenliebe. Jenes Gefühl von Verantwortung, von Fürsorge. Gemeint ist der Respekt und das Wissen gegenüber allen menschlichen Wesen – darin liegt der Wunsch, dem anderen Gutes zu tun. Bei aller Nächstenliebe dürfen wir uns aber selbst auch nicht vergessen. Ich habe schon im vorigen Kapitel von der Nächstenliebe gesprochen und gesagt, daß wir uns nicht ausnutzen lassen sollen. Es gibt um uns herum eine ganze Menge von Leuten, die nicht imstande sind, wichtiges rechtzeitig zu erledigen. Dadurch geraten sie immer wieder in Schwierigkeiten. In ihrer Bedrängnis suchen sie nach jemand anderem, der ihnen im letzten Augenblick aus der Bedrängnis hilft. Ohne die geringste Rücksicht darauf, ob der andere gerade Zeit hat, oder nicht selbst irgend etwas Wichtigeres zu erledigen hat. Nehmen Sie einmal an, Sie haben Ihre Hausarbeit gerade fertig gebracht, sind ein wenig müde und wollen sich ausruhen. Oder Sie sind gerade dabei, den Einkaufszettel für das Wochenende aufzuschreiben. Da klingelt es an Ihrer Tür, Ihre Nachbarin, mit der Sie per du sind, steht davor und redet aufgeregt auf Sie ein. »Ich bin komplett im Druck, ich muß die Gardinen aufhängen, und der Karl kommt schon in einer Stunde. Kannst du mir nicht helfen?«
Für Sie mag Ihre Ruhepause oder Ihr Einkaufszettel im Moment wichtiger sein. Eigentlich müßten Sie Ihrer Nachbarin sagen: »Ich habe jetzt leider keine Zeit für dich. Hättest du dir deine Arbeit besser eingeteilt.« Aber Sie sagen es nicht. Warum? Weil Sie in der Vorstellung leben, jemand, der Eile hat oder auch nur vortäuscht, er hätte in jedem Fall etwas Wichtigeres zu tun als der, der sich nur entspannt oder sich über eine Sache den Kopf zerbricht. Es gibt Leute, die ständig in Hektik leben, es gibt Menschen, die ständig nach »Hilfe schreien«. Sie sind kaum in der Lage, etwas allein auf die Beine zu stellen. Ständig schreien sie symbolisch: »Mutti, nun hilf mir doch.« Und wenn Sie da einmal den kleinen Finger gege-

ben haben, dann kann es Ihnen passieren, wenn Sie nicht aufpassen, daß Sie ständig zur »Ersatzmutti« erhoben werden, daß man ständig Ihre gutwillige Hilfsbereitschaft ausnutzt. Hier wäre Nächstenliebe völlig falsch verstanden, wäre völlig fehl am Platz. Denn damit unterstützen Sie den anderen nur in seiner scheinbaren Hilflosigkeit. Sie werden ausgenutzt und ausgebeutet. Darum sollten wir uns immer überlegen, wem wir unsere Hilfsbereitschaft, unsere Nächstenliebe geben. Denn sonst würden Sie ständig Ihre Zeit für die Unfähigkeit anderer opfern. Sie können aber auch meinen Ratschlag in den Wind schreiben, dann wären Sie in der Lage, jedem, der Sie um Hilfe bittet, nachzugeben. Dann hätten Sie bald sehr viele Freunde, »die etwas von Ihnen wollen«, Sie hätten überhaupt keine Zeit mehr für sich, würden sich aufopfern für andere und selbst bald so krank und kaputt sein, daß auch Sie Hilfe bräuchten. Darum ist es im Leben manchmal wichtiger, sich zehn unnütze Freunde vom Hals zu schaffen als einen neuen zu gewinnen. Aber Sie haben möglicherweise Angst, Ihre »Freunde« zu verlieren. Vielleicht steht dahinter Ihre Angst vor der Einsamkeit. Denn oft steht hinter einem Drang, sich Freundschaften zu »verdienen«, der Wunsch, nicht allein sein zu müssen. Da wo Freundschaft eine Zweckgemeinschaft ist, kann man eigentlich kaum von Freundschaft sprechen. Freundschaft ist nicht zweckgebunden. Sie birgt als wesentlichen Kern die Liebe, den Respekt, die Achtung vor dem anderen Menschen in sich. Wahre Freundschaft ist selbstlos. Natürlich sollen und dürfen wir unseren Freunden helfen, wenn sie in Not sind. Das wäre eine schöne Freundschaft, wenn wir unsere Freunde, die in einer mißlichen Lage sind, im Stich ließen. Worauf es ankommt, ist, unterscheiden zu lernen zwischen wahrer Hilfsbedürftigkeit und Mißbrauch unserer Hilfsbereitschaft. Viele meinen, Freundschaft habe etwas mit Dankbarkeit zu tun. Solange in Freundschaft und Nachbarschaft, auch im Kollegenkreis mit unseren Schuldgefühlen in Sachen Nächstenliebe manipuliert wird, solange sind wir nicht wirklich frei.

Wir wollen uns einmal die Basis eines gesunden Nebeneinanders anschauen. Es zeigt sich immer deutlicher, daß Menschen aller Altersstufen am glücklichsten sind und ihre Talente am besten entfalten können, wenn sie wissen, daß eine oder mehrere Personen hin-

ter ihnen stehen, denen sie vertrauen und die ihnen zu Hilfe kommen, wenn Schwierigkeiten auftauchen sollten. Der Mensch, dem man vertraut, stellt seinen Gefährten sozusagen eine sichere Basis zur Verfügung, von der er heraus agieren kann. Das Bedürfnis nach einem Menschen, der uns diese Sicherheit gibt, beschränkt sich keineswegs auf Kinder, wenngleich es in den ersten Lebensjahren besonders groß und diese Zeit auch am eingehendsten untersucht worden ist. Es sprechen jedoch gute Gründe für die Annahme, daß auch Jugendliche und Erwachsene ein solches Bedürfnis haben. Der Ausspruch: »Ich brauche niemanden, der mir hilft«, wäre eher einem Armutszeugnis gleichzusetzen als einer reifen Entscheidung eines Menschen.
Ein gesundes Funktionieren einer Persönlichkeit besteht in der Fähigkeit des Menschen, geeignete Mitmenschen zu erkennen, die in der Lage sind, ihm als sichere Basis zu dienen, und zweitens in seiner Fähigkeit, eine wechselseitig lohnende Beziehung zu ihnen herzustellen. Umgekehrt sind viele Formen eines gestörten Funktionierens der Persönlichkeit Ausdruck der Unfähigkeit eines Menschen, geeignete Mitmenschen zu erkennen, auf die er eine Basis der mitmenschlichen Beziehungen aufbauen könnte. Gute mitmenschliche Beziehungen aufzubauen bedeutet die Fähigkeit, sich vertrauensvoll auf andere zu verlassen, wenn die Gelegenheit es erfordert, und zu wissen, auf wen man sich verlassen kann. Demgegenüber gehört die Bereitschaft dazu, dem anderen das Gefühl zu vermitteln, daß er sich ebenso auf uns verlassen kann.

Der Dialog als Basis für gutes Verstehen

Die Basis jedes menschlichen Zusammenseins ist das Verstehen des anderen. Erinnern Sie sich einmal an ein sogenanntes »gutes Gespräch«, wie Sie es sicher schon einmal geführt haben. An ein Gespräch, in dem es keinen belehrenden Ton gibt, keinen erhobenen Zeigefinger, sondern ein sich öffnen, einfühlen in den anderen, verbunden mit dem Gefühl, eins mit ihm zu sein. So ein Gespräch kann manchmal eine ganze Nacht lang dauern, ohne daß wir merken, wie die Stunden vergangen sind. Es führt dazu, daß ein Spaziergang immer weiter führt, ohne daß wir eigentlich merken, wie weit wir uns von unserem Ausgangspunkt entfernt haben. Wir sind bei dem, was gesagt wird, wir sind beim anderen, erfühlen ihn, erfassen ihn, aus dem Du und Ich wird ein wir. Wenn so ein Gespräch beendet wird, dann haben beide das Gefühl, etwas erlebt, etwas Neues erfahren zu haben. Manchmal können Sie begrifflich gar nicht ausdrücken, was eigentlich passiert ist, aber wir spüren ganz deutlich, daß wir bereichert wurden. Sie denken: »Wir haben uns verstanden!«

Ich habe dich verstanden – und ich weiß, daß auch du mich verstanden hast. Jeder hat dem anderen etwas gegeben und zugleich etwas von ihm empfangen. Wir haben beide gefragt und wir haben beide geantwortet. Keiner hat ins Leere geredet oder nur teilnahmslos zugehört. Keiner hat sich dem Gespräch entzogen; wir waren beide zugegen und konnten uns so geben, wie wir wirklich waren. Wir brauchen uns nicht aufzurechnen, wer klüger von uns beiden war. Wir brauchen uns nicht zu überlegen, wer mehr »Herzenswärme« ins Gespräch gebracht hat. Wir haben gefühlt: Wir waren eins!

So ein Verstehen ist ein echter Dialog, und wir müssen gar nicht erst sagen: »Ich verstehe dich«, beide Gesprächspartner fühlen das ohne Worte.

Sehr häufig in Partnerschaften und auch im Freundeskreis hören wir: »Ich verstehe dich, ich kann dich sogar sehr gut verstehen.« Dahinter steckt dann der verborgene Vorwurf: »Aber du, verstehst du mich auch wirklich?« Wenn einer den anderen besser verstehen will, als der andere ihn, dann entsteht kein echter Dialog, dann bleibt das Ich und das Du im Raum und es kommt niemals zum Wir.

Wer sein Gegenüber mit den Röntgenaugen des Psychoanalytikers durchschauen will, ihn seziert, anstatt ihn zu erfassen, der hat keinen Fluß überquert, der hat auf der verbindenden Brücke eine Zollstation errichtet. Der andere wird sich von ihm nicht verstanden fühlen, sondern eher angegriffen, herabgesetzt, entwertet, beschämt, gedemütigt. Und er wird die »langen Messer wetzen«, den anderen seinerseits zu demütigen, indem er ihn vielleicht »durchschaut«, »analysiert«. So entsteht ein dauernder Konflikt, aber kein wirkliches Miteinander. Es war schon immer ein großer Irrtum, zu glauben, man müsse genügend psychologische Kenntnisse besitzen, um andere verstehen zu können. Psychologisches Wissen allein ist gut, jedenfalls solange wir es einsetzen, um anderen eine Hilfestellung zu geben. Da, wo wir es, wie es häufig passiert, zum Gesellschaftsspiel einsetzen, um bei anderen schlechte Charaktereigenschaften oder seelische Störungen zu diagnostizieren, da erreichen wir bald den gegenseitigen Effekt und machen uns höchstens unbeliebt.

Auch das einseitige Verstehen im Sinne einer Identifikation mit dem anderen ist nicht der Weg zum ehrlichen Verständnis für den anderen. Wenn jemand vom Schmerz oder von der Freude des anderen nur angesteckt wird, oder wenn er sich völlig in die Lage des anderen hineinversetzt, daß er sie wie seine eigene empfindet, so fühlt sich dieser Partner allerdings »verstanden«. Er hat die mitfühlende Seele gefunden, die mit ihm trauert oder jubelt, ganz wie er selbst. Aber von einem Miteinander können wir dabei nicht reden. Denn es ist ja nur einer, der versteht, und einer, der sich passiv verstehen läßt. Der Verstehende hat seine Eigenständigkeit aufgegeben und fühlt nur so, wie der Verstandene fühlt. Dieser aber braucht ihn seinerseits nicht wieder zu verstehen; er braucht überhaupt nichts Neues von ihm zu erfahren, sondern erlebt nur eine Wiederholung seines eigenen Gefühls. In einer solchen Begegnung geschieht eigentlich gar nichts. Die beiden so gleichgestimmten Seelen suchen ganz so zu bleiben, wie sie sind.

Bei einem echten Verstehen heißt es nicht: »Ich verstehe dich!« sondern: »Wir verstehen uns!«

Es gibt nicht nur einen, der versteht und einen, der verstanden wird. Vielmehr stehen beide Partner in einer »Wir-Beziehung«. Eine echte Wir-Beziehung läßt ein egoistisches Nur-Ich-Denken gar nicht zu.

Vom Miteinander können wir nur sprechen, wenn die folgenden Voraussetzungen erfüllt sind:

1. Beide Partner sind eigenständige Persönlichkeiten, die sich weder aneinander klammern, noch vom anderen fordern.
2. Beide Partner bringen die Bereitschaft mit, sich füreinander zu öffnen. Sie können ohne Schuldgefühle geben und empfangen.
3. Beide Partner haben eine Basis der Verständigung.

Beide Partner müssen eigenständig sein, weil sie einander sonst nichts zu sagen haben. Wer immer nur seinem Gegenüber nachplappert, oder wer ohne nachzudenken wiederholt, was der andere schon gesagt hat, der taugt nicht als Gesprächspartner. Es gibt eine ganze Reihe von Menschen, die alles sagen, was der Vater, was die Mutter sagte, was ein Arbeitskollege einmal vorgetragen hat, was sie von der Nachbarin erfahren haben. Aber niemals haben sie sich eine eigene Meinung gebildet, niemals haben sie ernsthaft über sich und die Welt nachgedacht und sich selbstkritisch eine eigene Meinung gebildet. Wer immer nur eine Rolle spielen will, ist ständig mit dem eigenen Ich beschäftigt; um an einer Begegnung wirklich Anteil nehmen zu können, nimmt andere Menschen gar nicht wahr, sich selbst aber nur durch einen Nebelschleier.
Die Bereitschaft, sich füreinander zu öffnen ist im doppelten Sinn nötig: Nur so können wir von dem, was in uns lebendig ist, geben, genau auch nur so können wir tief in uns empfangen, was uns der andere geben will. Wer immer nur Gebender oder Empfangender sein will, hat den Sinn des Miteinander nicht verstanden. Ich kenne eine Familie, die lebt in einem wunderschönen Häuschen hier in München. Sie haben reizende Kinder und machen nach außen den Eindruck, einer glücklichen Gemeinschaft. Angela ist eine aufopfernde Mutter und Ehefrau, und Willi, ihr Mann, rackert sich ebenfalls für seine Familie ab. Oberflächlich betrachtet verstehen sie sich gut. Trotzdem funktioniert ihre Partnerschaft nicht, wenn sie Zeit füreinander haben, streiten sie sich. Es wird nicht mehr lange dauern, da werden ihre Kinder nacheinander heiraten und aus dem Haus gehen. Dann sind Angela und Willi allein. Sie werden feststellen, wie allein sie sind und eigentlich immer waren. Aus Angst vor einer echten Konfrontation haben sie oft aneinander vorbeigeredet. Ein echter Dialog hat nie stattgefunden. Jeder von ihnen war ein Ich und der andere war immer nur Du: Sie gaben sich niemals die Chance, wirklich im Wir zu leben.
Man sagt, daß die Kunst eines richtigen Gesprächs im richtigen Zuhören liegt, das ist nur bedingt richtig. Ein geduldiger Zuhörer, der immer passiv bleibt, und nichts aus seiner eigenen Innenwelt preisgibt, kann möglicherweise einseitig sein Gegenüber verstehen; aber mit ihm kommt kein echter Dialog zustande.

Fordern und dienen

Es ist nahezu unvermeidlich, daß in die meisten Ehen Erwartungen eingebracht werden, was ein Mann oder eine Frau tun sollen. Diese Erwartungen sind stets von unrealistischen Hoffnungen und Reaktionen auf die eigenen Eltern verzerrt und gefärbt. In der Ehe werden diese Erwartungen oft zu »Pflichten« – und provozieren vor allem passiven oft aber auch aktiven Widerstand. Hinzu kommt, daß die wandelnde Rolle der Frauen eine Änderung der Rolle der Männer notwendig macht. Das führt in vielen Fällen zur Verwirrung, zu den Reibungen und Ärgernissen in bezug auf Rollenverteilung. »Wenn ich nur gemerkt hätte, daß er es als meine Aufgabe ansieht, alles zu tun, hätte ich ihn nie geheiratet. Er überläßt alles mir, was zu tun ist«, so protestieren bei mir viele Frauen. Viele Männer, die mit Abspülen und Staubwischen beschäftigt waren, hatten ähnliche Gedanken. In den meisten derartigen Fällen haben diese Menschen Partner, deren passiver Widerstand Tagträumen und Verzögerungstaktik in der Jugendzeit offensichtlich waren, aber nicht als zukünftige Probleme erkannt wurden. Wenn nach Heirat die Realitäten der Verantwortung, der Notwendigkeit, mit dem Handeln zu beginnen und irgendwelche Funktionen stetig zu erfüllen, unabweislich werden, sind diese Ehepaare unfähig, sich ein zufriedenes Leben zu schaffen, sie sind im allgemeinen elend und unglücklich.

»Manchmal denke ich mir, daß mein Mann gegen die Arbeit allergisch ist. Er hat immer einen Grund, warum er etwas nicht tun kann. Er geht zum Beispiel an einer zerbrochenen Fensterscheibe vorbei und sagt mir, daß sie zerbrochen sei. Aber er rührt keinen Finger, um sie zu reparieren. Das ist es, was mich so verwirrt. Er bildet sich ein, daß seine Verantwortung aufhört, wenn er mir etwas gesagt hat«, beklagte sich eine meiner Klientinnen. »Wenn ich ihm sagte, er soll etwas tun, dann ist er vielleicht damit schon einverstanden – und wird dann wütend auf mich, wenn ich ihn daran erinnern muß, daß es immer noch nicht erledigt ist.«

Hier haben wir die Haltung eines impulsiven Menschen. Die unterdrückte Wut wird zur Waffe, wird zur Erpressung benutzt. Erpressung ist das Vehikel vieler impulsiver Menschen. Zusätzlich zur Wut kommt er mit seinen unreifen Forderungen: »Du liebst mich nicht! Wenn du mich lieben würdest, würdest du tun, was ich dir sage.« Das ist eine alte Waffe und sie wird in vielen Ehen eingesetzt. Viele heiraten nur, weil sie vom anderen Menschen etwas erwarten. Das schlimme ist, gegen diese Waffen können wir nur schwer ankämpfen. Wie viele Menschen meinen, sie bräuchten einen anderen nur zu lieben und sie hätten damit schon dauerndes Glück gepachtet.

Auch für zwei Liebende gilt: Sie haben als Stammkapital ihre eigenen Kindheitskonflikte in die Ehe eingebracht. Wer ständig vom anderen fordert, ist keine reife Persönlichkeit und er kann niemals zu einer guten Partnerschaft beitragen. Auch hier fehlt der Dialog zum Wir. Der Geforderte kann hier leider nicht viel beitragen zur Klärung hin. Er könnte höchstens auf die ständigen Forderungen nicht eingehen, was natürlich zunächst zu heftigen Streitfällen führen kann. Der Fordernde ist es, der einsehen muß, daß sein eigentlich ständiger Ruf: »Mami, Papi, gib mir Liebe«, ihn geradezu verhindert, die reife Liebe des Partners zu bekommen, denn seine Forderungen schrecken den anderen zurück.

Die Klagen der Partner eines impulsiven Menschen lauten immer: »Ich fühle mich ausgenützt.« Der Impulsive jammert: »Du tust nie, was ich dir sage.«

Für den impulsiven Menschen ist es schwer, im Dienen Befriedigung zu finden, selbst wenn er es einmal versucht. Darin läge nämlich die fast völlige Umkehrung seiner fast sämtlichen Erlebnisse als Kind. Wenn er irgendetwas tut, erwartet er, auf großartige Weise belohnt zu werden: durch totale Fügsamkeit. Solche Leute erschrecken, wenn sie herausfinden, daß es sie befriedigen kann, anderen zu helfen. »Ich habe heute etwas getan und ich werde nichts davon haben«, erzählte mit einmal einer unserer Seminarteilnehmer, »und es ist mir wirklich schwergefallen. Aber was mich erstaunt, ist, daß ich ein gutes Gefühl dabei habe. Ich habe tatsächlich einmal einem anderen Menschen geholfen, nicht nur mir.«

Hier haben wir einen wesentlichen Aspekt der Kommunikation. Es gibt immer noch Menschen, die nicht Dienen können. Die noch nie vom »Dienst am Nächsten« gehört haben und darum auch noch nicht das wunderbare Gefühl erlebt haben, wie wunderbar es sein kann, selbstlos dem anderen etwas zu geben. Zu Geben, ohne zu fordern. Und gerade darin liegt eine Basis für menschliches Reifen.

Es gibt noch eine andere Kommunikationsebene, die sich blockierend auf das Zusammenleben unter Menschen auswirkt: Die Schuldgefühle. Viele von uns sind in ihrem Leben die Opfer eines Schuldkomplottes geworden, einer ungeplanten Verschwörung, die uns in wahrhafte Schuldautomaten verwandeln möchte. So ein Automat funktioniert folgendermaßen: Jemand sendet ein bestimmtes Signal aus und erinnert Sie damit daran, daß Sie sich mit irgendetwas, was Sie gesagt oder nicht gesagt, gefühlt oder auch nicht gefühlt, getan oder unterlassen haben, als ein schlechter Mensch gezeigt haben. Sie reagieren prompt, indem Sie sich sofort niedergeschmettert fühlen. Sie sind ein Schuldautomat, ein sprechender, atmender Apparat auf zwei Beinen, der auf den Einwurf der passenden Münze stets gehorsam mit Gewissensbissen reagiert. Und Sie funktionieren reibungslos, nachdem Sie einer Gesellschaft, deren Maximen Schuldgefühle geradezu herausfordern, voll ausgesetzt gewesen sind.

Warum haben Sie die Sorgen- und Schuldsignale, die Ihr ganzes Leben lang auf Sie herabregneten, widerspruchslos akzeptiert? Wohl vor allem deswegen, weil es als »schlecht« gilt, sich nicht als schuldig zu fühlen, und als »unmenschlich«, sich keine Sorgen zu machen. Es hängt alles mit »sich kümmern« zusammen. Ist Ihnen wirklich an anderen Menschen oder auch Dingen etwas gelegen, so heißt es, dann muß sich Ihre Anteilnahme durch Reue über das Schreckliche, was Sie verbrochen haben, bemerkbar machen und weiterhin in einem sichtbaren Beweis, daß Ihnen die Zukunft dieser anderen das Herz beschwert, zum Ausdruck kommen. Es scheint fast so, als ob Sie eine Neurose zur Schau tragen müßten, um als wohlmeinender Mensch anerkannt zu werden. Auf zweierlei Weise können Schuldgefühle Eingang in die Gefühlswelt einer Person finden. Sie können einmal sehr früh erlernt werden und beim Erwachsenen als Überreste kindlicher Reaktionen weiter vorhanden sein. Zum anderen kann sich der Erwachsene aber auch für die Übertretung eines Kodex, den anzuerkennen er vorgibt, selbst mit Schuldgefühlen bestrafen.

Auch in der Partnerschaft, oder im Ungang mit Chefs, Freunden und anderen Menschen sind Schuldgefühle ein Druckmittel, um Sie gefügig zu machen. Die Denkweise, »was hab ich alles für dich aufgegeben«, ist ein äußerst wirkungsvoller Schulderzeuger. Damit werden Sie bei der Stange gehalten, damit will man Sie in die Knie zwingen. Mit der Schuldmethode läßt sich das Verhalten eines Menschen manipulieren. Damit werden Ihre inneren und äußeren Freiheiten beschnitten. Und Sie sind »selbst schuld«, wenn Sie sich das bieten lassen.

Mit dem »Wenn du mich liebst, dann ...«-Vorwurf kann ein geliebter Mensch unter Druck gesetzt werden. Diese Taktik kommt immer dann besonders gut gelegen, wenn man seinen Partner für ein spezielles Verhalten strafen möchte. Als ob die Liebe vom richtigen Verhalten abhängig wäre. Immer wenn eine Person nicht spurt, kann sie mit Hilfe von Schuldgefühlen rasch wieder auf den richtigen Weg gebracht werden. Sie muß sich schuldig fühlen, weil sie den anderen nicht richtig geliebt hat.

Grollen, anhaltendes Schweigen und leidende Blicke machen dem anderen klar, was er verbrochen hat. »Ich spreche nicht mehr mit dir, ich werds dir schon zeigen«, oder: »Komm mir bloß nicht zu nahe, wie könnte ich dich denn mit offenen Armen empfangen, nachdem was du getan hast.« Diese weitverbreitete Taktik wird vor allem in dem Fall angewendet, daß einer der Partner einen Seitensprung begangen hat. Oft wird eine bestimmte Handlung nach Jahren wieder ausgegraben, um den anderen dazu zu bringen, sich im gegenwärtigen Augenblick schuldig zu fühlen. »Wie könnte ich dir je wieder vertrauen, nachdem du mich damals so enttäuscht hast.« So werden Sie kurz gehalten, wie der Hofhund an der langen Kette.

Kleine Nadelstiche treiben den anderen dazu, sich den eigenen Forderungen und Verhaltensnormen anzupassen. »Wenn du verantwortungsbewußt wärst, hättest du mich angerufen«, heißt es da, und auch: »Das ist jetzt schon das dritte Mal, daß ich den Müll ausleere. Ich nehme an, du willst dich vor deinem Anteil einfach drücken.«

Das Ziel? Den Partner dazu zu bewegen, sich den eigenen Wünschen entsprechend zu verhalten. Der Weg? Schuldgefühle. Sie können sich natürlich frei machen von solchen Abhängigkeiten, indem Sie auf die Rollenspiele Ihrer Umwelt nicht mehr eingehen. Machen Sie klare Abmachungen, wer was wann zu tun hat. Damit haben Sie die Versuche der anderen, Sie mit Schuldgefühlen einzuäschern, noch nicht behoben, aber es wäre der erste Schritt. Und Ihren Anteil des Vertrages werden Sie natürlich einhalten müssen. Seien Sie sicher, man wird von anderer Seite und möglicherweise mit noch massiveren Schuldansprüchen auf Sie einwirken. Ich kann Ihnen nur raten, gehen Sie auf die Forderungen und das Rollenverhalten anderer nicht mehr ein. Denken Sie daran, in Ihrem Film spielen Sie die Hauptrolle. Sind Sie der Kapitän auf Ihrem Schiff! Es hat natürlich auch keinen Zweck, zu streiten. Das wäre ein großer Fehler, denn sofort würden Sie in weitere Schuldgefühle verstrickt. Aber spielen Sie das Rollenspiel der anderen nicht mit. Geben Sie ihnen die Verantwortung zurück. Auch in einer Partnerschaft steht Ihnen ein beträchtliches Stück innerer Freiheit zu. Sie dürfen solange »taube Ohren« haben, solange man versucht, Sie durch Schuldgefühle zu erpressen. In einer reifen Partnerschaft ist es nicht nötig, den anderen durch Erpressung zu etwas zu bewegen. Natürlich muß man sich dabei beide Seiten betrachten. Was für eine Art von Widerständen sind möglicherweise in einem Menschen vorhanden, wenn er sich pausenlos widersetzt, oder sich dazu antreiben lassen muß, eine bestimmte Aufgabe in einer Partnerschaft zum Beispiel zu übernehmen? Auch dieser Mensch wird sich fragen müssen, wo die Art, permanent Widerstand leisten zu müssen, ihren Ursprung hat.

Hanni war zum Beispiel ein Fall von intensiver Erpressung ihrem Mann gegenüber. Zehn Jahre lang setzte sie Hans unter Druck, indem sie mehrmals im Jahr mit der Scheidung drohte. Oder sie fing einfach an, die Koffer zu packen, um – wie sie sagte, auszuziehen und ihn mit den Kindern allein zu lassen. Es kostete Hans immer große Anstrengungen, sie von ihren Absichten wieder abzubringen, jedesmal mußte er ihr hoch und heilig versprechen, sie mehr im Haushalt zu unterstützen und ihr mehr zur Hand zu gehen. Aber dann packte Hans eines Tages der gerechte Zorn, dazu war er fähig geworden, nachdem er sich zu mir in die Therapie begeben hatte. Als Hanni wieder einmal unter Einsatz ihres ganzen, in besonders hohem Maße eigenen Talents für dramatische Szenen die Koffer packte, um sich scheiden zu lassen, sagte er bloß in aller Ruhe: »Hanni, ich hab es mir überlegt. Die Scheidung ist wirklich der bessere Weg, um unser Problem zu bereinigen.« Und er machte sich daran, ihr beim Packen behilflich zu sein.

Dies war eine heilsame Pille für Hanni, aber auch Hans mußte eines seiner Probleme dazu lösen. Er vergaß nämlich in der Tat immer wieder seine guten Vorsätze, drei Tage nach seinen Versprechungen ließ er sich in der Regel bereits wieder zu jeder Art von Hilfeleistung »hinschieben«. Als Hanni und Hans die Ursache ihres Spiels, das sich bereits in frühester Kindheit entwickelt hat: »Forderung und Widerstand« – durchschauten, fanden sie eine andere Basis, mit diesen Dingen umzugehen. Daraus geht hervor, daß die beiden heute noch verheiratet sind – besser denn je.

Zur Liebe gehört das Verstehen

Es soll nicht behauptet werden, daß gegenseitiges Verstehen nur in Übereinstimmung, Freundlichkeit, Harmonie oder Liebe möglich sei. Im Gegenteil: Zwei Gegner in einer ehrlichen und scharfen Auseinandersetzung können einander sehr viel besser verstehen und einander mehr zu sagen haben als zwei Leute, die ein belanglos konventionelles Leben miteinander führen, sich dabei aber immer wieder ihrer großen Zuneigung versichern. Nicht auf die Harmonie oder die Gleichheit in Meinungen kommt es an, sondern darauf, daß man durch das Neue, Eigene, das man gibt und empfängt, sich selbst und den Partner in der persönlichen Entwicklung um ein Stück voranbringt.

Gegenseitiges Verstehen setzt auch nicht voraus, daß beide Partner von genau gleichem Rang und in jeder Hinsicht einander ebenbürtig wären. Keine Ungleichheit in bezug auf menschlichen Wert oder ethische Qualitäten schließt aus, daß man einander verstehen kann und verstehen soll. Selbst wenn zwei Menschen so sehr verschieden sind, wie etwa ein reifer, lebenstüchtiger, weltkundiger Erwachsener und ein ganz kleines, schwaches hilfloses Kind, ist nicht gesagt, daß nun der Erwachsene lediglich zu geben und das Kind lediglich zu empfangen hätte. Eine einseitige »Erziehung«, bei der das Kind nur nach den Wunschbildern der Erwachsenen zurechtgeformt würde, ohne daß eine echte Kommunikation stattfände, hätte keinen Wert. Nur wenn auch der Erwachsene in jeder Begegnung mit dem Kind seinerseits auch etwas Neues erfährt, wenn er sich jedesmal ein wenig wandelt und weiterentwickelt, können wir ihn einen Erzieher nennen, vorausgesetzt, wir kennen den richtigen Sinn dieses Wortes. Erziehen kommt aus dem lateinischen educare und bedeutet »herausführen« im Sinne von Führung geben, daß ein Kind seine eigene Persönlichkeit findet.

Doch zurück zu Liebe und Partnerschaft.

Nichts ist beispielsweise gefährlicher, als wenn man eine Liebe, die verlorenzugehen droht, durch einen gesteigerten Aufwand von Gefühlen, Affekten oder sexuelle Leidenschaft wieder herbeizuzwingen versucht. Wenn Liebe nämlich einseitig wird, wenn sie nicht mehr im rechten Maße Erwiderung findet, dann ist nicht eigentlich die Liebe, sondern vor allem das gegenseitige Verstehen gestört. Und nicht die Liebe, sondern vor allem das gegenseitige Verstehen muß wiederhergestellt werden. Liebe, die auf gegenseitiges Verstehen verzichten müßte oder wollte, wäre gar keine Liebe mehr, sondern höchstens noch Liebesanspruch, Liebesverlangen oder leere Tagträumerei von Liebe. Wer seinen Partner aber mit Liebesansprüchen bedrängt, wird von diesem nicht als liebender und liebenswerter Mensch, sondern als Quälgeist empfunden. Der Partner bekommt zu spüren, was der »Liebende« selbst niemals merkt: Daß nämlich im Liebesanspruch auch eine starke Aggression verborgen ist. Das Herbeizwingen-wollen von Liebe ohne gegenseitiges Verstehen kann so gewaltsam werden, daß es zu Gewalttätigkeiten kommt. Wenn es beide Partner sind, die einander zu »lieben« glauben, aber keinen Weg zu gegenseitigem Verstehen finden, können sie sich durch ihre jeweiligen aggressiven Liebesforderungen das Leben zur Hölle machen, ohne doch jemals zu merken, woran es ihrer Liebe eigentlich fehlt. Sollte es aber einmal geschehen, daß sie einander wieder verstehen lernen, dann wäre auch die Liebe zwischen ihnen zurückgekehrt, ohne daß sie noch etwas Besonderes dafür zu tun bräuchten.

Gegenseitiges Verstehen ist etwas, worum man sich ganz bewußt, willentlich und methodisch bemühen kann. Man muß nur wissen, wie wichtig es für jede Begegnung ist, was seine Hauptkennzeichen und was seine wichtigsten Voraussetzungen sind. Man kann sich darin üben, Verstehen und Nichtverstehen zu unterscheiden, die auftretenden Störungen rechtzeitig als solche zu erkennen, und immer wieder Mittel und Wege zu finden, um sie zu überwinden. Das alles ist möglich, wenn es auch nicht immer einfach ist. Man vollbringt es umso leichter, je öfter man erfahren hat, daß es ein gegenseitiges Verstehen wirklich immer und überall geben kann, und je mehr man mit seiner eigenen Fähigkeit, es herbeizuführen, vertraut geworden ist. Über das gegenseitige Verstehen hinaus sollte man aber nichts Bestimmtes mehr wollen, fordern oder erzwingen zu versuchen. Wenn zwei Menschen einander wirklich verstehen, wird sich ganz von selbst zwischen ihnen eine persönliche Beziehung von der Art entwickeln, wie sie nach dem Wesen der beiden Partner und nach der Situation, in der sie miteinander stehen, eben möglich ist. Ob das nun Freundschaft oder Liebe, Annäherung der Standpunkte oder klärende kritische Auseinandersetzung, intime Nähe oder respektvolle Distanz, Gedankenaustausch oder Zusammenarbeit in praktischen Dingen sein wird, das kann man nicht wissen; man soll es auch weder wissen noch beeinflussen wollen. Wenn man immer nur wieder imstande ist, einander zu verstehen, wird das Übrige sich finden.

Gegenseitiges Verstehen ist nichts, was man bis ans Lebensende gepachtet hätte. Es besteht ja gerade darin, daß man immer wieder Neues miteinander erfährt, also nicht einen gegebenen Zustand unbegrenzte Zeit hin festhält. Zu gegenseitigem Verstehen kommt man nur je und je in der Gegenwart. Daß man sich früher einmal verstanden hat, oder daß man es später vielleicht einmal erlernen könnte, einander zu verstehen, spielt im Vergleich dazu kaum eine Rolle. Aus einem früheren Verstehen läßt sich kein Anspruch darauf und keine Gewähr dafür ableiten, daß man einander auch in Zukunft verstehen müsse. Es hat darum keinen Sinn, einem Partner Vorwürfe zu machen, weil man sich von ihm nicht mehr verstanden fühlt, wie einst. Nur die eigene aktive Bemühung um neues Verstehen hat praktischen Wert. Nur sie kann verhindern, daß man sich noch mehr einander entfremdet. Wir müssen uns fragen, was bedeutet es eigentlich, wenn wir sagen: »Mit diesem Menschen komme ich nicht zurecht! Mit dem kann ich nichts anfangen! Der ist mir einfach zu schwierig!« Damit drücken wir doch nur aus, daß wir irgend etwas nicht können, was wir in der Begegnung mit anderen gerne gekonnt hätten. Das ganze menschliche Zusammenleben sieht nach Leistung aus. Und in dieser Leistung fühlen wir uns überfordert.

Die Gesetze der Schwerkraft und tausend andere Realitäten haben immer gegolten und waren wirksam, egal, ob sie entdeckt, bekannt und zur Wissenschaft geworden waren oder nicht. Solange Sie keine klaren Begriffe und Vorstellungen von der inneren Wirklichkeit erworben haben, bleiben sie Ihnen unverstanden und größtenteils in einem Gefühlsnebel verschwommen. Wer innere Wirklichkeit ignoriert, gleicht einem Blinden, der die Realität von Farben leugnet, weil er sie nicht sieht. Eine der inneren Wirklichkeiten ist die Liebe der Menschen untereinander. Sich lieben bedeutet, seine eigenen Selbstwertgefühle zu erstreben und zu verwirklichen. Übertragen wir diese Liebe, dieses harmonische Selbstgefühl auf unsere Nächsten, sind wir also zu ihnen tolerant, wohlwollend, aufrichtig, gerecht, hilfsbereit, aufgeschlossen, so haben wir zu ihnen eine liebende Beziehung.

Es hat also seinen guten Sinn, wenn man sagt: Wer sich selbst ein guter Freund ist, der kann sich auch mit Wärme anderen Menschen öffnen.

5. KAPITEL

Flieh, solange du kannst

Bei einem Gespräch mit meinem Freund Werner vor einigen Tagen stellte sich heraus, daß Werner sich gerne scheiden lassen würde. Dieser innere Wunsch brachte ihn aber in einen tiefen Konflikt. Da waren seine Kinder, was würden die von ihm halten, er hatte sie streng religiös erzogen. Und Werner ist aktives Mitglied einer Mormonengemeinde. Er verstand nicht, daß seine Ehe am Ende sein könnte. Ich erklärte ihm, daß es mit einer Partnerschaft so gehe wie mit dem Leben des Menschen selbst. Das Sterben beginnt nach der Geburt – und das Sterben einer Partnerschaft kann schon am Tag der ersten Begegnung beginnen, wenn man diese Partnerschaft nicht bewußt pflegt.

Werner wird sich nicht scheiden lassen, wir haben vereinbart, daß er, seine Frau Sybille und ich einige Gespräche führen werden, wobei wir versuchen, die Hintergründe ihres scheinbaren Scheiterns zu ermitteln.

Ich akzeptiere den Wunsch dieser beiden Menschen, ihre Ehe zu retten, und ich freue mich, daß sie meinen, doch noch nicht am Ende zu sein. Aber es gibt auch Fälle, da wäre eine Scheidung ehrlicher den eigenen Gefühlen gegenüber.

Die Frage, ob man sich scheiden lassen soll oder nicht, hängt ganz vom jeweiligen Fall ab. Kein Außenstehender kann Ihnen eine solche Entscheidung abnehmen. Eine Scheidung kann sich zwar als notwendig darstellen, in vielen Fällen wird sie aber nicht Lösung des Problems sein. Auch nach einer Scheidung sind viele Menschen nicht frei.

Es kommt zu neuen Kontakten: Essen gehen, Konzerte, miteinander reden. Das wird bald im häuslichen Rahmen fortgeführt – selbstgekochtes Essen, stille Abende, vergnüglicher Sex. Und dann passiert dieses »gewisse Etwas«. Sie spüren eine innere Unruhe. Sobald Sie die Nähe des anderen spüren, Gefühle von Zärtlichkeit und Zuneigung erleben – nach denen Sie sich doch so sehr sehnen –, sagt eine innere Stimme zu Ihnen: »Sei vorsichtig, das ist genau die Art von ›Sich-nahe-sein‹, die dich beim ersten Mal in die Ehe geführt hat, und denk daran, was daraus geworden ist. Zieh dich zurück, bevor man dich wieder verletzt, hau ab, solange du kannst!«

Sie haben aus Ihrer Scheidung Narben davongetragen. In Ihrem Empfinden wurde Nähe mit Verletztwerden gleichgesetzt. Sie haben in sich etwas aufgebaut, was Sie auf Distanz hält und garantiert, daß Sie in Zukunft nichts außer unbefriedigenden, kurzlebigen Affären erleben werden. Sie haben einfach Ihre Scheidung nicht richtig verdaut!

Um eine Scheidung zu einem kreativen Prozeß zu machen, muß man zuerst einmal verstehen, was sie ist und was nicht.

Die Scheidung ist eine seelische Krise, die durch einen plötzlich und unerwartet eingetretenen Verlust heraufbeschworen wird. Das Sterben einer Beziehung ist die erste Stufe in einem Prozeß, in dem eine Liebe zu Grabe getragen wird, um der Selbsterneuerung den Weg zu bahnen. Mit dem Verstand mögen wir leugnen, in einer Krise zu stecken, aber sie ist da und ersichtlich aus allem, was wir tun. Der Scheidung liegt ein innerer Prozeß zugrunde, der nach einem eigenen inneren Zeitplan abläuft und den ein Scheidungsurteil vielleicht abkürzen oder verlängern kann, den aber nichts zu unterbinden vermag. Die Scheidungskrise ist ein Zeitablauf, den wir durchleben müssen. Eine Scheidung bedeutet aber mehr, als einen Zeitraum, in dem man die Scherben wieder aufklauben kann; sie bietet eine neue Möglichkeit, sich vor dem Hintergrund der Vergangenheit weiterzuentwickeln und sich ein erfülltes Leben aufzubauen. Und das kann man dann, wenn man mit der Vergangenheit ins reine kommt, selbstzerstörerisches Verhalten an sich erkennt und bereit ist, es zu ändern.

Die meisten Männer wünschen eine Beziehung zu einer warmherzigen, verständnisvollen, anziehenden Frau, die sie lieben sollte. Und die Frauen ersehnen sich einen ebensolchen warmherzigen, verständnisvollen Partner, an denen sie sich anlehnen können, dem sie vertrauen dürfen. Aber welche Signale senden sie aus, um einen solchen Partner zu finden?

Die Herren der Schöpfung sagen: »Ich wünsche mir eine Frau, die eine interessante Persönlichkeit ist« und in der Realität sehen sie häufig die Frauen immer noch als Sexobjekte, als Menschen zweiter Klasse. In den meisten Fällen sind Frauen ihrer Meinung nach dazu da, um ihnen zuzuhören und um mit ihnen ins Bett zu gehen und ihnen den Haushalt zu führen.

Manche Frauen denken: »Ich möchte eine offene Beziehung, in der jeder an den Gefühlen des anderen teilhat« – aber sie gehen ständig davon aus, daß »Er« schon wüßte, was eine Frau denkt oder fühlt, ohne daß sie sich die Mühe machen, ihn danach zu fragen. Er hat sich ihrer Vorstellung anzupassen, ganz egal, wie sie eigentlich ist. Wir sagen, wir seien zu einer reifen Partnerschaft zwischen zwei Erwachsenen bereit – aber eigentlich suchen wir jemand, der sich um uns kümmern sollte. Wir bringen selbstgekochtes Essen mit Liebe durcheinander. Einige Anthropologen sind heute der Meinung, daß die Männer die Ehe nötiger haben, als die Frauen. Andererseits unterliegen die Frauen in unserer Gesellschaft Zwängen, von denen Männer frei sind. Nur wenige geschiedene Männer müssen mit solchen Problemen fertigwerden wie geschiedene Mütter, die versuchen müssen, sowohl ihre mütterlichen Pflichten als auch die Notwendigkeit, einen Beruf auszuüben und ein neues gesellschaftliches Leben aufzubauen, unter einen Hut zu bringen. Der geschiedene Mann wird wahrscheinlich auch nicht so viel Angst und Unsicherheit empfinden, wie eine Frau in mittleren Jahren mit erwachsenen Kindern, die plötzlich in eine Umwelt zurückgeschubst wird, in der man Jugendlichkeit und gutem Aussehen einen derart hohen Wert beimißt.

Es gibt also wirklich Unterschiede. Aber eine Scheidung wirft bei beiden Geschlechtern dieselben Gefühle von Versagen, Zurückgewiesensein, Verlassenheit, von Reue, Unsicherheit und Angst hervor. Auf die Länge gesehen, macht es dabei erstaunlicherweise kaum etwas aus, ob man sich im beiderseitigen Einverständnis hat scheiden lassen oder ob einer der beiden Partner den anderen verlassen hat. In fast allen Fällen empfinden beide Partner gleichermaßen den Schmerz der gefühlsmäßigen Ablösung voneinander, obwohl jeder von ihnen den Schmerz unterschiedlich erleben kann.

Eine Trennung oder Scheidung schafft neue Lebensumstände, die uns aus unserer täglichen Routine herauszwingen und neue Verhaltensweisen verlangen. Biologisch gesehen sind wir das, was wir essen. Psychologisch sind wir das, was wir tun. Mit der Trennung hören einige uns geläufige Rollen, die unser Leben in der Vergangenheit bestimmt haben, auf zu bestehen, und neue Rollen werden uns auferlegt. Verwirrung, Angst und Unsicherheit ist die Reaktion auf diese plötzliche Veränderung. Das ist ganz normal, unsere Identität wird geformt von den Rollen, die wir spielen – Ehemann, Frau, Liebhaber, Eltern, Brotverdiener, Haushaltsvorstand. Wir ziehen eine Menge unbewußter Befriedigung und Sicherheit aus der Routine, die damit verbunden ist, Familienvater oder Hausfrau zu sein, auch dann noch, wenn die Ehe schlecht geht und wir diese Rollen als eingehend miserabel empfinden.

In einer Welt voll neuer Situationen, ohne die gewohnten Wegweiser unseres Verheiratetseins, hat jeder von uns keine andere Wahl, als sich wie eine einzelne Person zu benehmen und nicht wie die Hälfte eines Paares. Eine plötzliche Veränderung der gewohnten Rollen erschüttert die Grundfesten unserer Persönlichkeit.

Der Übergang zur Einzelrolle ist schmerzhaft. Aber das Positive liegt darin, daß neue Rollen uns zwingen, neue Reserven und Fähigkeiten in uns zu aktivieren, die uns vorher nicht einmal bewußt waren. Die Scheidungsfrist bringt unbewältigte Gefühle aus der Vergangenheit an die Oberfläche, die dem Glücklichsein im Wege gestanden haben. Wir alle tragen eine Menge emotionalem Übergepäcks mit uns herum, das sich während eines Lebens voll Freude und Schmerz angesammelt hat. Bei der Scheidung verknüpfen wir den Schmerz, den wir empfinden, mit früheren Erfahrungen, von Verlust und Verzicht.

Die Tatsache, daß diese Gefühle in einer emotionalen Krise wie einer Scheidung so dicht unter der Oberfläche schlummern, hilft uns, die Kraft zu erkennen. Das Bewußtsein ihrer Existenz trägt viel zum Verständnis bei, warum man Gefühle wie Verlassenheit, Feindseligkeit, Wut und Furcht verspürt, die in keinem Verhältnis zu dem Anlaß stehen, der sie vielleicht ausgelöst hat. Und wenn man sie akzeptiert, begreift man: »Ja, diese Gefühle stammen aus der Vergangenheit, aber sie müssen mein jetziges Leben nicht bestimmen. Ich bin kein kleines Mädchen – oder Junge mehr!« Die Scheidungskrise setzt emotionale Energien frei. In der Anfangsphase der Scheidungskrise, wenn wir um jeden Preis das Gleichgewicht unseres Lebens wiederherstellen wollen, werden wir mit emotionellem Adrenalin überflutet. Bewußt oder unbewußt wählen wir die Richtung, in die uns diese Energie treibt.

Sich in uneigennütziger Freundschaft trennen

Eine Scheidung beendet nicht automatisch eine eheliche Beziehung. Jahre gefühlsmäßiger und sexueller Nähe, gegenseitiger Abhängigkeiten und tief eingefleischter Gewohnheiten des Zusammenlebens; Liebe und Haß haben Bindungen geschaffen, die zu stark sind, als daß man sie mit einem Scheidungsurteil schlagartig lösen könnte.

Im allgemeinen gesteht man nur dem verlassenen Partner zu, der kaputtgegangenen Ehe nachzuweinen. Von dem anderen nimmt man an, daß er, wenn nicht uneingeschränkte Freude, doch zumindest eine stille Befriedigung empfindet, daß er eine schmerzliche aber notwendige Entscheidung getroffen habe. In Wahrheit aber ist kein geschiedener Mann und keine geschiedene Frau sofort von der Vergangenheit frei, weder der, der verlassen worden ist, auch nicht die, die sich im gegenseitigen Einverständnis gelöst haben. Für die meisten Menschen ist die Ehe die engste Beziehung, die sie je zu einem Menschen des anderen Geschlechts gekannt haben, abgesehen von Vater und Mutter. Häufig verspüren Scheidungskandidaten Wut und Haß, Gefühle, die überlagert werden von ungeheuren Rachegedanken, für das scheinbar zugefügte Leid. Dieses sich gegenseitige Quälen entspringt verdrängter Wut und ständigen Schuldgefühlen. Viele Frauen leben für den Freitagabend, an dem der Mann die Kinder abholt und sie gefaßt in ihrem Kummer sehen kann. Nicht nur Frauen reiten auf dieser Masche herum. Männer sind genauso geschickt, ihre Frauen hintenherum spüren zu lassen, wie sehr sie leiden. »Schau dir an, was du mir angetan hast«, möchten sie sagen, aber nicht so in vielen Worten. »Es ist allein deine Schuld, daß ich meine Stellung verloren habe.« Und der Partner denkt: »Es ist ihre oder seine Schuld, daß ich krank geworden bin, oder daß ich jetzt in einem möblierten Zimmer leben muß.«

Häufig wird mit Selbstmord gedroht. Eine meiner Klientinnen zeigte mir einen Brief ihres Mannes, in dem stand, daß er schon wiederholt auf dem Fensterbrett in seiner Wohnung im Hochhaus gestanden hätte, und nur die Erinnerung an die Kinder habe ihn davon abgehalten, hinunterzuspringen.

Wenn wir uns von einem ehemals geliebten Partner trennen wollen, dann sollten wir möglichst Kritik vermeiden. Obwohl objektiv gesehen nicht nur ein Partner »schuld« daran ist, wenn eine Ehe kaputt geht, sind beide in der ersten Phase der Trennung nur zu bereit, sich selbst oder den anderen anzuklagen. Worte wie »sollte« oder »hätte«, scheinbar harmlose Fragen, die anfangen mit: »Warum hast du ...«, oder auch »nützliche« Ratschläge können feindselige Gefühle auslösen, die nur darauf lauern, die Selbstkontrolle zu durchbrechen. Das Thema braucht sich gar nicht einmal auf die Ehe zu beziehen. Selbst die Randbemerkung über die Versorgung des Kindes kann als versteckte Kritik verstanden werden. Der Ehemann: »Sollte er nicht seinen Spielanzug anhaben? Er wird im Park nicht viel Spaß haben, wenn er seinen guten Anzug tragen muß.« Die Ehefrau: »Woher soll ich denn wissen, daß du mit ihm in den Park gehen willst, wenn du es mir nicht sagst.« Der Ehemann: »Ich habe es dir letzte Woche gesagt, aber du hörst ja nie zu.« Die Ehefrau: »Du hast übernaupt nichts davon gesagt, und nun versuchst du so zu tun, als hätte ich es vergessen. Es ist wirklich kein Wunder, wenn ich mir jedesmal Sorgen mache, wenn du ihn mitnimmst. Dir kann man einfach nicht trauen!«

So hat eine unschuldige Frage einen alten ehelichen Kampf wiederbelebt, bei dem Schuld zugeschoben und Sühne verlangt wird. Was als momentanes Mißverständnis begann, endete mit einem Verhalten, das früher die Ehe gekennzeichnet hatte: Sie kann in ihm nichts anderes sehen als den verantwortungslosen Menschen, den sie in der Ehe erfolglos versucht hatte, zu ändern. Für ihn ist sie immer noch dasselbe überkritische, zänkische Frauenzimmer.

Umso eher wir uns von dem Stuhl des Anklägers trennen, um so eher bekommen wir wieder das Gefühl für unseren eigentlichen Wert. Wenn Wunden, frische Wunden immer wieder aufgerissen

werden, dann können sie nicht heilen. Das Beste ist, sich während der Scheidungszeit so wenig wie möglich zu sehen, abwarten, bis die Wunden verheilt sind und sich dann auf einer neuen Ebene, als gleichwertige Menschen begegnen, die auch einmal schöne Zeiten miteinander erlebt haben, die es nie verlernt haben, trotz aller Gegenseitigkeiten, den anderen zu achten.
Respektieren Sie künftig die neue Unabhängigkeit Ihres ehemaligen Partners, und zögern Sie nicht, Ihre eigene Unabhängigkeit zu verteidigen. Ganz egal, wie neugierig Sie auf das Leben sind, das ihr früherer Gefährte führt, es geht Sie nichts an, und auch Sie sollten nicht zulassen, daß er eine übertriebene Neugier auf Ihre Angelegenheiten an den Tag legt. Leichte Neugier ist normal. Wenn Sie aber merken, daß Sie sehr viel seelische Energie darauf verwenden, sich Gedanken darüber zu machen, was er oder sie jetzt wohl tut, dann kleben Sie immer noch an der Vergangenheit.
Diese Bindung kann einen großen Teil unnötiger Ängste erklären, und auch damit einige sonderbare »Zufälle«. Franz beispielsweise hatte die Angewohnheit, wenn er die Kinder bei Marlies abholte, daß er jedesmal schnell einen Blick auf ihren Terminkalender warf, von dem er wußte, wo er lag. »Ich ertappte mich jedesmal dabei, daß ich die Aschenbecher ausleerte, bevor er kam«, erzählte mir Marlies. »Nur damit er keinen Verdacht schöpfen konnte und Fragen stellen konnte.« Marlies hörte an dem Tag damit auf, als ich ihr sagte, sie benähme sich wie eine schuldige Ehefrau. Warum sollte es ihr etwas ausmachen, was er denkt? Sie waren nicht mehr verheiratet. Wenn er ihren Terminkalender kontrollierte, dann war das sein Problem und nicht das von Marlies.
Prüfen Sie den Ausdruck uneigennütziger Freundschaft von oder zu Ihrem Partner. Nach meiner Erfahrung spielt sich fast jeder Mensch, der stolz darauf ist, zu seinem ehemaligen Partner während der ersten Phase der Scheidung eine enge Freundschaft und häufige gesellschaftliche Kontakte zu haben, ein ausgeklügeltes Spiel der Selbsttäuschung vor. Wenn zwei Partner nicht in der Lage sind, die Wut zu akzeptieren, die sie aufeinander haben, dann überdecken sie sie oft mit Bekundigungen wie: »Natürlich sind wir immer noch gute Freunde.«
Eine solche Form von Umgang miteinander mag im Freundeskreis

Neid erzeugen, aber ehrlich ist sie nicht. Sie leugnen damit die tiefen emotionalen Kräfte, die zur Scheidung geführt haben. Sie halten damit nur krampfhaft den Deckel auf einen kochenden Topf, der bei der ersten besten Gelegenheit hochgeht. Freundschaft kann sich in einer ehrlichen Auseinandersetzung zu einem späteren Zeitpunkt wieder einstellen, wenn die Wunden zugeheilt sind. Vorher ist eine solche Freundschaft Selbstbetrug. Wir berauben uns der Chance, unsere wirklichen Gefühle kennenzulernen.

Abgesehen vom Tod eines geliebten Menschen empfinden die meisten von uns eine Scheidung als das erschütterndste Erlebnis im Leben. Wenn wir uns überlegen, daß wir von unserem Partner als »mein Leben«, »meine bessere Hälfte«, »meine rechte Hand« sprechen, dann sollte es uns nicht überraschen, daß die Trennung von diesem Partner Reaktionen hervorruft, die in vieler Hinsicht denen gleichen, die ein wirklicher Tod auslösen kann. Scheidung ist tatsächlich ein Tod – der Tod einer Beziehung, und genauso wie der Tod von jemanden, der uns nahesteht, eine Trauerzeit mit sich bringt, während wir mit dem Verlust fertig werden, so folgt auch dem Ende einer Ehe eine Phase des Trauerns. Wenn wir soweit kommen, die konflikthaften Gefühle zu erkennen, zu akzeptieren und auszuleben, die zu diesem Trauerprozeß gehören, kann dieser ein wesentlicher Schritt in der Entwicklung zu einer unabhängigen Persönlichkeit bedeuten. Wenn wir aber nicht begreifen, was dieser Prozeß bedeutet, bleiben wir wahrscheinlich in der Vergangenheit wie im Schlamm stecken, wälzen uns in Selbstmitleid, verfluchen unseren früheren Partner und idealisieren unsere verlorene Ehe, oder wir laufen Gefahr, dauerhafte Narben zurückzubehalten. Wir haben uns bislang wenig darum gekümmert, wie Menschen trauern. Statt dessen haben wir diesen ganzen Erlebnisbereich in denselben schumrigen Winkel abgeschoben, in den wir bis jetzt auch die ganzen Fragen über Tod und Sterben verbannt hatten. Widerwillig nehmen wir die Tatsache des Todes hin und tun alles, um die Abläufe und ihre Auswirkung auf die Überlebenden zu leugnen. Und genauso machen wir es mit der Scheidung.

Ein solches Verleugnen ist gefährlich. Die Trauer ist in jedem Fall da, aber wenn sie geleugnet und unterdrückt wird, werden ihre heilenden Kräfte nicht genützt. Um das physische und psychische

Gleichgewicht wiederherzustellen, müssen wir alle Gefühle anerkennen, die durch einen Verlust hervorgerufen werden. Das sind nicht immer angenehme Empfindungen. Selbst in der liebevollen Beziehung wird der Verlust im Überlebenden starke Feindseligkeit gegenüber dem hervorrufen, der ihn verlassen hat. Rational ergibt das vielleicht keinen Sinn, aber emotional fühlen wir uns verlassen. Wir fühlen uns schuldig, weil wir bei wirklichen und eingebildeten Gelegenheiten etwas getan oder nicht getan haben und wissen, daß das nun nie wieder in Ordnung gebracht werden kann. Diese Gefühle entstehen auch in höchst harmonischen Verbindungen. In einer ambivalenten Gemeinschaft, die durch starke Komponente von Liebe und Haß, Anziehung und Angst, Abhängigkeit und Ressentiment gekennzeichnet ist, können sich die negativen Gefühle als zu erschreckend erweisen, um von uns anerkannt und akzeptiert zu werden. Und diese Gefühle fallen zusammen mit dem Verlust der gewohnten Rolle und Lebensweise als Ehemann oder Ehefrau. Er oder sie zieht sich dann in Phantasien zurück, in denen der abwesende Partner immer noch da und das Leben noch das ist, was es vorher war.

Der Prozeß des Trauerns eröffnet uns einen Weg, alle diese widersprüchlichen Gefühle zu erwägen, sie zu äußern, um zu einer unabhängigen Persönlichkeit zu wachsen. Seine Wirkung ist es, unsere seelischen Wunden zu heilen, so daß wir uns aus der Gefangenschaft der Vergangenheit befreien und beginnen können, kontruktiv in der Gegenwart zu leben.

Der heilende Prozeß des Trauerns kann so zusammengefaßt werden: In unseren Gefühlen ruft eine Scheidung einen Trennungsschock hervor, der in seiner Heftigkeit dem gleichkommt, was durch den tatsächlichen Tod eines Partners erlebt werden kann. Und er setzt die Reaktionen in Gang, die denen ähnlich sind, die ein wirklicher Tod verursachen kann: anfängliche Leugnung, daß die Beziehung beendet ist, was meist ein Zurückziehen ins Phantasieleben bewirkt, wo sie noch weiterleben kann; starke Gefühle der Feindseligkeit und Wut auf den abwesenden Menschen, weil er uns einem unerträglichen Leben ohne ihn oder sie überantwortet hat; alles durchdringende Schuldgefühle, die projeziert werden und noch zu schmerzhaft sind, um überhaupt berührt zu werden;

ein schrittweises Prüfen und Wiederprüfen der Realität und ein langsames Nachlassen der Einflüsse, die die vergangene Beziehung ausübt, so daß man ein neues Leben beginnen kann.

Manche Menschen kommen nie aus der Phase des Trauerns heraus. Da sind die Frauen, die noch zehn Jahre nach der Scheidung sagen: »Ja, ich möchte mich schon wieder verlieben, aber ich bin noch nicht soweit.« Oder der Mann, der seine Frau noch Jahre nach der Beendigung seiner Ehe dafür verantwortlich macht, daß es ihm gegenwärtig schlecht geht. Ich hatte einen Klienten, der 35 Jahre nach Kriegsende eine alte Liebe aus der Zeit des Krieges nicht vergessen konnte.

Diese Beziehung war in Abständen von einigen Jahren immer wieder belebt worden. Er rannte zu Kartenschlägern, Hellsehern und Astrologen, um herauszufinden, wann sein »Elsken« wieder zu ihm käme. Dazwischen verfiel er in Triaden des Hasses und der Wut auf sie, weil sie sein ganzes Leben zerstört hätte. Er hatte immer noch Sand in den Augen und konnte nicht erkennen, daß das Leben ihm noch immer wunderbare Möglichkeiten bot. Erst in einer gemeinsamen Arbeit lernte er, sich von seiner alten Liebe zu lösen.

Wie erkennen wir, daß eine Trauerzeit beendet ist?

Wenn: Abneigung und Verbitterung gegenüber dem ehemaligen Partner von vierundzwanzigstündiger Besessenheit zu gelegentlichen Wutanfällen abgeflaut sind.

Wenn wir weniger Zeit damit zubringen, über Probleme zu klagen, und mehr damit, sie zu lösen. Sie anfangen, alte Freunde anzurufen und neue zu finden. Und das im Bewußtsein, daß Sie nichts getan haben, worüber Sie sich schämen müßten. Sie anfangen, Entscheidungen zu treffen, die Ihre eigenen Interessen und Vergnügungen angehen. Sie das andere Geschlecht nicht mehr als bedrohlich oder verabscheuungswürdig ansehen und Ihnen Aussagen über Männer oder Frauen im allgemeinen nicht länger als treffend erscheinen. Sie sich darüber klarwerden, daß Sie nicht der einzige Mensch sind, der je geschieden worden ist, und daß auch andere normale Menschen den Mut aufgebracht haben, eine unglückliche Ehe zu beenden. Sie soweit kommen, eine Scheidung als die einzig mögliche Lösung für eine selbstzerstörerische Ehe anzusehen und nicht als eine Bestrafung dafür, daß man versagt hat.

Die persönliche Entwicklung nach der Scheidung

Die Scheidungskrise bietet eine hervorragende Lernsituation – eine Zeit, in der wir gezwungen sind, als Alleinstehende neue Wege des Denkens, Handelns und Fühlens auszuprobieren. Eine Scheidung wird in dem Maß kreativ, in dem wir uns die tastend vorgenommenen Abweichungen von unserem verheirateten Selbst aneignen – die Keimlinge unter dem Schnee – und sie als hervorstechende Merkmale dafür erfassen lernen, wer wir sind. Da ich aus persönlicher und beruflicher Erfahrung weiß, wie sehr sich dieser Prozeß lohnen kann, geht es mir um die vielen Menschen, die mitten in diesem Prozeß steckenbleiben, die vom »Ehepartner« über den »Nicht-mehr-Ehepartner« zur »unabhängigen Persönlichkeit« führt.

Nachdem sie aus dem Prozeß des Trauerns unversehrt hervorgegangen sind, schließen sie mit dem Leben ein Abkommen: Dafür, daß der Schmerz aufhört, erklären sie sich damit einverstanden, keine größeren Freuden mehr zu erwarten. In den ersten Monaten ihrer Scheidung war der Schmerz so groß, daß ihnen dieser Handel nur allzu gerecht vorkam. »Fahr mir nicht an den Karren«, sagen sie, »ich brauche meine ganze Kraft dazu, mich an meine Scheidung anzupassen. Ich habe gelernt, vom Leben weniger zu erwarten, weil ich es nicht mehr ertragen will, wieder enttäuscht zu werden.«

Aber dann, wenn Monate und Jahre vergehen, spüren sie, daß eine solche betäubte Existenz nicht genug ist. Nun ja, sie erleben viele Freuden: Sie lesen, sie nehmen an kulturellen Veranstaltungen teil, sie treffen sich mit anderen Menschen, sie finden Trost in ihrer Arbeit, aber im Hintergrund ihrer Gedanken bleibt die Frage offen: »Ist das alles? Muß ich beim Spiel des Lebens Zuschauer bleiben?«

Diese Menschen sind hin- und hergerissen zwischen der grundlegenden Unzufriedenheit mit sich selbst, so wie sie sind, und ihrer Angst vor den Veränderungen, die eine Anerkennung dieser Unzufriedenheit mit sich bringen muß. Anstatt nach dem eigenen Leben zu suchen, das ihnen wirklich zusagen würde, verbrauchen sie ihre Energie dafür, »vernünftige« Erklärungen zu erfinden, die

»beweisen«, daß sie so zufrieden sind, wie die Umstände es erlauben. Ihre Angst vor Selbsterkenntnis ist so groß, daß sie sich selbst die Möglichkeit verbauen, zu dem Menschen zu werden, der sie sein können. Sie geben sich mit so viel weniger zufrieden, als sie haben könnten und sie überzeugen sich selbst die ganze Zeit davon, daß das alles ist, was sie verdienen oder was sie je bekommen werden. Aber das, was sie sagen und das, was sie fühlen, ist meilenweit voneinander entfernt; und hinter ihren Vernunftgründen schwelt Unzufriedenheit über ihre »Anpassung«.

Eine Scheidung wird oft durch Unzufriedenheit ausgelöst und kann dann einen Fortschritt in der persönlichen Entwicklung bewirken, wie man ihn nie vorausgesehen hatte. Sonja, Mutter von zwei Söhnen und frühere Frau eines Personalchefs, hatte mit der Absicht geheiratet, in jedem Fall eine Superfrau zu sein. »Ich habe einfach alles gemacht, ich war ganz die Hausfrau, ganz die Frau an der Seite meines Mannes, ganz Kamerad. Aber ich habe mich gelangweilt und hatte das Gefühl, ersticken zu müssen. Als wir uns trennten, hatte ich gerade meine Heilpraktikerausbildung beendet und bereitete mich auf die recht schwierige Prüfung vor. Ich brachte Michael und Uwe zu meinem Mann, er war wieder zu seinen Eltern gezogen. Ich habe es einfach nicht geschafft, meinen Tagesablauf und die Kinder unter einen Hut zu bringen. Als wir geschieden waren, erklärte ich mich einverstanden, daß er das Sorgerecht bekam. Ich sehe jetzt ein, daß ich nicht geschaffen bin, Ehefrau und Mutter zu sein. Ich liebe meine Buben, aber ich glaube nicht, daß ich notwendigerweise eine gute Mutter für sie sein kann, nur weil ich sie geboren habe. Die ersten Monate waren für mich wie Fegefeuer: schuldig, schuldig, schuldig! Ich hatte das Gefühl, ich sei ein Ungeheuer, weil ich es fertiggebracht hatte, die Kinder so einfach aufzugeben. Aber heute weiß ich, daß ich den Kindern und mir nur wehgetan hätte, hätte ich sie behalten. Ich meine nicht damit, daß jede Frau es genauso machen sollte. Ich bin nur überzeugt davon, daß ich für mich und meine Familie das Richtige getan habe.«

Für mich bleibt diese Einstellung eine Flucht aus der Verantwortung. Sonja war nie reif dafür gewesen, eine Mutter zu sein. Sie glaubte, indem sie die Kinder dem Mann gab, hätte sie alles getan.

Kinder, gleich welchen Alters brauchen ihre Mutter. Ein Mann kann vieles für seine Kinder tun, aber eine Mutter sein, das kann er nicht. Das was er kann, ist höchstens ein mütterlicher Vater zu sein. Sonja hatte eine traurige Bankrotterklärung abgegeben.
Die wenigsten geschiedenen Männer und Frauen werden derart weitgehende Veränderungen in ihrem persönlichen oder ihrem beruflichen Leben durchmachen, wie Sonja und Fred. Für die meisten von uns läuft ein Prozeß langsam und schrittweise. Viele Frauen schaffen neue Wertmaßstäbe.
Manche meinen nach der Scheidung: »Es ist ein Teil von mir gestorben! Wir haben uns gegenseitig zu viel angetan.«
Wenn Klienten zu mir wegen ihrer Trennungstrauer kommen, dann passiert es immer wieder, daß, nachdem sie ihre Gefühle einmal zugelassen haben, aus ihnen gestärkte Persönlichkeiten hervorkommen. Ich sage es immer wieder: nicht die negativen Gefühle bei einer Scheidung verdrängen. Denn damit schieben wir auch die positiven weg. Wir trennen damit einen Teil von uns selbst ab.
Um die persönlichen oder beruflichen Möglichkeiten aufgreifen zu können, die die Zukunft uns bringen wird, müssen wir in der Lage sein, unsere wirklichen Bedürfnisse und Fähigkeiten von denen zu unterscheiden, die die Gesellschaft uns einprogrammiert hat.
Jeder Mensch wird nach einem anderen Plan vorgehen, wenn er sich neuen Realitäten stellt, aber wenn Sie nach den folgenden Richtlinien vorgehen, können sie größere Erfolgschancen haben: Trennen Sie Ihre wirklichen Gefühle und Bedürfnisse von dem, was die Gesellschaft Ihrer Meinung nach von Ihrem Rollenspiel als Mann oder Frau erwartet. Wagen Sie ruhig etwas und gestehen Sie sich zu, Fehler zu machen. In einem Leben ohne Irrtümer gibt es keine Möglichkeit zu persönlichem Wachstum. Setzen Sie sich realistische Ziele und warten Sie nicht, bis alles vorbei ist, ehe Sie sich Fortschritte eingestehen. Zu wissen, wieviel Sie schon erreicht haben, wird Ihnen den Antrieb geben, Ihre Aufgabe zu Ende zu bringen. Sehen Sie die Gegenwart als eine Folge von Wahrmöglichkeiten und nicht von Unausweichlichkeiten an. Wenn Sie aufgrund der Umstände in Ihrem privaten Leben gelegentlich in eine

unangenehme Lage kommen, dann lernen Sie daraus, was Sie können und fangen Sie an, Pläne zu machen, um vorwärts zu kommen, statt in ständigem Unglück und Verzweiflung zu resignieren. Unterschätzen Sie nicht die Wirkung, die selbst der kleinste Akt der Selbstbehauptung auf die Hebung Ihres Selbstbewußtseins als unabhängige Persönlichkeit haben kann. Suchen Sie Hilfe, wenn Sie sie brauchen – bei der Familie, bei Freunden oder bei professionellen Beratern. Das Leben ist keine Prüfung und Sie mogeln nicht, wenn Sie andere um Unterstützung bitten.
Diese Richtlinien, die aus meiner Erfahrung und der von vielen Männern und Frauen abgeleitet werden, die ich beraten habe, können den Bogen des Lebens Geschiedener weit über das hinaus spannen, was sie vielleicht angestrebt haben.

Das alte Spiel mit neuen Akteuren

Was ist die Trennlinie zwischen Anpassen und Reifen, zwischen dem »über die Vergangenheit hinwegkommen« und dem »aus ihr lernen«, zwischen dem Erkennen selbstzerstörerischer Gewohnheiten und dem Ersetzen derselben durch angepaßtes Verhalten? Das sind Fragen, für die jeder vor dem Hintergrund seiner Vergangenheit, der gegenwärtigen Umstände und der zukünftigen Erwartungen seine eigene Antwort finden muß. Da eine kreative Scheidung ein Prozeß ist, der sich über einen Zeitraum hinweg erstreckt, werden sich die Antworten aus dem Leben heraus ergeben, das Sie führen: Ihr Handeln wird die Qualität Ihrer Scheidungserfahrungen bestimmen. Eine kreative Scheidung ist im wesentlichen der Anfang zu einer Reise der Selbstentdeckung und -entwicklung, die durch die Trennungskrise in Gang gesetzt wurde und möglicherweise Ihr ganzes Leben andauern wird. Selbst in den frühen Phasen der Trennung findet man schon Ansatzpunkte zu einer kreativen Scheidung, wenn Sie nämlich die »Keimlinge unter dem Schnee« erkennen und schätzen, diese ersten Anzeichen der neuentdeckten Persönlichkeit, die in Ihrer Ehe verschüttet war. Das Herzstück der kreativen Scheidung liegt im Prozeß des Trauerns und wie Sie diesen Vorgang einsetzen, um Gefühle zu identifizieren, zu verstehen und sich »zu eigen« zu machen, die während dieses Prozesses bis zur Oberfläche durchgebrochen sind. Wenn Sie während des Prozesses des Trauerns mit Ihren Gefühlen in Berührung kommen und aus Ihnen eine sichere Identität als Einzelperson aufbauen können, dann schaffen Sie die Grundlage dafür, alle Aspekte Ihres Lebens einer neuen Bewertung zu unterziehen: Ihre moralischen und ethischen Maßstäbe, Ihre beruflichen Ziele, Ihre Beziehungen zu Ihren Kindern und Freunden und Ihren Lebensstil. Die Veränderungen in Ihrem Leben hängen dabei stark von Ihrer Bereitschaft ab, das Risiko einzugehen, lebendig zu sein – kreativ in der Gegenwart zu leben. Je mehr kleine Wagnisse Sie auf sich nehmen, je deutlicher erleben Sie, daß diese Risiken sich lohnen, und umsomehr bewegen Sie sich auf die Gegenwart zu.

Das beste Anzeichen dafür, daß Sie diese Verpflichtungen eingegangen sind, ist Ihre Bereitschaft, neue Beziehungen zum anderen Geschlecht anzuknüpfen – Ihre Fähigkeit, solche Beziehungen aufrechtzuerhalten, ohne Ihre Persönlichkeit zu opfern, ist eines der sichtbaren Zeichen dafür, daß Sie Ihre Scheidung kreativ gestaltet haben. Jeder Mensch hat in seinem tiefsten Innern das Bedürfnis nach einer Beziehung zu einem anderen, mit dem er durch Liebe, erotische und sexuelle Freuden, Freundschaft, Anteilnahme, Wärme verbunden ist; nach einer Gemeinsamkeit, die unseren Lebensmut erneuert und unsere Schwierigkeiten meistern hilft.

Die Tatsachen, daß wir diese Freuden bis zu einem gewissen Grad in unseren früheren Ehen schon kennengelernt haben, ist ein wesentlicher Ansporn dazu, sie in neuer Form, in neuen Beziehungen zu erreichen. In den Gefühlen geschiedener Menschen aber bestehen die Erinnerungen an frühere Intimitäten neben den Erinnerungen an das Leid, das dieser Intimität folgte: Verlassenheit, die gefühlsmäßig dem Tode gleicht, verstärkt durch das Echo elterlicher Zurückweisung, das aus der Kindheit hochsteigt. Bis wir uns von der Überzeugung freimachen können, daß Intimität immer Zurückweisung, Verlust und Verlassenwerden nach sich zieht, werden unsere Beziehungen zum anderen Geschlecht entweder kurzlebig sein oder die Persönlichkeit eines der beiden Partner beeinträchtigen.

Die Grundmuster der Vergangenheit können selbst für den scharfsinnigsten Menschen die Gegenwart verdüstern, und das besonders dann, wenn das Vergangene in neuer Form auftritt. Georg ist ein Beispiel dafür. Er kam zu uns ins Institut, als seine zweite Ehe nach wenigen Jahren zerbrochen war und er überhaupt nicht begreifen konnte, warum. »Meine erste Ehe hat sieben Jahre gedauert. Meine erste Frau arbeitete hart, war schweigsam und nicht sehr überschwenglich und gefühlsvoll. Sie hat es immer geschafft, die Dinge so zu drehen, daß ich mich schuldig fühlte. Nichts, was ich je getan habe, war ihr gut genug. Obwohl sie nie soweit ging, das zu sagen. Immer wenn ich irgend etwas allein unternahm, vermittelte sie mir das Gefühl, daß ich rücksichtslos sei. Nach der Scheidung dachte ich, das könne mir nie im Leben mehr passieren, daß mich eine Frau so herumschikanieren würde. Wie sehr habe ich mich getäuscht. Hannelore war in keinem Punkt besser, das konnte ich schon herausfinden, nachdem ich wenige Wochen mit ihr verheiratet war.« Georgs Problem lag darin, daß er sich auf die äußerlichen Unterschiede zwischen seiner ersten und zweiten Frau konzentrierte und dabei ignorierte, was in ihm selbst lag. Und auf das hatten beide Frauen, jede auf ihre Weise, reagiert: Er setzte Liebe mit tyrannisieren und kontrollieren gleich. Er verknüpfte Liebe mit Kontrolle, weil das offensichtlich die Kombination war, mit der seine Mutter ihn großgezogen hatte. Und diese Kombination hatte er unbewußt gesucht und wahrscheinlich hätten seine dritte und vierte Frau ihn ebenso behandelt wie die erste, hätten wir in vielen therapeutischen Sitzungen nicht dieses sein Grundmuster herausgearbeitet.

Und genau das ist ein weiterer Punkt im Prozeß unserer Reifung, zu erkennen, daß auch wir unsere Grundmuster verändern müssen, wollen wir mit Partnern zusammenleben, die uns das Leben ermöglichen, das wir uns so sehr wünschen. Solange wir nicht reifen, solange wir uns nicht weiterentwickeln, solange wir auf der Stelle stehen bleiben, wird uns in der Partnerschaft immer wieder ein ähnliches Ungemach passieren. Weil der andere immer unser Spiegelbild ist.

Ich möchte Ihnen die Geschichte von Gil und Thomas erzählen, die es geschafft hatten, dieses Spiegelbild im anderen zu erkennen

und die daran gearbeitet hatten, die alten »Lochkarten« loszuwerden: Gil und Thomas hatten mindestens zwanzig Scheidungen hinter sich, wie sie mir erzählten. Aber sie waren nie vor einem Scheidungsrichter gestanden. Immer wieder hatten sie sich wieder zusammengerauft, immer sich wieder gestritten und vertragen, zwischendurch hatten sie eine tiefe Kluft zwischen sich gespürt und sie hatten den Weg wieder zueinander gefunden.
Zwei trügerische Mythen sorgen immer wieder dafür, daß es zur Kathastrophe kommt. Der eine ist der des richtigen Partners; der andere ist der Glaube, daß es jene richtige Verhaltensweise gebe, die Friede, Freude und Glück gewährleistet. So glauben die Leute oder lassen sich von anderen einreden, daß alle Probleme ihres Lebens gelöst wären, wenn sie nur den richtigen Partner fänden. Haben sie dann die richtige Person gefunden, und auch einen befriedigenden Weg, miteinander umzugehen, der diesem Stadium gemäß ist, versuchen beide Partner, jegliche Veränderung zu unterbinden. Das läuft etwa auf dasselbe hinaus, wie Ebbe und Flut zum Stillstand bringen zu wollen. Veränderung kommt auf jeden Fall zustande, nur geschieht sie so im Untergrund, versteckt, und wenn sie dann ans Tageslicht kommt, wird sie als katastrophal erlebt. Statt sie zu begrüßen, wird sie von den Partnern als vernichtend empfunden. Es ist leicht möglich, daß beide dann versuchen, jemand anderen zu finden, der sich nicht verändert, damit sie nie mit der Notwendigkeit konfrontiert werden, sich selbst ändern zu müssen. Die gute Ehe, so wie sie ich mir vorstelle und die mir sinnvoll erscheint, ist eine Beziehung, die gerade darin besteht, daß sie – im Dialog – Veränderungen bewirkt und auf diese Weise sowohl Wachstum wie Identität und ein Gefühl des Verwurzeltseins entstehen können. Nach dieser Vorstellung stellt Veränderung nicht eine Gefahr für die gute Ehe darf sondern sie ist vielmehr die Frucht davon. Ehe bedeutet Wachstum, Leben. Sie ist ein Ort, den man als sein Heim bezeichnen kann. Aber wie jedes Heim muß man auch dieses in seiner derzeitigen Ausstattung einmal verlassen, um es in etwas veränderter Form wiederzufinden, es erneut verlassen und wieder dazu zurückfinden, so wie Odysseus Ithaka verließ und schließlich wieder nach Hause fand.
Ich zweifle nicht daran, daß es keinen Weg durchs Leben gibt, der

gänzlich frei ist von Schmerz, Leiden oder von Einsamkeit und Furcht. Wohl können wir einander helfen, die Schattenseiten des Lebens zu verringern; sie völlig zu umgehen ist aber niemandem möglich. Alles tun, um keinen Schmerz erleiden zu müssen, heißt sich das Vergnügen und die Schmerzlosigkeit zum Idol, sich die ständige Gesellschaft zum Abgott zu machen. Alles tun, um Besorgnis und Niedergeschlagenheit zu vermeiden, heißt sich Sicherheit und Hochstimmung zum Abgott zu machen. Einen ganz bestimmten Menschen zur Verfügung haben zu müssen, um einen Orgasmus erleben zu können, heißt sich diesem Menschen oder das sexuelle Erlebnis zum Abgott zu machen. Alles opfern, für das berauschende Gefühl des Verliebtseins heißt, sich das Berauschtsein zum Abgott zu machen.

Eine Ehe, die als lebenslanger Dialog geführt wird, ist demgegenüber für mich ein vitales Modell, eines, das stets neues Leben und Wachstum hervorbringt, je weiter das Gespräch sich entfaltet. Dialog ist für mich das, was auch Martin Buber als die dem Menschen gemäße Art, miteinander zu leben und sich um ein solches gemeinsames Leben zu bemühen, bezeichnete. Im Gegensatz zu Täuschung, Machtspielen und Manipulation. Das Familienleben ist der geeignete Ort, um diesen Dialog zu erlernen und zu üben. Durch den Dialog ist es ein Ort, wo man zu Kompetenz, Selbstgenügsamkeit und Selbstachtung finden und dadurch wachsen und reifen kann.

Tom drückte es bei seiner Lebensbeichte so aus: »Bei unserer ersten Trennung konnte ich, um es so auszudrücken, eine bescheidene Sammlung weiblicher Skalps zu meinen Gunsten verbuchen, während meine Frau zum Ausgleich, nachdem der Schock der Enthüllung abgeflaut war, die zweifelhaften Freuden halb schuldbewußter Untreue entdeckte. Durch einen glücklichen Zufall jedoch, ein Monat bevor die Scheidung ausgesprochen war, entschlossen wir uns – etwas weiser geworden und gegenseitig etwas ehrlicher in bezug auf die Art Mensch, die wir waren –, unsere inzwischen ziemlich ramponierte Beziehung wieder aufzunehmen. Daß dies ein sehr schmerzhaftes Unterfangen war, darf man mir glauben. Die gegenseitige Offenheit, in der wir so keine Übung besaßen, war für uns beide die reine Hölle. Es war schmerzvoll für mich, die Erfahrung zu machen, daß meine Frau eine eigene Ansicht, eine Perspektive und Gefühle hatte, die sich von meinen unterschieden. Sie war nicht das Mädchen, das ich geheiratet hatte; in Tat und Wahrheit war sie es nie gewesen. Ich hatte damals ein Traumbild geheiratet, so wie sie auch.«

Gil unterbrach Thomas an dieser Stelle und sagte: »Auch ich hatte mit einigem fertigzuwerden. So mußte ich merken, daß Thomas mit dem Heiligen, als der er mir damals erschienen war, nichts gemein hatte. Ich mußte die Erfahrung machen, daß mein Mann ein kaum bezähmbarer Einzelgänger war, was er auch heute noch bis zu einem gewissen Grad ist.«

Wie können zwei exzentrische und vitale Menschen miteinander leben? Mit Humor, oder gar nicht? Gil und Thomas freuten sich jedenfalls, daß sie einen Weg gefunden hatten, miteinander umzugehen. Sie hatten die Flinte nicht ins Korn geworfen, sie kämpften um ihre Ehe. Und sie haben es geschafft. Scheidungskrisen folgten noch eine ganze Reihe, aber jeder Krach, jede Krise brachte sie ein Stückchen weiter.

Zu einem Leben im Dialog braucht es Mut und die Verpflichtung zur Ehrlichkeit. Wenn jemand meint, er könne mit einem Partner nicht mehr länger zusammenleben, heißt das nicht, daß nun unbedingt eine Trennung oder Scheidung herbeigeführt werden müsse. Es verhält sich damit ähnlich wie mit dem Selbstmord. Der Mensch, der einen Selbstmordversuch unternimmt, drückt sich übermäßig wörtlich aus. Mit seiner Tat will er sagen, daß er nicht mehr länger so leben will wie er es bisher getan hat, und auch, daß er sich keine andere Lebensform vorstellen kann. Das heißt jedoch nicht unbedingt, daß er überhaupt nicht mehr leben will, sondern nur nicht mehr auf diese Weise. Seine Tat ist Ausdruck mangelnder Phantasie und mangelnder Nervenkraft.

Ähnlich verhält es sich mit der Scheidung. Allzuoft ist sie bloß Zeichen dafür, daß der eine oder andere Partner es ablehnt, weiterhin auf diese Weise verheiratet zu bleiben. Der Geschiedene mag dann jemand anderen finden, mit dem zusammen er dann einer anderen Seite seines Lebens Ausdruck verleihen kann. Das sieht nach Änderung und Wachstum aus. Ich frage mich in solchen Fällen jeweils, ob nicht auch in der Beziehung mit dem früheren Partner bisher verborgene Aspekte des Selbst hätten zum Zug kommen können. Denn auch mit dem neuen Partner wird der Weg in eine Sackgasse führen, und es wird sich die Notwendigkeit ergeben, sich mit dieser auseinanderzusetzen. Wenn in einer zweiten und dritten Ehe Wachstum möglich ist, und dies ist es durchaus – kann man sich fragen, warum es nicht schon in der ersten möglich war. Ich weiß von vielen Ehen, in denen der eine Partner sich weigerte, zu akzeptieren, daß der andere sich verändert hatte und diese Änderung zu respektieren. Derjenige, der keinen Wandel durchgemacht hatte, befahl dem anderen unter Androhung der Scheidung, wieder zu seinem früheren Verhalten zurückzufinden.

Das Versagen der Ehe bedeutet ein Versagen unserer Kultur, Modelle und vernünftige Erwartungen hinsichtlich der Beziehung von Menschen untereinander hervorzubringen.

Weil wir uns und besonders unser Kinder so sehr über unsere Beziehungen belügen und weil in Filmen, Karikaturheftchen, Büchern und im Fernsehen kaum je die volle Breite und Tiefe echter Erfahrung dargestellt werden, weiß niemand, was von einer Ehe erwartet werden kann oder was gesund, wachstumsfördernd oder zumindest potentiell lebensspendend ist.

Ich glaube, daß Erfindungsgeist und ein tiefes Vertrauen in die Zähigkeit jedes Menschen, jede Krise überwinden und seine eigene Stärke finden können, hilfreich ist. Ich bin immer wieder erstaunt darüber, wie Ehepartner einander überzeugen, daß sie keinen Augenblick länger leben können, falls der eine sich irgendwie veränderte oder sie sich fünf Minuten lang nichts zu sagen hätten. Wenn man sich das etwas näher überlegt, ist das doch wirklich ein erstaunliches Ding: Zwei soweit ganz normale Menschen leben miteinander, und wenn dann der eine sich um ein Jota verändert, muß der andere sich entweder umbringen, Selbstmord begehen oder sich scheiden lassen. Ich erinnere mich an eine junge Frau, die eines meiner Seminare besuchte und feststellte, als sie heimkam, daß der Ehemann seine Koffer gepackt hatte. Während sie bei uns war, hatte er unsere Prospekte gelesen, und da stand etwas von Bewußtseinsveränderung und Persönlichkeitsentwicklung drin. Das hatte ihm genügt, die Flucht zu ergreifen. Da war kein Vertrauen zur eigenen Frau, da war keine Spur von Selbstvertrauen, er hatte einfach Angst. Zum Glück konnte ich ihn zu einem Gespräch überreden und ihm klarmachen, was mit seiner Frau wirklich passiert war. Einen Monat später saß er in unserem Seminar und er ist heute froh darüber, daß ich ihm erklärt hatte, wie wichtig Veränderung für beide Partner ist.

Wenn Ehepaare sich für einen Monat, eine Woche, oder einen Tag trennen, um die eigene Mitte wiederzufinden, muß der jeweilige Partner, der diese vorübergehende Trennung nicht gewollt hatte, sehr oft alles dransetzen, um jenen, der versucht, sich neu auszurichten, zu bestrafen. Und daran scheitert dann eine Ehe wirklich.

6. KAPITEL

Erziehung ist keine Strafjustiz

Die Verachtung ist die Waffe der Schwachen und der Schutz gegen bestimmte eigene unerwünschte Gefühle. Und am Ursprung jeder Verachtung, jeder Diskriminierung ist die mehr oder weniger bewußte, unkontrollierte, verborgene und von der Gesellschaft (außer bei Totschlag oder bei schweren körperlichen Mißhandlungen) tolerierte Machtausübung des Erwachsenen über das Kind. Was Erwachsene mit der Seele eines Kindes machen, bleibt ihnen ganz überlassen. Die Seele des Kindes ist sein Eigentum, wie die Bürger eines totalitären Staates das Eigentum der Regierung sind. Solange wir uns nicht für die Leiden des kleinen Kindes sensibilisieren, bleibt diese Machtausübung für viele ein »ganz normales Verhalten«, von niemandem beachtet, von niemandem ernstgenommen und durchwegs bagatellisiert, denn es sind »ja nur Kinder«.
Aber aus diesen Kindern werden in zwanzig Jahren Erwachsene, die ihren eigenen Kindern all das zurückzahlen müssen. Sie werden den größten Einsatz leisten müssen, um »Grausamkeit in der Welt« zu bekämpfen und in sich ein Wissen von der Grausamkeit tragen, zu dem sie keinen Zugang mehr haben, das hinter Idealisierungen einer »schönen Kindheit« verborgen bleiben muß. Es ist zu hoffen, daß die Hartnäckigkeit dieser »Vererbung« der Diskriminierung von einer Generation auf die nächste durch emotionale Bewußtmachung vielleicht etwas vermindert werden kann – vor allem in ihren feineren subtileren Arten.
Ein Mensch, der ohrfeigt oder schlägt oder bewußt beleidigt, weiß, daß er dem anderen wehtut. Er ist nicht ahnungslos. Aber wie oft waren unsere Eltern und wir selber unseren Kindern gegenüber ahnungslos darüber, wie schmerzlich, wie tief und wie nachhaltig wir ihr keimendes Selbst verletzt haben. Erziehung ist keine Strafjustiz!
Viele Leute glauben wirklich, körperliche Strafe sei tatsächlich

notwendig, um dem Kind »Zucht und Ordnung« beizubringen. Sie wollen, daß das Kind ihnen ohne Zögern gehorcht und tut, was sie für richtig halten – und daß es sie respektiert. Aber Schläge als Methode, Zucht und Ordnung zu lehren, ist völlig zum Scheitern verurteilt. Mit einer Erfolgsquote von nahezu hundert Prozent lehrt sie Respektlosigkeit, Haß und Furcht.

Erziehung durch körperliche Züchtigung lehrt einen Respekt vor der Macht und erzeugt das Bedürfnis nach Macht, um Vergeltung üben zu können. Aber Eltern wollen liebevolle Achtung – und wenn sie haßerfüllten Respekt ernten, sind sie verletzt und strafen noch mehr. Wir zahlen einen hohen Preis für die elterliche Straffreudigkeit. Gefängnisse und soziale Einrichtungen zeigen, wo unser System von »Zuckerbrot und Peitsche« hinführt. Kahlil Gibran spricht in »Der Prophet« eindrücklich von Kindern, die als Besitztümer behandelt werden: »Deine Kinder sind nicht deine Kinder. Sie sind die Söhne und Töchter der Sehnsucht des Lebens nach sich selbst. Sie kommen durch dich, aber nicht von dir, und obwohl sie bei dir sind, gehören sie nicht dir.«

Es gibt viele Arten, wie man Kinder erzieht, und wie man es besser nicht tut. Es ist nicht Thema dieses Buches, darauf näher einzugehen, dafür gibt es spezielle Literatur. Was ich mit diesem Kapitel bezwecken möchte, ist die innere Einstellung, Kinder als wertvolle Menschen zu betrachten, denen wir ein wertvolles Kapital mit auf den Lebensweg geben möchten: unsere Liebe. Es liegt in unserer Hand, ob unsere Kinder zu gestörten Erwachsenen werden oder ob sie ein erfülltes, glückliches Leben führen dürfen.

Dazu gehört, daß wir unsere Kinder so erziehen, wie wir selber gerne erzogen worden wären. Was wünschen Sie sich für Ihre Kinder? Sähen Sie sich gern voller Selbstachtung und Selbstvertrauen, frei von seelischen Störungen, erfüllt und glücklich? Ja, natürlich wäre Ihnen das lieb. Aber was könnten Sie dafür tun?

Ganz einfach: selbst so sein. Kinder lernen aus dem Verhalten ihrer Vorbilder. Sie führen Ihre Kinder hinters Licht, wenn Sie selbst voller Schuldgefühle stecken und in Ihrem Leben unerfüllt sind, ihnen jedoch einbleuen, ganz anders zu werden. Wenn Sie ihnen Ihre niedrige Selbsteinschätzung vorleben, unterweisen Sie Ihre Kinder darin, die gleiche Haltung einzunehmen. Und was noch schwerer wiegt: Ihren Kindern ist keineswegs gedient, wenn Sie sie wichtiger nehmen als sich selbst; sie lernen dadurch bloß, anderen immer den Vortritt zu lassen, unerfüllt zu bleiben und sich mit dem zweiten Platz zu begnügen. Was für eine Ironie! Sie können Ihren Kindern Selbstvertrauen nicht einfach in die Hand drücken; die Kinder müssen es selbst aufbauen, indem sie sich nach Ihrem Beispiel richten. Nur wenn Sie sich selbst als den wichtigsten Menschen behandeln und sich nicht fortwährend für Ihre Kinder aufopfern, können Sie sie lehren, auf sich selbst zu vertrauen und an sich selbst zu glauben. Wenn Sie sich aufopfern, leben Sie Aufopferung vor. Wenn Sie strafen, leben Sie Macht vor.

Carl Rogers hat einmal gesagt: »Ein Individuum, das versucht, sein Leben auf personenbezogene Weise zu leben, betreibt damit eine Politik der Familienbeziehungen und der Ehe- und Partnerbeziehungen, die sich radikal vom traditionellen Modell unterscheidet. Das Kind wird als unverwechselbares, achtenswertes Individuum betrachtet, welches das Recht hat, sein Erleben auf seine persönliche Weise zu bewerten und dem umfassende, autonome Entscheidungsbefugnisse eingeräumt werden. Jeder Elternteil respektiert gleichermaßen sich selbst und verfügt über Rechte, die durch das Kind nicht außer Kraft gesetzt werden können. In den ehelichen und sonstigen Partnerbeziehungen werden die Probleme so offen behandelt, wie dies den Beteiligten möglich ist. Darüberhinaus genießt jeder Partner die Freiheit, seinem Leben eine Richtung zu geben, Entscheidungen zu treffen und sich beruflich oder für andere Unternehmungen nach seinem Ermessen zu engagieren.

In diesen Beziehungen bleibt die jeweilige Entscheidung, ebenso die Verantwortung für diese Entscheidung dem Individuum vorbehalten. Die Beziehung ist gekennzeichnet durch einen wechselnden Ausdruck von Gefühlen und Einstellungen, die der andere akzeptierend anzuhören und aufzunehmen bemüht ist, wobei auch er ein Recht auf seine eigenen Gefühle und Einstellungen hat, die ebenso akzeptierend gehört werden sollen. Es ist eine überaus schwer zu realisierende Art von Beziehung, die sicher den Aufwand lohnen würde.«

Was ist für Kinder real? Was sind ihre realen Bedürfnisse? Schauen

Sie sich Ihre Kinder an, und Sie werden die Antwort haben. Sie sind nicht bis an den Rand mit Ehrgeiz gefüllt, erklimmen keine Leitern sozialen Aufstiegs. Alles, was sie wollen, ist spielen, Spaß haben, sich entspannen, geliebt werden. Das ist es, was sie wollen. Und doch stellen wir uns und unseren Kindern so viele Hindernisse in den Weg. Wir machen sie zum Leistungs- und Wettbewerbsmenschen. Wir machen es ihnen zur Pflicht, uns zu küssen, weisen sie aber oft zurück, wenn sie es aus ihrem eigenen, spontanen Gefühl heraus wollen. Ihre natürlichen Impulse sind die »realen«. Wenn man ihnen diese natürlichen Impulse wegnimmt, bleiben die unnatürlichen. Selten können Eltern ihre Kinder so lassen, wie sie sind. Wenn ein Kind herumliegt, werden die Eltern unruhig und wollen wissen, warum das Kind herumliegt. Sie müssen irgend etwas tun. Das Kind hat Teil ihrer Projekte und Pläne für die Zukunft zu sein, statt zu tun, was es wirklich will. Manchmal betrachten sie ein Kind als »böses« Kind, weil es nicht tun will, was die Eltern wollen, sondern ein eigenes Leben führen will. Das Schlimme ist, daß wir Kinder nicht dazu erziehen, glücklich zu sein, geliebt zu werden oder eine glückliche Zeit zu verleben.
Wir erziehen Kinder dazu, daß sie etwas leisten und mal etwas werden. Darin liegt das Problem, Kinder zu erziehen, daß sie arbeiten müssen, um geliebt zu werden – und doch scheinen sie diese Liebe nie zu bekommen. Nach einiger Zeit wissen sie sogar nicht mehr, daß die Funktion des Lebens in der Entspannung, in Spaß und Freude an Erfahrungen besteht.
Wir scheinen um Kinder eine unnatürliche Welt gebaut zu haben, so daß alles, was ihnen natürlich vorkommt, verboten wird. Von Geburt an sind sie von einer unnatürlichen Welt umgeben. Gleich bei der Geburt werden Sie unter Drogen gesetzt und rauh behandelt. Dann kommen sie in Laufställchen und andere Arten von Käfigen. Ihre Gefühle werden stillgelegt, und sie werden gezwungen, in sehr frühem Alter, wenn es noch an Konzentrationsvermögen mangelt und die Aufmerksamkeitsdauer noch gering ist, unnatürlich lange in Schulen zu sitzen. Eltern müssen ihre Kinder viele Stunden lang allein lassen, um zur Arbeit zu gehen. Wir ziehen sie in einer verschmutzten Umwelt groß.
Das Modell der realen Umgebung für Kinder ist immer noch der

Bauernhof, in der das Kind während des Tages bei den Eltern ist, entweder auf dem Feld oder Zuhause, so daß es in seinen ersten Lebensjahren statt Eltern, die herumhasten und versuchen, ein Auskommen zu erzielen, eine wirkliche Familie hat.

Und wer steht den Kindern bei?

Viele Kollegen von mir beschäftigen sich mit der Frage, wem wir die Schuld zuschreiben und wen wir für das Leiden des Kindes verantwortlich machen können. Wichtig ist, zu erkennen, daß wir weder die Kinder noch die Eltern beschuldigen. Einige sind allerdings der Meinung, man könne die Eltern nicht von der Verantwortung freisprechen, irgendjemand müsse doch für das Elend verantwortlich sein. Auf der anderen Seite machen es nach Ansicht meiner Kollegen manche Kinder den Eltern schwer, sie zu lieben, mit ihnen nett zu sein, sie zu verstehen. Deshalb können doch nicht die Eltern an allem schuld sein, man müsse da gerecht sein und die Schuld auf beide Seiten verteilen. Alle Gedankengänge, die sich in diesem Kreis drehen, zeigen Spuren einer Pädagogik, die aus der Zeit um die Jahrhundertwende stammt. Daß die Pädagogen um diese Zeit so dachten, muß uns nicht wundern, denn sie hatten noch keine Ahnung von den unbewußten Zwängen. In den Psychotherapien kann man es immer wieder erleben, wie die Patienten als Kinder unter den Eltern zu leiden hatten. Waren sie selbst schuld, weil sie ihren Destruktionstrieb noch nicht im Zaum hatten? Sind die Eltern verantwortlich, die sich so grausam verhielten; oder haben sie sich das alles bloß eingebildet?

Die Frage ist irreführend, denn sie verdeckt den Zugang zur Wirklichkeit des kleinen Kindes. Mit moralisierenden Bewertungen und Schuldzuschreibungen führen manche Psychotherapeuten fort, was früher die Eltern taten: Sie nehmen die Gefühle ihrer Patienten nicht ernst und sie lassen die Erkenntnis nicht zu, daß das Kind wahrscheinlich allen Grund zu Wut, Haß, Neid und anderen »bösen Gefühlen« hatte. Um das frühkindliche Leiden wirklich verstehen zu lernen, darf ein Therapeut nicht zum Richter werden; er muß unbedingt der Anwalt des Kindes im Patienten sein. Wir haben hier einen weiteren Aspekt des sogenannten positiven Denkens. Viele meinen, man müsse solche negativen Gefühle, wie Neid, Haß oder Wut nicht aufkommen lassen. Mit dieser Erkenntnis werden diese Gefühle weit weggeschoben, verdrängt und nicht akzeptiert. Aber gerade dieses sich bewußt machen, daß wir als Kinder solche Gefühle mit Recht hatten, und diese Gefühle nochmals zu durchleben, befreit uns von ihnen und läßt uns dann echte positive Gefühle erleben.

Es geschieht sehr selten, daß ein Mensch seinen Eltern Vorwürfe macht, er ist ja gerade darin fehlentwickelt, daß er das als Kind nicht machen durfte. Es ist nicht die Aufgabe einer Psychotherapie, dem gestörten Menschen zu einer Versöhnung mit den Eltern zu verhelfen. Wenn ein Psychotherapeut selbst erlebt hat, daß seine Wut seine Eltern nicht getötet hat, steht er nicht mehr unter dem Zwang, die Eltern des Patienten vor der (eigenen ungelebten) Wut zu schützen, indem er auf Versöhnung hinarbeitet. In der Regel ist ein Psychotherapeut die erste Person im Leben eines Patienten, der sich dieser anvertrauen kann, und es ist wichtig, daß diese Person das Vertrauen nicht mißbraucht – daß sie nicht erzieht, nicht beschuldigt, nicht befremdet ist, sondern bereit ist, mit dem Patienten über sein Leben Unbekanntes zu erfahren. Denn auch dieser wird hier zum erstenmal sein Leben kennenlernen.

Das Kind, das jede Minute in uns existiert, zu fühlen, heißt genau zu wissen, wie wir uns in unserer Kindheit gefühlt haben und was wir und Kinder brauchen. Unsere Bedürfnisse sind die gleichen wie die unserer Kinder. Wenn wir uns selbst gegenüber unsensibel sind, sind wir auch ihnen gegenüber unsensibel. Uns gegenüber sensibel sein heißt, mit ihnen im Einklang zu stehen. Es gibt keine Sensibilität, die nicht innen anfängt. Wenn man zum Beispiel empfindsam ist für das eigene Bedürfnis, in den Arm genommen zu werden, wird man auch spüren, wenn das Kind das Bedürfnis hat, in den Arm genommen zu werden.

Niemand wird einem depressiven Vater sagen, er solle doch glücklich mit seinen Kindern sein. Niemand kann einer gereizten, nervösen Mutter sagen, sie solle entspannen und ruhig mit den Kindern umgehen. Niemand kann einer unreifen Mutter, die kaum für sich selbst sorgen kann, sagen, sie soll erwachsen werden und als reife Erwachsene auf ihre Kinder eingehen. Niemand kann einem verdrängten, zurückgezogenen, passiven Vater sagen, er soll aus seinem Schneckenhaus kommen und offen sein zu seinem Kind. Es ist fast unmöglich, die Bedürfnisse unserer Kinder zu erfühlen und zu befriedigen, wenn sie uns als Kind selbst nicht erfüllt worden sind. Woher sollen wir auch ein Gefühl nehmen, das wir nie gefühlt haben? Der einzige Ausweg aus dieser Sackgasse ist: nachzuerleben, nachzufühlen, wie schmerzhaft es für uns war, Grundbedürfnisse nach Liebe, Zärtlichkeit, Geborgenheit und Nähe zu spüren, die unsere Eltern nicht erfüllen konnten, weil auch sie selbst diese Bedürfnisse nicht erfüllt bekommen haben.

Ich glaube, daß die technisch-wirtschaftliche Gesellschaft, in der wir leben, zu der technisch-wirtschaftlichen Art und Weise geführt hat, in der wir unsere Kinder erziehen.

Wie stehen Sie zu sich selbst – und wie beurteilen Sie Ihre Gefühle, Gedanken und Handlungen, wie schätzen Sie diese ein? Diese Frage ist ganz wesentlich für Ihr eigenes Leben. Was Sie tun und wovon Sie oft das Gefühl haben, es nicht tun zu können, bestimmt weitgehend die Art, wie Sie selber zu sich stehen.

Diese Gefühle, die man in bezug auf sich selbst hat, sind außerordentlichen Verzerrungen unterworfen, die in der Kindheit wurzeln und vielen unnötigen Schmerz verursachen. Der Mann, der sich dumm und schwach fühlt, und das Mädchen, das sich ungeschickt und häßlich fühlt, sind selten dumm und schwach, ungeschickt und häßlich, wie sie sich fühlen. In den meisten Fällen sind diese Gefühle Fortsetzungen von Kindheitsgefühlen, die durch weit zurückliegende elterliche Haltungen hervorgerufen wurden.

Das Kind entwickelt sein Selbstwertgefühl und das Gefühl, ein begabtes wichtiges und einmaliges Lebewesen zu sein, aus der Aufmerksamkeit, die ihm von seinen Eltern entgegengebracht wird. Es sieht oder fühlt sich in ihrer Liebe, Bestätigung und Beachtung seiner Bedürfnisse gespiegelt; es lernt in der frühen Kindheit auch, wie es Ihre Bestätigung suchen und gewinnen kann und was Ihr Mißfallen erregt.

Hungrig nach Liebe

Es gibt kaum eine stärkere Macht im Leben des Menschen als das Bedürfnis nach Liebe. Irgendwie ist das in der Natur des Menschen verankert. Schon der Säugling könnte nicht am Leben bleiben, wenn er nicht neben Nahrung und Körperpflege auch die mütterliche Zuwendung erfahren würde. Die Liebe ist für das Seelenleben wie das Sonnenlicht und die Wärme für das Gedeihen des Körpers. Kinder ohne Mutterliebe verkümmern seelisch, selbst wenn sie physisch gar keinen Mangel leiden.

Die moderne Psychiatrie kennt die Kinderkrankheit des sogenannten Hospitalismus. Darunter werden seelische und körperliche Verfallserscheinungen verstanden, die eintreten, wenn Kinder längere Zeit ohne Mutterliebe bleiben.

Aber das Kind braucht unabdingbar die Fürsorglichkeit und das überströmende Gefühl, das von einer liebevollen Mutter oder ersatzweise von einer liebevollen Betreuungsperson auf es ausstrahlt. Ohne diese Liebe bleibt es geistig und körperlich hinter seinem Entwicklungsalter zurück, wird leicht kränklich oder stirbt sogar.

Bekannt ist das Experiment, das der Hohenstaufe Friedrich II. um 1200 in Sizilien machte: Er wollte ermitteln, welches die Ursprache der Menschheit sei. Zu diesem Zweck ließ er zwölf Kinder aufziehen, zu denen jedoch niemand sprechen durfte – er wollte herausfinden, welche Sprache die Kinder von selbst entwickeln würden. Das Experiment mißlang kläglich: alle Kinder starben frühzeitig. Es hatte ihnen die menschliche Zusprache, welche auch eine Form der Liebe ist, gefehlt.

Dr. Klaus Bick, Leiter der Pfälzer Felsenland-Hypnoseklinik, führt seine Patienten in die frühe Kindheit durch Hypnose zurück, und es ist immer wieder erschütternd, zu beobachten, wie diese Menschen wiedererleben, wie sehr sie unter der mangelnden Liebe ihrer Eltern gelitten haben.

Während einer solchen Hypnosesitzung schrie eine junge Frau plötzlich auf: »Papa hilf mir, Papa hilf mir!« Gemeint war hier der Stiefvater, denn der richtige Vater dieser Frau, der nur der Liebhaber ihrer Mutter gewesen war, hatte ihrer Mutter den Rat erteilt,

das Neugeborene umzubringen. Sie sollte das Kind auf dem Balkon stehen lassen, damit es an einer Lungenentzündung sterben solle. Die Mutter hatte diesen Vorschlag ihres Liebhabers abgelehnt, so kam es nicht zu der schrecklichen Tat, aber das Kind hatte sich diese Szene instinktiv eingeprägt und sie hatte unbewußt ein Leben lang unter einer Todesdrohung gelitten.
Ähnlich wie das Kind bedarf auch der Erwachsene stets der Zuneigung der Umwelt. Auch er braucht Freundschaft und Liebe. Viel Unzufriedenheit und Unglück rührt daher, daß dieses Bedürfnis nicht oder nicht genügend befriedigt wird. Nur muß man sich immer wieder fragen, warum jemand nicht genügend Liebe empfängt. Weil er in der Kindheit zuwenig davon bekam, wurde er mißtrauisch und verschlossen der Liebe gegenüber. Er ist zu und kann keine Liebe, der er ja so mißtraut, geben. Es mangelt ihm regelrecht an Liebesfähigkeit. Wer selber lieben kann, wird stets jemanden finden, dem er seine Liebe geben mag. Und er wird auch – sicherlich unterschiedlich – Liebe empfangen. Aber selbst dort, wo er nur wenig Gegenliebe bekommt, ist ihm die eigene Liebesfähigkeit Trost und Freude. Ein liebender Mensch lebt in einer Welt, wo Liebe möglich ist.
Die Quellen der Liebesfähigkeit liegen in der Kindheit und Jugend. Wer als Kind im Elternhaus einen richtigen Umgang gehabt hat, hat die seelische Kraftquelle, sich im späteren Leben an andere anschließen zu können. Alle vereinsamten und isolierten Menschen haben in der Jugend nicht gelernt, sich mit den Mitmenschen zu verbinden. Sie verschließen sich in sich selbst und sind dabei todunglücklich. Einsamkeit, und damit auch Abwesenheit von Liebe, ist einer der unerträglichsten Umstände, die wir kennen. Der Einsame hofft dann meistens, da er auch liebeshungrig ist, daß er von außen von seiner Einmauerung erlöst werde. Aber die wahre Hilfe kann nur durch eine innere Umstellung kommen.
Wo immer der Mensch scheinbar keiner Liebe bedarf, handelt es sich um Täuschung oder oberflächliche Betrachtung. Im Grunde sehnt sich jeder Mensch nach Liebe. Wer sich dagegen wehrt, hat nur Angst, von ihr enttäuscht zu werden. Aus dieser Haltung ist fast jede Verschlossenheit, Isoliertheit und Gefühlskälte zu verstehen. Gerade solche innerlich abgekapselte Menschen hungern

nach Liebe wie ein Ausgehungerter nach etwas zu Essen. Wer den »goldenen Schlüssel« zu ihren Herzen besitzt, macht sie überglücklich. Wenn wir uns für diese bedauernswerten Menschen Zeit nehmen, ihnen zuhören, ihnen unser Herz öffnen, können wir durch unseren Liebesbeweis Freunde bis ans Lebensende gewinnen. Aber häufig lassen wir uns durch ihre manchmal etwas schroffe Art, hinter der nur die Angst steht, verletzt zu werden, abweisen und sind so sicherlich an manchem wertvollen Menschen vorübergegangen, ohne ihn erfaßt zu haben. Wir haben immer ein wenig Angst vor dem Anderssein dieser »Sonderlinge«. Aber machen wir uns auch einmal Gedanken darüber, wie es auf der Welt wohl aussähe, wenn alle Menschen gleich wären. Die Verschiedenheit hat ja bekanntlich auch ihren Sinn und Zweck.

Stellen Sie sich einmal vor, wie grauenhaft es auf der Welt wäre, wenn Ihnen von morgens bis abends nur Menschen begegnen würden wie Sie. Sie mögen der interessanteste Mensch sein, es wäre doch tötend langweilig.

Dr. Xylander, einer meiner Lehrer, sagte einmal: »Die Verschiedenheit eines anderen Menschen von mir selbst kann eigentlich gar nicht groß genug sein, als daß ich nicht gerade darum besonders viel von Menschen lernen könnte!«

Je verschiedener die Welt, in der der andere lebt, von meiner eigenen ist, um so interessanter ist es für mich auch, von ihr zu hören. Kleine Alltäglichkeiten, die wir in unserer gewohnten Umgebung noch nie beachtet haben, erhalten ein anderes Bild. Die Welt einmal mit den Augen anderer Menschen zu sehen, bedeutet, sie farbenprächtiger zu gestalten, aber auch, die Welt des anderen besser verstehen zu lernen.

Die Welt mit den Augen des Kindes betrachten

Wenn wir eigene Kinder haben, dann sind wir in der Regel zwanzig bis dreißig Jahre älter als sie, manchmal ist es etwas weniger, manchmal sind wir noch älter. Was zwischen ihnen und uns liegt, ist die Zeit. Wir haben soviel Jahre, wie wir älter sind an Lebenserfahrung mehr als sie. Und wir meinen, aus dieser Lebenserfahrung heraus unsere Kinder erziehen zu müssen.

Wir ziehen unsere Kinder zu uns »herauf«, anstatt zu ihnen »hinabzusteigen«. Wenn wir ein besserer Vater, eine bessere Mutter zu unseren Kindern sein möchten als es unsere Eltern waren, dann müssen wir uns bemühen, in ihre kindliche Welt hinabzusteigen, wir könnten lernen, die Welt durch die Augen der Kinder zu sehen.

Erst wenn wir die Erlebniswelt der Kinder mit »ihren Augen« sehen, können wir uns in ihre Welt hineinfühlen. Wenn wir uns nicht in die Welt der Kinder hineinfühlen könnten, gäbe es auch für uns nichts mehr zu verstehen, zu entdecken, zu erleben.

Begegnungen haben einen großen Wert in unserem Leben, Begegnung mit der Seele eines Kindes bedeutet für uns auch Begegnung mit unserer eigenen Kinderwelt. Altes, längst Vergessenes, Abgeschobenes wird wieder erlebt, und zwar aus einer ganz anderen Perspektive. In dem Augenblick, da wir lernen, unsere Kinder zu verstehen, begreifen wir auch das, was als »unser Kind« in uns schlummert.

Menschen unterscheiden sich. Jeder Mensch ist eine in sich abgeschlossene Persönlichkeit und darin ist er einmalig. Auch unsere Kinder sind schon einmalige Persönlichkeiten, und wer mehrere Kinder hat, der weiß, wie sehr sie sich im Aussehen, in der Größe und im Charakter und ihrer Lebendigkeit unterscheiden können. Kinder sind schon kleine Persönlichkeiten und sollten als solche respektiert werden. Wer alle seine Kinder gleich behandeln würde, handelte zwar nach dem Grundsatz der Gleichheit, aber er geht nicht auf die Persönlichkeit der einzelnen Kinder ein, er »schert seine Kinder über einen Kamm«, ohne das Besondere im einzelnen Kind zu entdecken. Wenn wir das bedenken und uns die Situation deutlich vor Augen führen, wird uns erst klar, wie absurd es wäre, die Verschiedenheiten zwischen den Menschen nur als etwas Negatives, Störendes zu betrachten. Daß wir verschieden voneinander sind, macht die Begegnung ja erst möglich und gibt ihr einen Sinn. Nur weil die Art eines Menschen anders ist als meine, weil er andere Dinge erlebt hat und anders zur Welt steht als ich selbst, kann ich durch ihn etwas Neues erfahren und ihm meinerseits etwas Neues mitteilen, haben wir beide einander etwas zu sagen. Jeder von uns erlangt durch seinen Partner ein objektiveres Bild von dem, was außer ihm und was in ihm ist.

Das gilt ebenso für die Begegnung mit unseren Kindern. Viele Eltern beschweren sich, daß sie Kinder haben, die so ganz »aus der Art geschlagen« sind. Väter werden hilflos, wenn Söhne die Welt mit anderen Augen sehen, wenn sie politisch einen anderen Standpunkt vertreten, wenn sie einen ganz anderen Beruf sich wünschen, als der Vater es gern gesehen hätte. Es heißt dann, die Kinder wären ganz aus der Art geschlagen: »Sie sind so ganz anders als wir!«, sagen sie. Wir wollen das Beste für unsere Kinder. Aber sie so sein zu lassen wie wir sind, das bedeutet doch auch, daß sie ganz andere Schwächen und Fehler mitbekommen. Wer einen gleichartigen Menschen haben wollte, wie er selbst ist, der sollte kein Kind zeugen oder gebären, der sollte sich ein Kind in der Retorte klonen lassen, dann hätte er das völlige Abbild von sich selbst, es würde sich durch überhaupt nichts mehr von ihm unterscheiden, es wäre wie er. So ein Kind wäre für uns langweilig, es käme kein Dialog zustande, denn es hätte ja auch die gleiche Meinung wie wir. Eine Verschiedenheit eines anderen Menschen von mir selbst kann eigentlich gar nicht groß genug sein, als daß ich nicht gerade deshalb von diesem Menschen besonders viel lernen könnte.

Zu mir kommt gegenwärtig ein junger Mann aus Kamerun in die Therapie. Wenn die Sitzung beendet ist, unterhalten wir uns gewöhnlich noch und ich habe schon vieles über seine Heimat, über die Art, wie seine Familie lebt, erfahren können. Das hat gerade da meinen Horizont erweitert, wo sich meine privaten und beruflichen Interessen verbinden. Wichtig war für mich zu erkennen, daß sich die Grundstrukur der menschlichen Seele unter anderen Bedingungen auch nicht anders entwickelt. Das Grundmuster ist überall gleich.

Wer aus einem fremden Volk, einer mir unbekannten Rasse, oder einer ganz anderen Kultur stammt, durch den erfahre ich erst, wie vielerlei »Selbstverständlichkeiten«, die ich bisher kritiklos hingenommen habe, auch ganz anders betrachtet werden können. Das gleiche gilt für den Umgang mit unseren Kindern. Wir fragen

unsere Kinder häufig gedankenlos: »Was machst du jetzt gerade?«
»Ich spiele«, wird das Kind antworten und wir begnügen uns damit, anstatt uns mit diesem Spiel gemeinsam mit dem Kind auseinanderzusetzen, seine Welt, seine Gedanken, seine inneren Phantasiebilder zu erfahren. Wenn wir uns die Zeit nehmen, uns mit der Welt des Kindes, mit seinen Freuden, Schmerzen und gelegentlichen Traurigkeiten wirklich auseinanderzusetzen, dann kann man von uns sagen, wir wären eine lebendige Familie.
Denken wir auch daran, daß so viele »gebrannte Kinder« durchs Leben laufen. Menschen, die irgendeine Situation einmal zu scheuen lernten und diese Scheu Zeit ihres Lebens nicht mehr loswurden. Je weiter eine negative Erfahrung zurückliegt und je stärker sie das Kind damals beeindruckt hat, um so weitere Gebiete des Erlebens sind von ihr ergriffen, und umso schwerer ist sie in späteren Jahren zu überwinden.
Wenn negative Erfahrungen über die Kindheit hinaus wirksam bleiben, wird es im Verlaufe der Jahre auch immer schwieriger, sie zu erkennen und ihren Inhalt zu bestimmen. Beim Kind ist der Zusammenhang zwischen Erlebnis und Reaktion noch verständlich. Je älter man aber wird, umso weniger verträgt sich so ein primitiver seelischer Mechanismus noch mit der im übrigen weiter gereiften Persönlichkeit.
Ich erinnere mich an einen Klienten, der in der ersten Therapiestunde sagte: »Also, hier jahrelang herkommen und immer nur nachgrübeln, ob ich als kleines Kind in die Windeln gemacht habe, das mache ich nicht.«
Nach unserem ersten Gespräch kam er dann trotzdem und wir fanden dann irgendwann heraus, daß er als Säugling in einem unbeaufsichtigten Moment vom Couchtisch im Wohnzimmer auf den Teppich gefallen war. Wir haben heute die Möglichkeit, mehr noch, wir haben auch die Verantwortung, wenn wir schon erkennen, daß so viele Leiden aus der Kindheit herrühren, unseren Kindern eine behütete, harmonische Kindheit und Jugend zu bieten. Was bei uns, in unserer Kindheit, passiert ist, können wir nicht ungeschehen machen. Aber wir können uns bemühen, unseren Kindern das zu geben, was wir nie oder nur unzureichend beka-

men: Liebe, Geborgenheit im Elternhaus und Harmonie. Keiner kann seine Kinder fehlerfrei erziehen, dafür ist der Umgang mit Kindern zu vielseitig. Aber wir können diese Fehler auf ein Mindestmaß reduzieren. Eine gesunde, fröhliche, lachende Familie ist immer noch die Zelle, aus der der spätere Erwachsene seine Kraft schöpft.

Viele Eltern können die Schrecklichkeiten, die sie jeden Tag an ihren Kindern begehen, nicht erkennen. Es ist eine Art Symbiose, in der das Kind in das Unbewußte der Eltern paßt und die Eltern das Kind vollkommen unbewußt behandeln; danach spielen beide Teile ihre Rollen.

Das Zerstörerische ist nie etwas, was die Eltern tun, entscheidend ist die Beziehung tagein, tagaus, Stunde um Stunde.

Auch wenn ein Elternteil später zerknirscht sein sollte und wiedergutmachen will, was er dem Kind angetan hat, gibt es nichts, was er wirklich tun könnte, ausgenommen von nun an ein liebevoller Vater oder eine liebevolle Mutter zu sein. Er wird die Schmerzen, die er einmal verursacht hat, nie auslöschen können.

Kinder werden nie dadurch verzogen, daß die Eltern ihren Bedürfnissen nachgeben. Sobald sie jedoch schon geschädigt sind, können Eltern ihre Kinder verziehen, wenn sie deren Wünschen nachgeben. Denn neurotische Wünsche zu befriedigen, ist eine Aufgabe ohne Ende. Ist ein Bedürfnis – ein wahres – aber einmal erfüllt, ist die Sache damit erledigt. Kinder, die befriedigt worden sind, stellen nicht ununterbrochen Forderungen.

Die ganze Sache mit der strengen Erziehung, um eine charakterfeste Persönlichkeit zu schaffen, ist ein Mythos, den wir ein für allemal begraben sollten. Es gibt nur eine Möglichkeit, wirklich aufzuwachsen, und das ist, seine Bedürfnisse befriedigt zu bekommen. Wenn man »streng« erzogen wird, und die Bedürfnisse nicht befriedigt werden, wird man nie erwachsen, ganz gleich, wie alt man wird.

Die Antwort ist in einfühlsamen Eltern zu finden. Was immer Ihre Kinder auch tun, es wird natürlich, anmutig und zur richtigen Zeit sein. Sie werden von Ihren Kindern nichts fordern, was diese nicht erfüllen können. Sie werden nicht von der Annahme fehlgeleitet, daß die härteste Schule die beste für das Kind ist. Sie werden ver-

stehen, daß Ihr Kind nicht in die Welt gesetzt wurde, um nur zu arbeiten oder für neurotische Bedürfnisse anderer dazusein.
Die beste Faustregel für Kindererziehung ist, zu tun, was sinnvoll ist. Man sollte Kindern erlauben, während der Mahlzeiten zu sprechen – nicht weil sie Kinder, sondern weil sie Menschen sind. In einem Restaurant sollten sie sich selbst die Speisen aussuchen dürfen. Sie sollten so lange spielen dürfen wie sie wollen und auch wo sie wollen – solange es sicher ist.
Man braucht viel Vertrauen, um einzusehen, daß Kinder – wenn man sie sich selbst überläßt und sie nicht zu etwas drängt, von sich aus wünschen, gut zu leben, und tun werden, was auch immer gut für sie ist, sogar später arbeiten oder studieren. Es mag sein, daß das nicht nach dem Zeitplan der Eltern geschieht, aber sie werden allein dahin kommen, und das ist der beste Weg. Es braucht ziemlich viel Geduld und Vertrauen, Kinder das tun zu lassen.
Gefühle sind das Wichtigste in der Erziehung. Wenn man Kinder dazu ermutigen könnte, Gefühle zu verstehen und zu begreifen, daß in ihnen seit frühester Zeit Mächte sind, hätten sie eine gewisse Kontrolle über ihre Symptome und ihr Verhalten, selbst wenn sie ein schlechtes Zuhause gehabt haben.
Es reduziert sich alles auf die Frage, wessen Gefühle die Oberhand haben sollten. Die Bedürfnisse der Kinder oder die Bedürfnisse der Eltern? In der Regel gewinnen die Eltern und die Schule. Das ist einer der Stempel, die wir mit uns herumtragen: Wir werden nicht für uns erzogen, sondern für eine Schule und Leistungsgesellschaft, damit wir später in dieser Welt funktionieren können. Da, wo wir uns eigentlich entwickeln wollten, gemäß unserer Anlagen, Fähigkeiten und Wünsche, da kommen nur wenige von uns hin. Die Gesellschaft braucht Ärzte, Ingenieure, Techniker, Bäkker, Büroangestellte, Soldaten. Wir haben diese Lücken zu füllen und werden in diese Richtung erzogen. Aber, und das dürfen wir auch nicht vergessen, einmal sind wir erwachsen, und es liegt an uns, uns zu erlauben, dorthin zu entwickeln, wohin wir gerne möchten.
Kinder brauchen nicht all die Dinge, von denen wir annehmen, daß sie sie brauchen: Disziplin, Unterricht und Strafen. Was sie brauchen ist, daß man ihnen zuhört, sich mit ihnen unterhält, mit

ihnen berät, sie in den Arm nimmt, sie liebhat und sie für das schätzt, was sie sind. Eltern können das nicht mechanisch durch Drill und Mahnungen erreichen. Das alles entspringt einer einfachen Sache: Aus einem guten Gefühl zu sich selbst und aus Liebe zum Kind. Ist die Liebe einmal da, wird alles andere von selbst kommen. Man braucht keine Erziehungsbücher mehr im Kopf zu haben – es gibt keine Regeln mehr zu befolgen. Die Gefühle besorgen das alles. Es ist nie so sehr eine Frage, was Sie tun, sondern wer Sie sind!

7. KAPITEL

Mit Charme und Selbstkritik

So ziemlich jeder Mensch hat sich schon einmal gewünscht, auf einer einsamen Insel zu sitzen und vom ganzen Getriebe der Welt nichts mehr zu hören und zu sehen. In jedem steckt ein verdrängter Robinson Crusoe – meint man und irrt. Die wenigsten würden es ganz allein lange aushalten und wer weiß was dafür geben, schnellstens wieder in menschliche Gesellschaft zu kommen.
Der Mensch ist ein Gemeinschaftswesen. Nur ganz junge Liebespaare glauben, Zweisamkeit genüge. Jeder braucht die Mitmenschen – am meisten jene, denen es schwerfällt, Anschluß zu gewinnen, Beziehungen anzubahnen.
Mit diesem Problem der Kontaktfähigkeit, von der in vielen Fällen Erfolg oder Mißerfolg im beruflichen wie im privaten Leben abhängt, befassen wir uns in diesem Kapitel.
Von der Wiege bis zur Bahre kommt der Mensch nicht von der Gemeinschaft los. Selbst der entschiedenste Einzelgänger, der verschlossenste Eigenbrötler hat zwangsläufig Berührungen mit der Umwelt. Das beginnt schon damit, daß wir uns unsere Eltern nicht aussuchen können.
Wenn wir uns als Gummizapfer im Amazonas-Urwald oder als Goldschürfer in Alaska betätigen, dann kommt es vielleicht nicht darauf an, welches Verhältnis wir zu den Mitmenschen haben. Dann schneiden wir eben Gummibäume an oder sieben Sand, und damit füllen wir die Zeit so ziemlich unabhängig aus. Und abends legen wir uns in einer Laubhütte oder in einem Blockhaus zur Ruhe und träumen von dem Tag, an dem wir in die Zivilisation zurückkehren, um »es denen zu zeigen«.
Nun, wir sind weder Gummizapfer noch Goldsucher, und das zwingt uns dazu, mit unserer Umwelt zu harmonieren. Wir brauchen, um uns im Leben wohlzufühlen, Kontakte. Mit anderen Worten, erst im Austausch mit anderen Menschen, in der Geborgenheit, die wir geben und bekommen, liegt ein Bereich unse-

res Menschseins. Wie schon an anderer Stelle gesagt: Es kommt darauf an, daß wir uns mit unseren Mitmenschen verstehen.
Dieses gegenseitige Verstehen und auch die Sehnsucht danach läßt viele unserer Zeitgenossen das Wesen der Kontaktfähigkeit völlig falsch verstehen. Wir können das beispielsweise bei den Bhagwan-Jüngern gut beobachten: Sie umarmen sich, sie lieben sich, sie mögen sich unabhängig davon, ob der, den sie gerade umarmen, stinkt, ungepflegt aussieht, ein Unsympath ist oder sonst irgenwie abstößt. Ihre ganze Seligkeit liegt darin, alle Menschen zu lieben (das wäre der höchste Stand der Selbstverwirklichung). Kritiklos nehmen sie jeden an und können sich dann auch den Wert davon ablesen, was sie den anderen bedeuten, wenn alle gleich und gleicher sind. Dabei ist es ganz normal, daß die Beziehungen zu unseren Mitmenschen unterschiedlicher Natur sind. Es ist nämlich verdammt schwer, alle Menschen gleich zu lieben. Schon deshalb, weil einige gar nicht geliebt werden wollen, zumindest haben sie Angst davor und haben dann beispielsweise eine Körperausdünstung, die den anderen »wegschickt«, Sie können ihn »nicht riechen«!
Jeder Mensch ist beeinflußbar. Und das Beispiel vom faulen Apfel, der den ganzen Korb gesunder Früchte ansteckt, ist sehr lebensnah. Mancher merkt gar nicht, wie er sich unter dem Einfluß einer »faulen Gesellschaft« verändert.
»Sage mir, mit wem du umgehst, und ich sage dir, wer du bist« – dieses Sprichwort gilt immer noch.
Es gibt eine ganze Reihe von Menschentypen, von denen ich mich gerne fernhalte. Nicht, daß ich etwas direkt gegen sie hätte. Aber, es gibt bestimmte Lebensgesetze, die sich bewahrheiten, und weder ich, und sicherlich auch Sie nicht, möchten beispielsweise in den Sog eines neidischen Menschen geraten. In Wirklichkeit sind neidische Menschen bedauernswerte Geschöpfe, sie haben ein inneres Kind, das früher einmal zu kurz gekommen ist. Im Elternhaus solcher Menschen waren Neid und Eifersucht an der Tagesordnung, jeder wurde gegen jeden ausgespielt. Solche Menschen haben es nie gelernt, sich in Freiheit als Gleicher unter Gleichen zu entfalten. Sie verdienen unser Mitleid. Aber, das sollten wir auch wissen: Sie sind nicht die »Psychotherapeuten« dieser Zeitgenos-

sen. Das wäre erfahrungsgemäß ein erfolgloses Unterfangen. Weil Sie diese Leute nicht verändern können. Veränderung muß beim einzelnen selbst beginnen, muß von innen heraus motiviert erfolgen und nur so kann sie Erfolg haben.

Neid stößt ab, bremst den Schwung und nimmt die Gelassenheit für dauerhaftes Wohlbefinden. Neidische Menschen beschäftigen sich dauernd mit dem Erfolg der anderen. Dadurch verrinnt die Zeit und die Schaffensfreude, die man für eigene Erfolge nützen könnte. »Ich bin nicht neidisch«, mag mancher denken. Die Anlage aber steckt in manchem Menschen und wer nicht aufpaßt, wird diese Eigenschaft selbstzerstörerisch genauso in sich erleben, wie etwa Eifersucht. Neid zerstört die Fähigkeit, sich auf seine eigenen Angelegenheiten zu konzentrieren. Deshalb streichen Sie die Neidischen aus der Liste Ihres Bekanntenkreises. Jedenfalls so lange, bis Sie spüren, daß dieses Verhalten abgelegt wurde.

Das gleiche gilt auch für die krankhafte Eifersucht. Ein Eifersüchtiger kann Ihnen das Leben vergiften, kann es zur Hölle machen. Und solange Sie auf die Forderungen eines eifersüchtigen Menschen eingehen, solange machen Sie sich ihm zum Sklaven. Krankhaft eifersüchtige Menschen gehören in psychotherapeutische Behandlung. Und ein Eifersüchtiger wird diese Behandlung solange meiden, solange Sie sein Spiel mitmachen. Solange Sie sich unterwerfen, solange Sie auf die Rolle des Eifersüchtigen eingehen, hat dieser keinen Grund, irgend etwas in seinem Leben ändern zu wollen.

Ich möchte nun noch auf einen anderen »Menschenschlag« zu sprechen kommen: der sogenannten Scheinpersönlichkeit.

»Sie Würstchen! Sie halbe Portion! Hopsen Sie mal auf meine Hand, Sie Gartenzwerg, damit ich Sie runterblasen kann!« – Solche Schwätzer kennen Sie bestimmt so gut wie ich. Sie geben an, wie ein »Sack Seife« – und sie machen auch soviel Schaum, wie man aus einem Sack Seife machen kann. Solche Angeber treffen wir auf Schritt und Tritt: Bei ihnen ist immer alles ganz groß. Überall wird mächtig übertrieben und aufgedreht. Sie wissen alles besser. Sie kritisieren alles – ohne die entsprechende Sachkenntnis zu besitzen. Ihr Denken ist oberflächlich, ohne jegliche Gründlichkeit. Sie dreschen »leeres Stroh«. Sie ergehen sich in hohlen Phrasen.

»Wer angibt, hat mehr vom Leben«, diese Devise ist wirklich nicht zu empfehlen. Menschen, die das für richtig halten, denen geht es nur um den Schein. Es sind Möchtegerne und Großtuer. Hinter ihrem Hochmut und Dünkel steckt im Grunde nur eine innere seelische Verarmung. Auch sie sind bedauernswerte Menschen. Auch ihnen schaden wir nur dadurch, indem wir auf ihre Rollen eingehen. Wir sollten sie links liegenlassen, damit sie bald spüren, daß sie so keine Freunde finden. In der Regel werden sie sich zunächst bemühen, noch mehr »auf die Pauke zu hauen«. Aber irgendwann begreifen sie, daß sie mit ihrer Rolle bei uns nicht ankommen, sie werden spüren, daß sie etwas in ihrem Leben ändern müssen, wollen sie nicht irgendwann ganz alleine dastehen.

Der Truthahn plustert sich gewaltig auf, wenn ihm ein Rivale begegnet oder wenn er um ein Weibchen werben will. Dem Hahn im Hühnerhof schwillt in solchen Situationen der Kamm. Bei anderen Tieren richten sich ebenfalls die Haare oder Federn auf – damit sie größer erscheinen als sie in Wirklichkeit sind. Die anderen sollen dadurch Angst bekommen! Viele Tiere wollen durch solches Verhalten Eindruck machen, besonders in der Brunftzeit, bei der Brautwerbung. Das Leit-Tier in jeder Tierherde hat immer äußere Kennzeichen. Eine lange Mähne, die sich auch noch aufrichten kann, buntere Federn, längere Flossen, ein größeres Geweih.

Verhalten sich viele Menschen nicht genauso?

»Ich und mein Chef haben beschlossen ...!«

Solche Leute kennen Sie doch sicher auch. Häufig sind es gerade die »kleinen Geister«, die sich mit fremden Federn schmücken müssen. Es handelt sich um Menschen, die aus irgendwelchen inneren Antriebsschwächen es nicht weitgebracht haben und nun unbewußt versuchen, sich durch solche Wichtigtuerei zu »erhöhen«.

Dann gibt es auch noch die Snobs, die so tun, als ob sie sich in einen billigen Konfektionsanzug das Etikett eines teuren Schneiders eingenäht hätten, damit man sehen solle, sie »wären wer«. Das Wesen des Snobs ist Heuchelei. Dem Snob kommt es nicht auf das Sein an, sondern auf den Schein. Zu ihnen gehören Leute, die einen teuren Mercedes auf Wechsel fahren.

Eines wollen wir hier gleich festhalten: Diese Menschen verdienen unser Mitgefühl, aber nicht unsere Nächstenliebe. Sie tragen nämlich die Verantwortung für sich selbst – und wir können ihnen auch gar nicht helfen, solange sie nicht wollen. Hinter aller Angeberei steckt Angst und Unsicherheit. Manchmal auch Untüchtigkeit und Dummheit. Wer von sich selbst überzeugt ist, der hat es gar nicht nötig, anderen imponieren zu wollen. Wer auf sich selbst vertraut, der braucht den anderen nicht bange machen. Wer weiß, daß er etwas kann, der braucht anderen keinen blauen Dunst vorzumachen. Wer angibt, hat nicht etwa mehr vom Leben. Es muß richtig heißen: Wer angibt, hat's nötig – und er hat deshalb weniger vom Leben, weil er immer in Halbheiten und im Schein stekkenbleibt.

Was wollen wir vom anderen Menschen?

Wenn ich gesagt habe, wir sollten die schwierigen Menschen meiden, so gilt das nur, soweit sie unsere eigene Lebensqualität beeinträchtigen, da wo sie uns einengen, einschränken. Ein schwieriger Mensch kann durchaus ein fähiger, tüchtiger, begabter Mensch sein. Wir brauchen ihn keineswegs zu verachten oder zu hassen, wir können gelegentlich auch solche Menschen ehrlich anerkennen, schätzen und lieben.
Wir empfinden es immer als traurig, daß der schwierige Mensch sich durch seine innere Problematik, seine Selbstunsicherheit, seine negativen Erfahrungen und durch die überflüssigen Schutzmaßnahmen, mit denen er sein vermeintlich bedrohtes Ich gegen andere abzuschirmen sucht, sich selbst das Leben unerträglich macht. Wir können beobachten, wie er sich quält, wie er leidet, wie er sich ohne jeden Grund minderwertg fühlt, wie er andere Leute aus Ungeschick vor den Kopf stößt, anstatt sich ihre Gunst zu sichern und daran Freude zu haben; wie er sich selbst die größten Hindernisse in den Weg legt, seine Erfolge gar nicht sieht, seine Niederlagen übermäßig schwernimmt; wie er immer verbitterter und pessimistischer wird und schließlich nur noch in einem Zustand dauernder Verzweiflung dahinlebt. Man wird daher ein starkes gefühlsmäßiges Mitgefühl mit diesem Menschen empfinden.

Gar zu gern möchten wir ihm eigentlich helfen, damit der arme Kerl doch endlich ein bißchen freier, froher und gelöster werden könnte. Wenigstens aber möchten wir ihm unser Mitleid zeigen und ihn fühlen lassen, wie sehr wir ihm wohlwollen.
Aber mit unserem Mitgefühl helfen wir diesen Menschen nicht, wir bestärken sie höchstens in ihrer Rolle.
Wenn wir uns die Problematik des schwierigen Menschen anschauen, dann bekommen wir das Gefühl, daß er uns »niemals meinen kann«. Das stimmt tatsächlich. Mit seinem Verhalten sind eigentlich seine Eltern gemeint, denen er unbewußt zeigen möchte: »Seht, was ihr aus mir gemacht habt ...«
Wenn wir aber wissen, daß der schwierige Mensch uns niemals »meinen« kann, brauchen wir ihm gegenüber auch niemals mehr »gekränkt« oder nachtragend sein. Wenn wir beispielsweise einen schwierigen Partner haben, können wir ihm dadurch sogar in einer gewissen Weise helfen, daß auch wir nach einer heftigen Szene am anderen Tag beispielsweise tun, als wäre nichts gewesen. Denn der Mensch, der mich heute in großer Aufregung beschimpft und die schrecklichsten Verdächtigungen gegen mich ausspricht, ist ja nicht so vollkommen dumm, daß er nicht im tiefsten Innern spürte, wie weit er über sein Ziel hinausgeschossen ist. Mache ich aus so einem Zusammenstoß nun eine Haupt- oder Staatsaktion, so wird er allerdings aus Trotz darauf bestehen, seine Anschuldigungen seien ganz berechtigt gewesen; denn er kann doch nicht zugestehen, daß er sich vorbeibenommen hat, ohne sein Minderwertigkeitsgefühl nochmals zu verstärken. Wenn ich mich aber daran erinnere, daß es nicht eigentlich er war, der mich beschimpft hat, sondern sein verletztes inneres Kind, dann brauche ich ihn in diesem Punkt nicht ernstzunehmen, es kränkt mich nicht und ich weiß, daß sein erwachsenes Ich das alles gar nicht gemeint hat. Jeder von uns wird sich zunächst einmal ärgern, wenn wir beschimpft werden. Wenn andere uns emotionell und unsachlich kommen. Dabei gilt es gar nicht, uns wütend zu überlegen, was denn der andere falsch gemacht hat, sondern wir müssen unsere Aufmerksamkeit viel mehr auf den Punkt lenken, wo uns seine Worte weh tun. Denn da haben wir unsere Achillesverse. Da haben wir unseren wunden Punkt. Denn da, wo man uns als Kinder

nicht wehgetan hat, da sind wir als Erwachsene unverwundbar. Wir haben also zu tun, uns mit uns selbst auseinanderzusetzen und uns zu fragen: Warum haben mir seine Worte wehgetan?
Wenn wir bei diesen Überlegungen in uns hineinhorchen, dann kommen wir auf Punkte, auf Schmerzpunkte, die uns in unserer Kindheit zugefügt worden sind, und wir erkennen, daß diese wunden Punkte immer noch latent als Schmerzen erlebt werden, und erst wenn wir diese Sache bearbeiten, sie innerlich ausräumen, dann schmerzen sie nicht mehr. Dann tun sie auch nicht mehr weh, wenn andere an unserem »wunden Punkt« bewußt oder unbewußt rühren wollen. Und wenn wir dann eines Tages darüberstehen, dann kommt der andere »nicht mehr an«, und muß sein Verhalten ändern. Nur so werden gemeinsame Schwierigkeiten aus der Welt geschafft, vorausgesetzt der andere sieht sich seine wunden Punkte ebenfalls genauer an.
Wenn wir vom schwierigen Menschen sprechen, dann ist das eigentlich falsch, Denn kein Mensch ist nur schwierig und es gibt auch ebensowenig Menschen, die auf gar keinem Gebiet ohne Schwierigkeiten auskommen. Darum müssen wir bei allen unseren Bewertungen immer differenzieren, wir dürfen, weil uns bestimmte Dinge nicht passen, deswegen nicht den ganzen Menschen verdammen. Und ebenso falsch wäre es, immer die gleichen Fehler am anderen zu verwerfen. Man meint im allgemeinen, dem Partner einen Dienst zu erweisen, indem man ihn auf seine Fehler aufmerksam macht. Wir bohren und kritisieren manchmal so lange, bis er auf irgendeine Art reagiert, und diese Reaktion kann niemals eine positive Situation sein. Kein Mensch mag das, wenn man ständig auf ihm herumhackt. Schließlich wird solche ungute Kritik zur Gewohnheit und der andere hört sie nicht mehr, er hat innerlich zugemacht, und dann wird es schwierig sein, von dieser Ebene an ihn heranzukommen.
»Laß das doch!« – »Du kannst nie pünktlich sein.« – »Wirst du nie lernen, Ordnung zu halten?« – »Mußt du schon wieder an allem etwas auszusetzen haben?« – »Wann werde ich von dir einmal ein freundliches Wort hören?« – »Jetzt fang bloß nicht wieder an zu heulen.« – So etwas kann zur völligen Abstumpfung führen. Daß man sich auf diese Weise nur quält, ist wohl klar. Aber die meisten

lassen trotzdem nicht von dem ewigen Mahnen und Kritisieren ab. »Ich muß dir doch schließlich deine Fehler sagen, damit du sie endlich einmal ablegen kannst«, heißt es dann. Aber ist diese Begründung wirklich stichhaltig?

Leider gibt es zweierlei Arten von Fehlern, die ganz verschieden voneinander sind: solche Fehler, die man wirklich ablegen kann, sobald man nur auf sie aufmerksam wird, und andere, bei denen das unmöglich ist. Wenn wir in gewisser Hinsicht schon eine Selbstsicherheit besitzen, weil wir die nötigen positiven Erfahrungen gemacht haben, kann man in dieser Hinsicht auch Fehler bei sich erkennen und sie durch Einsicht, Willensentschluß und Übung allmählich überwinden. Wir sind anderen dann wirklich dankbar, die uns auf solche Fehler hinweisen, so daß wir uns von ihnen befreien können.

Andere Fehler sind nicht von dieser Art. Wir bemerken sie nicht, auch wenn wir auf sie hingewiesen werden. Wir können oder wollen sie irgendwo in uns nicht bemerken. Wir legen sie auch nicht ab, wir können oder wollen sie gar nicht ablegen. Wenn sie entdeckt und kritisiert werden, dann sind wir nicht dankbar, sondern fühlen uns in unserem Selbstwertgefühl angegriffen und erschüttert. Das sind alle diejenigen Fehler, die mit negativen Erfahrungen und negativen Affekten zusammenhängen. Bei ihnen hat man nicht das elementare Vertrauen, das nötig wäre, um sie sich einzugestehen und den Kampf überhaupt aufzunehmen. Wir verzichten auf jeden Änderungsversuch, nicht, weil wir uns nicht »bessern« wollen, sondern weil die Auseinandersetzung mit diesen Fehlern uns unweigerlich mit unserer schmerzhaften Kindheit in Berührung brächte, das tut weh und vor diesen Schmerzen haben wir Angst. Wir hören und erkennen auch den Kritiker gar nicht so bewußt, weil wir, sobald er den Mund aufmacht, unsere Mutter oder unseren Vater zu hören glauben. Dadurch geraten wir in einen sogenannten psychologischen Nebel, wir können rot sehen.

Wenn es sich um solche Punkte handelt, ist es sinnlos, unsere Mitmenschen auf ihre Schwierigkeiten anzusprechen, auch nicht in der besten Absicht und aus gutgemeinter Hilfsbereitschaft. Bekanntlich können wir einen Schüchternen durch nichts so leicht zum Erröten bringen wie dadurch, daß wir ihm sagen: »Ach du

brauchst doch nicht rot zu werden.« Jemanden, der mißmutig oder schlecht gelaunt ist, dem brauchen Sie nur zuzurufen: »Take it easy«, um ihn völlig wütend zu machen. Einem nervösen, aufgeregten Menschen sagen wir: »Immer mit der Ruhe, sachte, sachte ...«, und schon wird er ganz aus dem Häuschen geraten.
Allenfalls können wir bei beharrlichem Nörgeln und Kritisieren erreichen, daß eine schlechte Eigenschaft weniger deutlich nach außen hin in Erscheinung tritt. Dann ist sie in der Regel aber nur durch eine andere ersetzt worden, demgegenüber die erstere noch angenehmer war. Nörgeln und destruktive Kritik hat noch keinen Harmonie in eine Partnerschaft gebracht, im Gegenteil, sie ist ein stetiger Tropfen auf einen Stein, der irgendwann einmal ins Rollen gerät und dann eine Lavine auslöst.
Auch als Außenstehender sollten wir nicht so sehr auf die Herzensausbrüche anderer eingehen. Ich denke da an Karl. Karl hatte die Angewohnheit, immer dann, wenn er mit Elfriede Krach hatte, fluchtartig die Wohnung zu verlassen und in seiner Stammkneipe über Elfriede herzuziehen. »So ein verdammtes Luder, aber wartet nur, der werde ich schon noch zeigen, wer die Hosen anhat. Und wenn sie nicht bald die Klappe hält, dann schmeiße ich sie raus, dann kann sie sehen, wo sie abbleibt!« Karl hatte nichts anderes als Dampf abgelassen, aber er hat es auf eine Weise getan, daß er dabei sein »Gesicht verlieren« könnte. Denn bei seinem nächsten Kneipenbesuch mußte er zugeben: »Alles wieder in Butter, war nicht so gemeint, ich hatte nur eine Stinkwut im Bauch, Elfriede ist gar nicht so ...«
Das Schlimme an solchen Stammtischgesprächen war immer, Karls Kumpels hatten seine Partei ergriffen, sie hatten mit ihm über Elfriede geschimpft und dabei sicher auch an ihre Frauen gedacht. Und so war manches Wort gefallen, was Karl in seiner wütenden Haltung unterstützen sollte. Später, wenn Elfriede dann einmal mit in die Wirtschaft ging, dann trauten sie sich nicht, ihr in die Augen zu sehen, dann kam ihnen ein unangenehmes Gefühl hoch, sie erinnerten sich, daß sie über Elfriede zu »Gericht gesessen« waren und daß Elfriede eigentlich doch eine nette Frau ist. Darum sollten wir uns keinesfalls, und wenn ein Mensch uns noch so drängt, in die Rolle des Ratgebers und Richters drängen lassen.

Ratschläge geben ist nicht immer unbedenklich. Wenn ich jemandem sage, was er tun oder lassen soll, so unterstelle ich damit, daß ich besser über ihn und seine Lage Bescheid weiß als er selbst. Das mag uns so erscheinen, aber in Wirklichkeit trifft es doch nur selten zu. Niemand steckt ja wirklich in der Haut eines anderen, und was für ihn selbst richtig wäre, braucht für diesen anderen noch längst nicht richtig zu sein. Was mir ganz leicht und selbstverständlich erscheint, kann für den anderen sehr schwer und sogar unmöglich sein. Wer also einen Rat unbedingt befolgt, kann dadurch in unerwartete Schwierigkeiten geraten. Vor allem aber – das ist in diesem Zusammenhang wichtig – wird das gegenseitige Verstehen von Ratschlägen eher beeinträchtigt als gefördert.

Miteinander statt Gegeneinander

Wir können in der Regel denjenigen am wenigsten helfen, die unserer Meinung nach unsere Hilfe am nötigsten bräuchten. Wir müssen uns immer vor Augen halten, daß wir, so positiv wir auch eingestellt sein mögen, immer gegen seine negativen Erfahrungen kämpfen. Mit Erfahrungen, die dieser Mensch schon seit frühester Kindheit mit sich herumschleppt.

Es ist häufig sehr viel leichter, einem schwierigen Menschen zu helfen, der uns weniger nahesteht, als demjenigen, den wir lieben. Wie erklärt sich das? Der Umgang mit Menschen ist immer umso leichter, je weniger die persönlichen Gefühle im Spiel sind, und je klarer die gemeinsame Basis des Verstehens, die gegenseitigen Erwartungen und Ansprüche vernunftsmäßig abgegrenzt werden können.

Häufig wird die Frage aufgeworfen, warum man den schwierigen Menschen nicht sich selbst überläßt, er brauche ja nur an sich selbst zu arbeiten. Aber das ist leichter gesagt als getan. Wer sich selbst beobachtet, ist nie frei von Vorurteilen, und wenn er sonst der objektivste, gerechteste Mensch wäre. Je nach seiner subjektiven Einstellung sieht man die eigenen Tugenden überhöht und seine Fehler verkleinert, oder mancher findet umgekehrt nur negative Züge und gar nichts Gutes an sich. Einen wirklich brauchbaren

Vergleichsmaßstab dafür, wie man sich anderen Menschen gegenüber verhält, kann man nicht haben. Es ist sogar fast regelmäßig so, daß man in der einsamen Bespiegelung des eigenen Ich gerade solche Fehler und solche Vorzüge findet, von denen der unbefangene Beurteiler sagen würde, daß man sie ganz bestimmt nicht hat. Wir sehen uns häufig nur in den Projektionen unserer Wunschbilder oder unserer Befürchtungen, niemals aber in der Wirklichkeit. Wir können uns selbst noch viel weniger »meinen«, als irgendein noch so schwieriger Mensch uns »meinen« könnte.

Genauso verhält es sich mit der auf sich allein gestellten Selbsterziehung. Ich habe es bereits an anderer Stelle gesagt: »Wer sein eigener Lehrmeister sein will, der hat einen Narren zum Schüler!« Von einem Lehrer wird ja verlangt, daß er seinem Schüler in wesentlichen Hinsichten überlegen sein müsse, um ihm etwas geben zu können. Wer aber mit seinem Schüler identisch ist, was kann der einem geben? Wie will er Autorität und Ansehen sich selbst gegenüber gewinnen?

Sicherlich, wir können hier und da einen Fehler ablegen oder uns sonstwie in vielen Dingen vervollkommnen. Aber solche Dinge, die aus der Tiefe unserer Seele kommen, Erlebnisse und Verhaltensweisen, die aus der frühen Kindheit stammen, die werden wir häufig nicht ohne fremde Hilfe los. Die Selbsterziehung bleibt uns also nur auf jenen Ebenen vorbehalten, die keinen tieferen Hintergrund haben. Wer aber ohne fremde Hilfe an die tieferen Schichten glaubt gehen zu können, kann gegebenenfalls die Problematik nur verstärken, indem unausweichlich Mißerfolge herbeigeführt werden, was dazu führen kann, uns letztlich als »hoffnungslosen Fall« zu sehen.

Es wirft sich die Frage auf: Gibt es denn keinen Weg der Selbsthilfe? Doch, es gibt ihn. Aber er ist nicht in der Form zu bewältigen, wie ihn manche Autoren über positives Denken offerieren. Es gibt einen umständlicheren, dafür aber aussichtsreicheren Weg.

Wenn wir selbst unsicher sind, fehlen uns positive Erfahrungen. Wir haben keinen zuverlässigen Maßstab für unser Können und unseren persönlichen Wert. Wir schwanken zwischen Riesenerwartungen und Erwartungen des Mißerfolgs. Manche finden sich in der Welt nicht zurecht und sind anderen gegenüber hilflos. Nur wenn wir positive Erfahrungen machen können, wenn die »neuen Lochkarten« positiv geprägt werden, können wir wachsen. Also auch hier wieder: Nur positiv denken allein genügt nicht, wir müssen positive Erfahrungen machen, die uns zu positiven Überzeugungen kommen lassen, womit negative Erfahrungen und Überzeugungen »überprägt« werden.

Positive Erfahrungen bekommt man nicht im theoretischen Denken, in betrachtender Meditation. Sie ergeben sich immer wieder aus neuen Begegnungen mit der Welt um uns her, mit den Dingen dieser Welt und zuletzt (nicht zuerst!) auch mit dem eigenen Ich. Der Weg zur Selbsterkenntnis und Selbsterziehung führt immer zunächst in die Welt hinaus und erst von dorther wieder zurück in die Abgeschiedenheit, in die Rückbesinnung (Re-flexion). Wenn man ihn umgekehrt gehen will, verfehlt man ihn nur. Wir können uns nur selbst erziehen, indem wir vor allem die Begegnung mit Dingen und Menschen in der Welt aufsuchen; ganz besonders aber die Begegnung mit schwierigen Menschen. Nur in der Begegnung erkennen wir den anderen und gleichzeitig als Spiegelbild uns selbst. Zur Begegnung mit Menschen ist aber das gegenseitige Verstehen notwendig. Wenn wir keine persönliche Schwierigkeiten haben, könnten wir uns eigentlich mit jedem Menschen verstehen. Soweit wir selbst »schwierig« sind, versteht uns zunächst niemand, und wir verstehen niemanden. In dieser Situation sind wir uns selbst auch rätselhaft.

Einen schwierigen Menschen kann immer nur der verstehen, der selbst weiß, was seelische Schwierigkeiten sind. Darum können auch die schwierigen Menschen einander nur gegenseitig helfen. Wer niemals im Leben ein Problem erfahren hätte, der könnte niemals mit einem schwierigen Menschen umgehen. Wer selbst aber schwierig ist, der bliebe hoffnungslos allein und verlassen, wenn es nicht andere Menschen gäbe, die schon ähnliches erlebt hätten wie er. Die völlig ungestörten, unkomplizierten, unproblematischen Menschen würden ihm niemals helfen.

Hilfe ist nur dann möglich, wenn zwei Menschen zum gegenseitigen Verstehen kommen, die beide potentiell schwierig sind. Dann aber ist die Hilfe, die einer von ihnen empfängt, zugleich auch immer eine Hilfe für den anderen. So muß es nach dem Prinzip der

Gegenseitigkeit sein. Wenn ich also mit einem schwierigen Menschen in ein Gespräch komme, so bin ich dabei in keinem Fall nur der Gebende, der sich fragen müßte, ob seine Gabe nicht auch einen Unwürdigen träfe. Wir haben hier einen scheinbaren Widerspruch zu dem im Anfang dieses Kapitels Gesagten: dort gab ich Ihnen den Rat, sich von bestimmten Menschen zu distanzieren. Dieser Widerspruch ist aber nur scheinbar augenfällig. Denn wir selbst haben immer wieder die Entscheidungsfreiheit, uns für die eine oder andere Verhaltensweise zu entscheiden. Wir können den schwierigen Menschen links liegenlassen, weil er uns stört, oder wir können die Begegnung mit ihm suchen, um uns mit ihm auseinanderzusetzen, daran kann er reifen, aber wir selbst haben einen ebenso großen Gewinn. Darum vor allem lohnt sich der Umgang mit schwierigen Menschen ungeachtet aller Probleme, Mühsale und Enttäuschungen, die er mit sich bringt, weil wir damit nicht nur irgendeinem anderen Menschen, der uns zufällig begegnet ist, Hilfe leisten, sondern im gleichen Maße uns selbst.
Schiller sagte schon in seinem bekannten Distichon:
»Willst du dich selbst erkennen, so sieh, wie es die anderen treiben; Willst du die anderen verstehen, blick in dein eigenes Herz!«
Wer anderen Menschen helfen will, der tut gut daran, vor allem sich selbst als schwierigen Menschen kennenzulernen und seine eigenen Probleme zu lösen. Wer aber selbst nach Hilfe verlangt, der sollte sich um andere schwierige Menschen bemühen, sich mit ihnen verständigen und ihnen zu helfen suchen. Der Umgang mit schwierigen Menschen und der Umgang mit dem eigenen problematischen Ich stehen in einer engen notwendigen Wechselbeziehung. Man kann nicht eine dieser Künste lernen, ohne auch die andere ausüben zu müssen. Und jeder Fortschritt der einen Seite ist auch Fortschritt der anderen Seite. Das sind einige unserer Polaritäten. Das möchte ich jenen falschen Positivisten mit auf den Weg geben, die meinen, man müsse das Leben nur durch die rosarote Brille sehen und alles würde sich »schon fügen«. Der Mensch ist polar angelegt und nur in der Betrachtung beider Pole können wir reifen und wachsen.

Demnach ist jedes gegenseitige Verstehen, auch das noch so geringfügig erscheinende oder noch so kurz dauernde, eine doppelte hilfreiche Wirkung. Es trägt dazu bei, daß jeweils zwei Menschen gleichzeitig ein kleines Stück Lebensschwierigkeiten überwinden. Das ist übrigens auch Sinn und Zweck der psychotherapeutischen Gruppenarbeit: sich im anderen schwierigen Menschen zu erkennen, ihn zu erkennen und gemeinsam zu wachsen. Beide kommen dann dem Ziel ein wenig näher, das wohl uns allen gleich wichtig ist: dem Ziel, ein möglichst freier, gesunder, verantwortlicher, reifer, ganzer, heiler Mensch zu werden. Für jeden Schritt auf dem Wege, der dahin führt, ist unser Mühen und Anstrengen wert.

Vom Umgang mit den Wünschen

8. KAPITEL

Mit dem Strom des Lebens schwimmen

Es entspricht einem elementaren Bedürfnis jedes Menschen, daß er seinen Begabungen und Kräfte zu aktivieren und auf diese Weise seine Wünsche zu realisieren sucht. Ich weiß keine Zahlen darüber, wieviele Menschen ihre Wünsche wirklich realisieren konnten, um ein erfülltes Leben zu führen. Dafür gibt es eine ganze Reihe Gründe. Meist werden wir gar nicht danach gefragt, was wir uns eigentlich wünschen, hoffen und anstreben. Wir kommen auch als erwachsener Mensch kaum dazu, eine eigene Wahl zu treffen, sondern glauben, sie den Verhältnissen, in denen wir nun einmal stehen, beugen zu müssen. Kaum jemand wagt es, offen und uneingeschränkt seine Neigungen auszudrücken. Viele haben weder Zeit noch Gelegenheit, sich mit sich selbst zu beschäftigen und wissen zudem kaum, wie sie es anstellen sollen.

Stets stehen wir unter dem Druck unserer Pflichten, oder wir wollen es uns leichtmachen und haben es darum um so schwerer. Viele von uns waren auch zu autoritätsgläubig und ließen sich zu immer neuen Kompromissen bewegen, die schließlich zur Selbstverleugnung oder gar zur Selbstaufgabe führten. Andere gingen den Weg des geringeren Widerstandes und hatten ständig Ausreden und Entschuldigungen vor sich selbst. Wir alle aber wurden gedrängt, und verführt, überredet und gezwungen. So nahmen wir eben Rücksicht und waren vorsichtig. Manche waren gehemmt und verklemmt, schüchtern und entmutigt, unentschlossen und unberaten, wobei sie sich auch noch obendrein mit allerlei Gebrechen, Mängeln und Fehlern behaftet sahen, weil sie den Normen der Erziehung, der Schule, der Gesellschaft und der Familie in mancher Hinsicht nicht zu genügen vermochten. Und da sich mancher damit nicht und mit sich selbst nicht auseinandersetzen wollte oder konnte, stand er den vielfältigen Einflüssen offen und dankbar gegenüber. Kurz, wir waren damals in unserer Kindheit, in unserer Jugend – nicht Herr unserer selbst, waren unser selbst nicht mächtig. Bei sehr vielen Menschen sind die verborgenen Wünsche schon früh verblichen oder verdrängt worden, während sich viele insgeheim immer noch und immer wieder Fragen stellen: »Was will ich?« – »Was wünsche ich überhaupt?« – »Wozu bin ich berufen, wozu bestimmt?« – »Wozu bin ich eigentlich fähig?« – »Und in welcher Rolle erfülle ich mich und meine Träume?«

Hinter dem Wunsch nach Erfolg, Anerkennung und Ausschöpfung der eigenen Fähigkeiten steht im Grunde das Verlangen nach Teilhabe am Göttlichen, nach Heimat und Geborgenheit, Ewigkeit und Seligkeit. Den Zustand eines solchen Glückes erlebt der Mensch in der Natur, in Gotteserlebnissen, wenn er – wie die Mystiker aller Religionen – die Grenzen des eigenen Ich überwindet und mit der Unendlichkeit Gottes eins wird. Doch dies kann niemals Dauerzustand sein. Es ist uns schon aus biologischen Gründen unmöglich, ständig auf dieser Stufe des Glücks und seliger Selbstvergessenheit zu verharren. Oder religiös formuliert: Seit der Vertreibung aus dem Paradies gelingt uns jenes Weilen in der Transzendenz nicht mehr. Die völlige Harmonie des Menschen mit sich selbst, mit aller Natur und mit Gott scheint uns unwiderruflich verloren, jedoch scheint die Erinnerung daran immer wachgeblieben, wie ein ferner Traum. Es ist auch die Ursache, weshalb jeder Mensch, offen oder verborgen, das Gefühl, ja die Überzeugung hegt, es stecke noch etwas anderes in ihm, selbst wenn er sich den Bedingungen, Verhältnissen und Gegebenheiten seiner paradiesischen Existenz unterwirft. Deshalb sucht er jene ursprüngliche Ganzheit, jene Verbundenheit mit sich selbst und aller Welt zurückgewinnen, und zwar auf verschiedene Art. Jeder auf seine Weise. »Ich möchte gerne eine bessere Stellung haben.« – »Ich möchte gerne von der Mitwelt anerkannt werden.« – »Ich möchte gerne vermögend werden und glücklich sein.« Solche Redensarten hören wir hier und da. Vielleicht denken Sie insgeheim ähnlich – oder haben andere unerfüllte Wünsche?

Jeder von uns hat bestimmte und verschwommene Vorstellungen – und Sehnsüchte. Bei den meisten bleibt es aber nur bei heimlichen Wünschen: Diese Gedanken erscheinen ihnen so unerreichbar, so unmöglich, daß sie nicht einmal laut ausgesprochen wer-

den. Warum ist das so? Warum verzichten so viele Menschen von vornherein auf die Möglichkeit ihres Vorwärtskommens – bevor sie überhaupt begonnen haben, ihre Wünsche zu verwirklichen?
»Die Trauben hängen mir zu hoch«, sagt der Fuchs in der bekannten Tierfabel, »und außerdem sind sie mir zu sauer.« Ist das ein echter, womöglich ein heroischer Verzicht? – Nein, es ist Selbstbetrug!
»Ich lasse mich nicht aus meiner Ruhe bringen.« – »Was ich nicht weiß, macht mich nicht heiß.« – »Ich stürze mich nicht in geistige Unkosten.« Wer so daherredet, betrügt sich ebenfalls. Je lauter er spricht, um so mehr will er damit verdecken, daß er längst zu der Erkenntnis kam: »So geht das nicht weiter, ich müßte endlich etwas für mein Weiterkommen tun.«
Je mehr sich solche Menschen mit denen vergleichen, die weiterkommen, um so mehr resignieren sie. Woran liegt das?

1. Wer vorankommen will, braucht eine klare Zielvorgabe.
2. Er braucht einen festen Plan zur Zielverwirklichung.
3. Er braucht einen Anfangsimpuls – und ein Motiv für sein Denken und Streben.
4. Er Phantasie und Ausdauer.
5. Er braucht geistiges Rüstzeug: Wissen und Können.

Haben Sie schon einmal die Frage gründlich untersucht, ob Sie wirklich wissen, was Sie im Leben möchten? Nicht, was Sie möchten, um anderen damit zu imponieren. Gemeint sind auch nicht die aus Rücksichtnahme reduzierten Wünsche. Wenn Sie sagen: »Ich möchte im nächsten Sommer in Linz an der Donau Urlaub machen, weil mir die Kosten für einen Amerika-Urlaub zu hoch sind«, dann haben Sie Wünsche abgewürgt. Vielleicht denken Sie auch, »ich kann machen was ich will, es geschieht ja immer doch nur das, was meine Frau und die Kinder möchten. Das war schon früher so. Immer passiert das, was andere wollen.« Glauben Sie mir, es gibt Leute, die genau wissen, was sie wollen, und sie tun auch das, was sie wollen. Und dann gibt es solche, die es nicht wissen, jedenfalls nicht bestimmt wissen, sie schwanken zwischen vielen Motiven hin und her, wie ein Ast im Aprilsturm. Aber es gibt auch noch jene, die ganz sicher wissen, was sie wollen, aber in Wirklichkeit haben sie keine Ahnung davon. Sie wollen bei den

anderen Zeitgenossen stets und ständig den Eindruck erwecken, sie wüßten genau, was sie möchten. Das verleiht ihnen Sicherheit, das gibt ihnen das Gefühl, anderen überlegen zu sein.
Was hier mit: »Erkenne, was du möchtest«, gemeint ist, sind jene tiefen Wünsche, die ganz tief in uns eingelagert sind. Die möglicherweise überlagert wurden, indem wir die Wünsche unserer Eltern, Ehepartner und anderer Menschen leben. Wir wissen häufig nicht mehr, was wir wirklich wollten, es liegt ganz tief in uns begraben.
Die Tendenz, ihrer Natur gemäß zu wachsen und sich zu entfalten, darin sind alle Lebewesen gleich. Darum leisten wir unbewußt jedem Versuch Widerstand, der uns daran hindern möchte, uns unserer Natur gemäß zu entfalten. Aber leider wehren wir uns nicht dagegen, mißbraucht, benutzt und ausgenutzt zu werden.
Eingeschränkt wird unsere Entfaltungsmöglichkeit als Säugling, als kleines Kind, als Jugendlicher und schließlich als Erwachsener. Eingeschränkt wird unser Verlangen nach Wissen und Wahrheit und der elementare Wunsch nach Liebe. Der junge, wachsende, sich entfaltende Mensch wird gezwungen, die meisten seiner autonomen und echten Wünsche und Interessen, sogar häufig seinen Willen, aufzugeben und einen Willen, Wünsche und Gefühle anzunehmen, die nicht aus seiner Seele kommen, sondern durch die gesellschaftlichen Denk- und Gefühlsmuster ihm aufgedrängt werden. Die Gesellschaft und die Familie, ein Hüter des gesellschaftlichen Kronschatzes, haben ein schwieriges Problem zu lösen: »Wie breche ich den Willen eines Menschen, ohne daß dieser etwas von dieser Prozedur merkt?«
Durch einen komplizierten Prozeß, durch Systeme von Belohnungen und Strafen, durch falsche Ideale wird diese Aufgabe so gelöst, daß die meisten Menschen glauben, ihrem eigenen Willen zu folgen, ohne sich dessen bewußt zu werden, wie sehr sie manipuliert werden.
Ein anderer Aspekt unserer Wünsche ist wichtig, bevor wir unsere Wünsche analysieren: Was wollen Sie? Wollen Sie ein neues Auto, streben Sie nach einem Haus, nach einem großen Bankkonto, nach einer Weltreise? Wollen Sie Ihr Leben lang nichts anderes als immer wieder haben, haben und nochmals haben?

Manche Menschen strengen sich in der ersten Hälfte ihres Lebens an, um zu Geld zu kommen – in der zweiten Hälfte müssen sie es wieder ausgeben, um ihre ramponierte Gesundheit wieder aufzurichten!
Haben?
Oder Sein?
Dieses tiefe Gefühl aus sich herausholen: ICH BIN!
Ich spüre deine Nähe, also bin ich.
Mich wärmt die Sonne, ich rieche den Duft des Grases, ich rieche deine Haut, ich rieche dich. Ich lasse durch meine Finger das kühle Wasser einer Quelle rieseln. Ich sitze am Meer, am Strand, es ist Nacht. In der Ferne zieht ein Schiff vorüber, ich sehe die Lichter. Um mich ist es still – ich bin allein, nicht einsam. Ich bin bei mir und habe dieses Gefühl, das ganz aus der Tiefe kommt: es atmet mich, es lebt mich. Es ist einer dieser einmaligen unwiederbringlichen Augenblicke. Ich spüre, daß ich ein Mensch bin. In mir strömt es, in mir fließt etwas! Ein schwärmerischer Ausflug von mir? Sicherlich nicht, ich möchte nicht, daß Sie, wie manche Aussteiger, Ihren ganzen Besitz aufgeben und Asket werden. Es ist natürlich, daß wir ganz bestimmte Grundbedürfnisse befriedigen müssen und uns auch andere materielle Wünsche erfüllen dürfen. Was ich möchte, ist, daß wir uns, bevor wir uns näher an Ihre Wünsche heranarbeiten, einen Moment innehalten und uns ganz ernsthaft die Frage stellen: Was möchte ich?
Möchte ich haben?
Möchte ich sein?
Sie dürfen hier ruhig eine kleine Meditation einlegen.
Denn eines ist sicher, wenn Sie immer nur dem Haben nachjagen, dann werden Sie kaum jemals die Chance bekommen, wirklich zu sein.
Kürzlich bat ich Farida, eine junge Frau, mir eine Liste bezüglich ihrer partnerschaftlichen Wünsche aufzuschreiben. Sie schrieb: »Ich wünsche mir einen Mann! Er soll lieb zu mir sein! Er soll zärtlich zu mir sein! Er soll mich achten! Er soll anständig zu mir sein ...« Er soll, er soll.
Stellen Sie sich vor, es geht um einen der elementarsten Wünsche, um die Partnerschaft. Es geht darum, einen Menschen zu finden,

mit dem ich durch »dick und dünn« gehe, der Verständnis für mich hat, wenn ich krank bin, dem ich all meine Liebe und Fürsorge gebe, wenn es ihm nicht gutgeht, es geht um das Auf und Ab des Lebens überhaupt. In diesem wichtigen Punkt des Lebens entwikkeln viele Menschen eine derart schwache Phantasie darüber, wie ihr Partner einmal sein sollte.

Man kann sich scheiden lassen. Man kann wieder heiraten, man kann sich wieder scheiden lassen!

Man kann sich aber auch einmal in einer Zeit des Alleinseins besinnen und sich fragen: »Wie soll der Mensch beschaffen sein, mit dem ich es ein ganzes Leben lang aushalten möchte. Welchen Charakter muß der haben, dem ich sosehr vertrauen möchte wie mir selbst? Wie ist der Mensch beschaffen, an dessen Sterbelager ich einst nach einem erfüllten Leben sitze, oder der an meinem Sterbebett sitzt und mir bei den letzten Atemzügen die Hand hält? Damit sind die Fragen noch längst nicht erschöpft. Wir müssen uns auch fragen, was wir bereit sind, einem solchen Menschen zu geben.

Manche mögen ganz verschüchtert fragen: »Ja, darf ich denn wünschen?«

Ihr Leben lang haben andere für sie gedacht, gefühlt, gewünscht, sie hatten nie die Möglichkeit, ihre eigenen Wünsche zu äußern.

Unerfüllte Wünsche sind Verzichterklärungen

Ich sage es gleich vorweg: Ja, Sie dürfen wünschen. Sie sollen sogar wünschen, wenn Sie in produktiver Weise mit sich umgehen wollen. Es kommt nur darauf an, daß Sie das Wünschen so lernen, wie es wertvoll ist: nicht als Sucht und Leidenschaft eines mutlosen, abseits vom Leben stehenden Menschen, nicht als leere Tagträumerei oder egoistisches Begehren, sondern als eine sinnvolle, der Entwicklung dienenden Zwischenphase zwischen dem Drängen und Treiben des Unbewußten und der Verwirklichung im Planen, Handeln, Erfahren und Sichneubesinnen. Entscheidend für diese Kunst des Wünschens ist eine Lebendigkeit, Wachheit, Tiefe, Feinheit und Kraft der prospektiven Phantasie.

Als prospektive Phantasie bezeichne ich diejenige, die uns Möglichkeiten unseres künftigen Erlebens und Verhaltens zeigt, die sowohl mit unserem inneren Begehren und Verlangen als auch mit den wirklichen Gegebenheiten in Übereinstimmung stehen. Prospektive Phantasie ist also keine solche, die sich mit ein für allemal unmöglichen Dingen beschäftigt, mit Träumen, Illusionen, Phantasmen und Wahnideen. Sie ist auch keine, die nur das einmal wirklich Gewesene, nun aber endgültig Vergangene, hervorholt, um sich immer wieder in sehnsüchtiger Erinnerung daran zu klammern. Sie ist keine rein spielerische, willkürliche Phantasie, die mancherlei ausmalt, was zwar vielleicht möglich ist, aber mit den Bedürfnissen, Freuden und Leiden, Problemen und Aufgaben des erlebenden Ich nichts zu tun hat. Auch nicht eine, die sich lediglich mit dem befaßt, was in der äußeren Wirklichkeit sich ändern könnte oder sollte, ohne dabei die Selbständigkeit derjenigen Person mit in Betracht zu ziehen. Prospektive Phantasie nennen wir also nur diejenige, die der wirklichen seelischen Weiterentwicklung ihres Trägers dient. Die prospektive Phantasie zu wecken, sie anzuregen, zu bereichern und zu üben, scheint eine Hauptaufgabe des Umganges mit dem eigenen Ich. Es gibt keine Selbsterkenntnis ohne die prospektive Phantasie; wir bleiben sonst in der Selbsttäuschung oder in fruchtlosen Phantasien stecken.

Einen destruktiven Umgang mit unseren Wünschen haben wir, wenn sie anderen schaden sollen, wenn sie uns selbst schaden, wenn sie in uns Schuldgefühle erzeugen.

Stellen Sie sich einmal folgende Situation vor: Ihr Chef hat Sie einen Versager geschimpft. Und das vor der ganzen Abteilung. In Ihnen wellt ein Gefühl hoch, Sie bekommen eine Stinkwut und wünschen dem Chef, er möge an seiner eigenen Wut ersticken.

Nun passiert das, was Sie in Wirklichkeit niemals wollen: Seine Aufregung hat ihm den Blutdruck so hoch gejagt, er bekommt einen Herzanfall. Sofort bekommen Sie Schuldgefühle, weil Sie ihm ja »etwas an den Hals« gewünscht haben. Sie haben es ja nicht wirklich gewollt, Sie haben nur Ihre Wut abreagiert. Normalerweise widerfährt dem Chef ja nichts Schlimmes. Nach außen hin passiert gar nichts, wenn wir derartige destruktive Wünsche haben. Denken wir nicht alle einmal über einen Menschen, der uns

geärgert hat: »Könnte ich ihn quälen wie er mich gequält hat, könnte ich ihm wehtun und ihn so demütigen wie er mich häufig demütigt, könnte ich ihn in Grund und Boden blamieren, so wie er mich immer blamiert. Dem werde ich es schon einmal zeigen.«
Solche Wünsche kosten einfach unsere Energie, wir sind nicht bei uns und in Wirklichkeit steckt hinter derartigen Wünschen etwas ganz anderes. In Wirklichkeit wünschen wir uns: »Ach, wenn er doch netter zu mir wäre, wenn er mich doch liebhätte (der Vater), wenn er mich doch nur liebte, anstatt zu kritisieren. Wenn er mich doch endlich einmal verstehen könnte.«
Sie sehen es hier ganz deutlich, der tiefe innere Wunsch nach Anerkennung und Lob wird von einem negativen Haßgefühl überdeckt und das ist nicht unser wirklicher Wunsch, sondern nur der andere Pol von Liebe.
Was wollen Sie mit solchen »Wünschen«? Ihm klarmachen, daß er Sie mißversteht, Sie möchten sein Mitgefühl erwecken, Sie möchten erreichen, daß er Sie einmal lobend anerkennt. Worauf wir also achten müssen, wenn uns derartig destruktive Wünsche kommen, ist, daß hier eine negative Seite von uns zum Ausdruck kommt, die nichts mit unseren wirklichen Wünschen zu tun hat. Vielleicht gelingt es uns, nach derartigen »bösen« Gedanken uns einmal die Frage zu stellen: »Was wünsche ich mir wirklich?« Wahrscheinlich werden Sie dann sehr bald feststellen, Sie möchten den Weg zu seiner Gunst, zu seinem Vertrauen, zu seinem Herzen finden. Weil Sie in Wirklichkeit den Weg zur Gunst der Eltern, dem Vertrauen von Vater und Mutter, den Weg zum Herzen zu den Menschen Ihrer frühkindlichen Umgebung suchen. Um so mehr Sie sich dieser Möglichkeiten bedienen, was Sie wirklich wollen, sich besinnen, den Haß und die Wut abflauen lassen, um dann zu den wahren Gründen zu kommen, um so mehr haben Sie die Chance, sich und Ihren wirklichen Wünschen zu begegnen.
Der Sinn eines jeden Wunsches ist es, Erfüllung zu finden. Was ist mit uns los, wenn sich trotzdem unsere Wünsche nicht erfüllen? Nun, unsere unechten Wünsche sind Verzichterklärungen. Schauen wir uns zunächst einmal den vorläufigen Verzicht an. Sie wünschen sich vielleicht eine neue Wohnung. Sie wissen, das kostet viel Geld. Sie müssen dem Vermittler einige Mieten für seine Ver-

mittlung zahlen. Der Hauswirt will drei Monatsmieten Mietvorauszahlung und dann kostet der Umzug auch noch ein paar Scheine. Sie haben das Geld aber noch nicht bereit. Sie werden sich noch eine Weile mit der engen, alten Wohnung, die Sie gerade bewohnen, begnügen müssen. Aber Sie wissen auch, daß in zwei Jahren Ihr Prämiensparvertrag fällig wird und Sie dann die nötigen Mittel flüssighaben, um Ihren Wunsch zu verwirklichen. Sie schieben Ihren Wunsch also nur bis zu diesem Zeitpunkt auf. Sie haben nicht wirklich verzichtet.

Vom vorläufigen Verzicht müssen wir den endgültigen Verzicht unterscheiden.

Bleiben wir bei dem Wohnungsbeispiel. Sie wünschen sich beispielsweise nicht nur eine neue Wohnung, sondern auch ein neues Auto. Sie beschließen, den Prämiensparvertrag für das neue Auto herzunehmen. Und außerdem, Sie wollen nicht eine so teure Miete bezahlen. Lieber bescheiden leben, aber diesen Mietwucher wollen Sie nicht mitmachen. Sie haben damit auf den Wohnungswunsch zugunsten eines neuen Autos verzichtet.

Es gibt aber auch noch den unechten Verzicht. Der echte Verzicht beruht sich auf einer reifen Entscheidung. Sie meinen, Ihnen genüge die alte Wohnung noch. In Wirklichkeit wurmt es Sie aber, daß der Wunsch Ihres Partners, ein neues Auto zu haben, Ihren eigenen Wunsch nach einer neuen Wohnung abgeschnitten hat. Sie haben »des lieben Friedens« wegen verzichtet. Ihr Wunsch nach einer neuen Wohnung bleibt aber bestehen, Sie fühlen sich frustriert, daß immer Sie mit Ihren Wünschen zurückstecken sollen. Sie spüren in sich eine Resignation, innerlich sind Sie aber auch wütend und fragen sich: »Warum immer er? Immer muß ich mich bescheiden, immer soll ich verzichten.« Im Innern spüren Sie dumpf, daß Sie eigentlich Ihr ganzes Leben lang zu kurz gekommen sind, weil Sie die Wünsche anderer Menschen gelebt haben, niemals aber Ihre eigenen.

Damit können Sie nun endgültig Schluß machen. Unterdrücken Sie persönliche Wünsche nicht mehr. Registrieren Sie die Signale Ihres Unbewußten aufmerksam. Denn Ihre eigenen Wünsche zeigen Ihnen, was Sie wirklich verwirklichen können. In der Form des Wunsches signalisiert Ihnen das Unbewußte, auf welches Ziel es Sie lenken möchte.

Wünschen und Planen

Einem Dickkopf, der gegen alle Lebensweisheit handelt, wird die Wirklichkeit stets neue Enttäuschungen und Niederlagen bescheren. »Wer nicht hören will, muß fühlen«, sagt ein altes Sprichwort. Wer wirklich glücklich werden will, muß sich an den Ursachen der Weiterentwicklung orientieren und darf nicht gegen den Strom des Lebens schwimmen.

Wenn wir zum Wünschen gelangen, dann besteht die Gefahr darin, daß wir den nächsten Schritt, den zum Entwerfen von Plänen, nicht vollziehen. In typischer Weise tut das ein Tagträumer und Hans-Guck-in-die-Luft, der nur phantasiert, Luftschlösser baut und niemals daran denkt, sich auch mit der Wirklichkeit zu beschäftigen. Es läßt sich ja so schön schwärmen, träumen, »spinnen«, wenn man von da aus nur jedes Planen unterläßt. Planen hieße doch, daß man seine Wünsche vor allem auf ein realistisches Maß zurückführen müßte; Traumgebilde kann man dagegen ins Unbegrenzte wachsen lassen. »Wenn ich König wäre«, »wenn ich das große Los gezogen hätte«, »wenn jetzt ein Wunder geschähe«, solche Sprüche und Gedanken gibt es genügend. Planen aber erfordert eine Anstrengung des Denkens, die nicht jedermanns Sache ist. Es kann schmerzlich sein, wenn man sich dabei auf die Grenzen seiner Kräfte, seiner Fähigkeiten und Möglichkeiten besinnen muß. Wer es darum nötig hat, sein Selbstwertgefühl immer auf der Höhe ungetrübter, gottähnlicher Vollkommenheit zu halten, der wird sich ungern vom Wünschen zum Planen begeben. Er bewahrt sich lieber seinen Dünkel, seine Anmaßung, seine Einbildung, seine Blasiertheit, seine Arroganz, die er bei ernsthaftem Planen jedoch etwas einschränken müßte.

Im äußeren Handeln bleibt er richtungslos oder läßt sich von fremden Mächten bestimmen. Wenn man sich planlos dahin treiben läßt, leichtsinnig verspielt, vertändelt bleibt, braucht man die Konsequenzen seines Tuns, die freilich ebenso eintreten wie nach vorheriger Überlegung, doch nicht ganz anzuerkennen. Man hat ja nur gewünscht, und Wünschen ist unverbindlich; dafür braucht man auch vor sich selbst noch keine volle Verantwortung übernehmen. Hätte man aber wirkliche Pläne geschmiedet, dann müßte

man sich nachträglich sagen, man sei »seines Glückes Schmied« geworden, oder vielmehr genau das Gegenteil. Dazu ist es bequemer und sicherer, nur zu wünschen, aber nicht zu planen.
Wenn der Schritt in die nächste Phase dann schon getan ist, wenn man bereits Entwürfe und Pläne macht, kann man dabei wiederum steckenbleiben, ohne eine Realisierung zu versuchen, ohne seine Pläne aber auch wirklich aufzugeben. Dafür wäre ja nochmals ein »Ja« nötig, und zwar ein besonders Folgenschweres. Im »vielleicht« und »eventuell« oder »möglicherweise doch nicht« des planenden Überlegens ist man viel sicherer geborgen. Darum erneuert man seine Pläne unablässig, sucht sie in Kleinigkeiten zu verbessern, verwirft sie wohl auch einmal, kehrt aber sofort wieder zu ihnen zurück, um alles noch einmal zu bedenken, was man schon unzählige Male vorher bedacht hat. Wir werden Übergewissenhaft, pedantisch, zweifelsüchtig, grüblerisch und verantwortungsscheu, kommen zu keiner echten Leistung, aber auch zu keinem wirklichen Verzicht.
Die nächste Phase, die des Handelns, kann man auch nicht verlassen wollen. Wir erleben dann die Menschen, die ständig in Aktion sind, ständig irgend etwas verwirklichen müssen, aber gar nicht aufnehmen können, welche Folgen aus ihren Aktionen erwachsen, die also niemals Erfahrungen machen. Wir nennen solche Menschen engstirnig, unbelehrbar, stur, trotzig, fanatisch, starrsinnig, dickköpfig, rücksichtslos und vieles mehr. Sie tun das, was sie tun, mit einer kalten inneren Wut, die aus ungezügelter Triebhaftigkeit stammt, mit zusammengebissenen Zähnen, im genauen Bewußtsein des Planes, der ohne einen Blick nach rechts oder links verwirklicht wird. Ihr Selbstgefühl ruht in diesem bestimmten Tun und wenn das in Frage gestellt würde, fühlten sie sich selbst gefährdet. Das sind dann häufig solche Menschen, die, sobald sie pensioniert werden und damit von ihrer Aufgabe gelöst werden, zusammenbrechen.
Wünsche haben etwas mit unseren Interessen zu tun. Ein Interesse ist niemals angeboren. Es stellt sich nicht »von selbst« ein. Alle unsere Interessen sind erworben. Durch Erziehung, durch Bildung und Selbstbildung. Nehmen wir ein Beispiel: Sie sitzen mit Ihrem Freund vor dem Fernseher. Ihr Freund möchte sich nur berieseln

lassen, ohne dabei selbst denken zu müssen. Er sieht nur Bilder von alten Steinblöcken und hört dazu einen Vortrag, der ihm uninteressant erscheint. Sie selbst sind derart gepackt von den für sie prächtigen Bildern der berühmten Megalithgräber in Europa und von den für Sie hochinteressanten Erklärungen dazu. Sie schreiben gleich am nächsten Tag an die Fernsehredaktion und bitten um weiterführende Literatur. Sie kaufen sich das Buch, das Ihnen empfohlen wurde, kommen in Briefkontakt mit dem Autor, reisen mit diesem in den nächsten Urlaub in die Bretagne und die Normandie und halten anhand von Farbdias jetzt über diese gewaltigen Denkmäler aus der Steinzeit Vorträge, sogar vor Fachleuten.
Es gibt keine uninteressanten Dinge auf dieser Welt, es gibt nur so manches, für das wir eine Sache mit selbstsicherem Inhalt anreichern, sie zu unserer Sache machen. So reifen wir und so gewinnen wir mehr Wissen und Bildung. Wer immer nur denkt, »ach, das interessiert mich nicht«, oder: »Ich habe keine Lust«, der verarmt innerlich, er bleibt hohl und leer. Sobald wir uns für Menschen, Tiere, Pflanzen und andere Dinge zu interessieren beginnen, sobald wir unser Interesse mit Leben füllen, beginnen wir zu wachsen, und es gibt etwas, das uns ausfüllen kann. Je mehr Sie sich in ein Interessengebiet vertieft haben, umso mehr Wert hat es für Sie persönlich. Ihr Interesse hält Sie geistig wach, dadurch bleiben Sie jung und elastisch, geöffnet für weitere Möglichkeiten, für Erweiterungen und Vertiefungen Ihres Wissens und Könnens.
Wir müssen wachsen, wir müssen es nur wollen!
Wille? – Was ist das? Gibt es überhaupt keine Erziehung zum Wollen? Wie können wir unseren Willen beeinflussen und formen? »Du willst bloß nicht, das ist deine bodenlose Faulheit!« – Das müssen sich viele Menschen tagtäglich anhören.
Oder der Chef sagt: »Wer willensstark ist, der kommt pünktlich aus dem Bett heraus, und damit ist er auch pünktlich bei der Arbeit.«
Nun, es gibt genügend Broschüren für das Willenstraining. Es gibt genügend Leute, die sich nach bestimmten Rezepten abmühen. Dazu müssen wir bemerken: Wille ist nicht einfach eine Eigenschaft, die der eine hat und der andere nicht. Was man mit dem Wort Wille meint, ist in Wirklichkeit ein ganzes Bündel von gei-

stig-seelischen Vorgängen, die meistens gar nicht in alle Teilbereiche zerlegt werden können. Eine Triebhandlung beispielsweise darf nicht mit einer echten Willenshandlung verwechselt werden. Erst der menschlich-sittliche Gehalt einer Handlung – und die Überwindung bestimmter Triebe – entscheidet über den Persönlichkeitswert. Wenn unsere Söhne sich heimlich davonstehlen, um, trotz des elterlichen Verbots, sich einen bestimmten Kinofilm anzusehen, sind sie nicht willensstark, sie unterliegen eigentlich nur ihren Trieben. Die Frage lautet: Welches ist der Beweggrund unseres Handelns? Die Antwort auf diese Frage entscheidet über eine echte Willenshandlung: Das Motiv ist der seelische Hintergrund, der die Richtung des Handelns bestimmt – und das Handeln leitet. Nur selten ist es ein einzelnes Motiv, das einer Handlung vorausgeht. Meistens sind es zwei oder mehrere Motive. Je stärker ein Motiv ist, desto sicherer können wir ihm zustreben. Nehmen wir dieses Buch zum Beispiel. Als Psychotherapeut weiß ich, daß sehr viele Menschen orientierungslos durchs Leben gehen. Sie brauchen deswegen noch lange keine Psychotherapie. Hier ein kleiner Hinweis, da eine Persönlichkeitskorrektur, da das kleine »Aha-Erlebnis«. Ich möchte gerne mit so einem Buch jungen Menschen helfen, nicht die gleichen Fehler und Dummheiten zu machen, die ich in meiner Jugend machte, weil ich es nicht besser wußte. Das ist ein starkes Motiv. Mittlerweile habe ich sehr viel Lebenserfahrung und weiß, daß ich Menschen von dieser Erfahrung etwas abgeben kann. Das ist ebenfalls ein starkes Motiv. Außerdem komme ich über meine Bücher mit interessanten Menschen in einen Dialog, sie schreiben mir und wir tauschen uns aus. Und ein nicht zu vergessendes Motiv ist der Umstand, Geld zu verdienen. Eine gute Auflage zeigt mir den Erfolg. Auch das ist ein starkes Motiv.

Sie sehen, wenn die Motive stimmen, wenn wir mit unserer ganzen Überzeugungskraft dahinterstehen, dann können wir auch unsere Wünsche verwirklichen. Als ich vor langen Jahren eine feste Anstellung zugunsten meiner freiberuflichen Tätigkeit aufgab, erklärte man mich für komplett verrückt. Wie kann man es wagen in so unsicheren Zeiten, sich aus einem gutbezahlten Job zu stehlen, um sich selbständig zu machen? Meine Freunde »sahen« mich schon reumütig zurückkehren. Das tat ich nicht. Es sind jetzt schon über zehn Jahre vergangen. Und mir geht es besser denn je. Warum? Weil ich starke Motive für meine Wünsche und Vorstellungen hatte und weil in mir die Überzeugung stark war, daß ich es schaffen würde. Und das dürfen wir nie dabei vergessen: unsere Motivationen müssen stark genug sein, daß wir nicht nur vorübergehend stark dahinterstehen, sondern in uns muß eine tiefe Überzeugung stecken, die alle Hindernisse überwindet! Darum sollten wir Willensstärke auch nicht mit bloßer Körperkraft verwechseln. Denn die Geschichte hat es immer wieder bewiesen, daß manchmal gerade die Kleinen und Zarten die eigentlichen »Helden« sind.

Der entscheidende Schritt vom Warten zum Handeln

Halten Sie Ihre Pläne geheim und erwähnen Sie sie keinem Menschen gegenüber. Das Unbewußte des Menschen hat seine eigene Dynamik. Sobald wir beginnen, über unsere Pläne und Wünsche zu reden, geben wir die daran gebundene Energie ab und die Dynamik der Wunschvorstellung wird, bevor sie kreativ wirksam werden kann, »zerredet«. Rechnen Sie mit der Tatsache, daß es nun einmal Menschen in Ihrer Umgebung geben kann, die Ihnen Ihren Erfolg und die Wunschverwirklichung mißgönnen. Wenn Sie anderen von Ihren Plänen erzählen, hören Sie gelegentlich eine destruktive Kritik, die dazu führt, Sie zu entmutigen. Das ist vor allem dann gefährlich, wenn Sie insgeheim noch einige Zweifel über Ihr Vorhaben hegen. Wenn dann der Ehepartner, »Freunde« oder Kollegen sagen: »Das schaffst du nie! Mensch, das haben andere schon versucht und sind gescheitert, und nun gerade du?« Dann wachsen Ihre eigenen Zweifel ins Unermeßliche, Sie schämen sich vielleicht sogar, daß Sie es überhaupt gewagt haben, einen solchen Wunsch zu hegen und damit ein wenig aus der Masse herauszuragen. Sie können in dieser Situation die Neidfallen anderer Menschen nicht erkennen und machen sich deren Meinung zur eigenen Überzeugung und damit ist Ihr Mißerfolg sicher. Denn eine Überzeugung ist die stärkste Suggestion, die es gibt. Alles das, wovon Sie überzeugt sind, wird sich verwirklichen, dabei ist es egal, ob diese Überzeugung positiver oder negativer Natur ist. Wenn wir Pläne in uns reifen lassen, dann ist Schweigen wirklich »Gold«; und Reden ist »Kleingeld«. Lassen Sie sich bei Ihrer Wunschverwirklichung nicht beirren. Nur Sie wissen wirklich, was in Ihnen steckt, und viel mehr als Sie ahnen, steckt in Ihnen die Fähigkeit, Wünsche zu verwirklichen, von denen Sie heute noch nicht einmal zu träumen wagen. Wenn negative Suggestionen der Umwelt auf uns einströmen, dann hegen wir Selbstzweifel. Wie können wir uns vor den negativen Suggestionen schützen? Sie sollten wissen, daß eine Suggestion nur wirksam werden kann, wenn Sie zur Autosuggestion wird, wenn wir sie also annehmen, die darin enthaltene Überzeugung zu unserer eigenen machen.

Wie können wir uns nun gegen negative Vorstellungen wehren? Wenn Sie dabei das Bild des willensstarken Menschen vor Augen haben, dann ist Ihre Sache schon verloren. Positive Überzeugungen lassen sich nicht dadurch aktivieren, indem wir die negativen beiseite zu drängen versuchen. Wer sich aktiv gegen das Negative wehrt, verstärkt es nur. Das ist ein altes Lebensgesetz.

Viele Menschen scheitern bei der Erfüllung ihrer Wünsche, Ideen und Bedürfnisse daran, daß sie nicht imstande sind, zur rechten Zeit den ersten Schritt zu tun.

Der erste Schritt, das bedeutet, andere auf sich aufmerksam machen. Das steht im Widerspruch zu dem, daß Sie nicht über Ihre Wünsche sprechen sollten. Das gilt nur so lange, wie diese Wünsche noch nicht ausgereift sind. Wenn Sie Ihnen klar vor Augen stehen, wenn der Weg und das Ziel feststehen, dann bedeutet der erste Schritt, die Leute, die Ihnen bei der Wunschverwirklichung behilflich sein könnten, auf sich aufmerksam zu machen, Sie dazu zu bringen, Sie zur Kenntnis zu nehmen und Sie anzuhören. Der erste Schritt, das ist auch die Entscheidung, sich aus der Passivität zu lösen und aktiv zu werden. Ein Risiko einzugehen. Handeln, statt immer nur abzuwarten.

Ich kenne eine Menge großartiger, fähiger Leute, die schon in jungen Jahren resignierten. Sie warten immer noch ergeben darauf, daß einer kommt und ihnen eine Chance bietet. Sie hoffen auf den berühmten Zufall, der ihr Leben zum Besseren verändert. Sie warten an ihren Arbeitsplätzen, sie warten in ihren Ehen, bis sich das Verhältnis zum Partner wieder verbessert. Sie warten im Wartezimmer, bis sie aufgerufen werden oder sich im Restaurant der Kellner einmal erinnert, daß sie auch noch da sind. Sie warten auf einen Ehepartner, ohne zu wissen, wie der eigentlich beschaffen sein soll. Sie warten auf das Glück, ohne »ihr Glück« beim Namen nennen zu können. Sie warten überhaupt, ohne letztlich zu wissen, worauf sie warten. Sie haben tausend wunderschöne Entschuldigungen dafür, warum sie ihr Glück nicht in die Hand nehmen. Sie sagen: »Ich tu ja, was ich kann, aber man beachtet mich nicht.« Ich denke da an Jan, mit dem ich gestern ein Gespräch hatte. Jan ist Lebensmittelchemiker, hat einen Doktortitel und arbeitet als Hilfsarbeiter. Dabei ist er kaum über dreißig. Er hat schon resigniert. Wenn ich versuche, ihn ein wenig auf die rechte Bahn zu stoßen, dann lamentiert er: »Was ist schon ein Doktor, am liebsten wäre ich Beamter, da hätte ich meine Ruhe und Sicherheit.« Nach außen zeigt Jan auch das, was er ist, einen Hilfsarbeiter. Gebeugt kommt er daher, trägt graue Hemden und graue Hosen. Irgendwann will er einmal heiraten, aber er weiß nur, daß sie nicht so sein soll wie seine Mutter, bei der er immer noch lebt. Genauso geht es mit den Wünschen einiger Menschen, sie wissen nur, was sie nicht wollen. Was sie wirklich wollen, das ist ihnen noch nicht im Traum eingefallen. Aber wie will ich im Leben weiterkommen, wenn ich das Ziel nicht kenne oder wenn es verwaschen und vernebelt ist? Wenn ich im Leben etwas erreichen will, dann muß ich zu allererst ganz klare Zielvorstellungen herausarbeiten. Die Dinge geschehen zunächst in uns und nicht zuerst in unserer Außenwelt. Haben wir erst einmal unsere innere Struktur »auf Vordermann« gebracht, dann ändern sich automatisch die Verhältnisse unserer Außenwelt. Um beim Beispiel von Jan zu bleiben, wenn er sich entschlossen hat, sich von der Mutter zu lösen, wenn er seine Minderwertigkeitsgefühle bearbeitet, um zu mehr Selbstvertrauen, zu mehr Selbstwertgefühl, zu einem besseren Selbstbild zu kommen, dann strahlt er diese neue Überzeugung nach außen aus und er wird seine Erfolge, einen Lebenspartner, einen Arbeitsplatz gemäß seinen Kentnissen und Fähigkeiten bekommen.

Nützliche Ideen können sich bei den verschiedensten Gelegenheiten einstellen. Sie überfallen uns manchmal, während wir uns rasieren oder gerade Kaffee kochen. Auch während einesSpazierganges kommen sie gelegentlich über uns. Wissen Sie, warum so viele gute Ideen wieder untergehen? Weil so viele Menschen erschrecken, was für »vermessene« Ideen sie haben. Sie begrüßen ihre Ideen mißtrauisch wie »Fremde«, knallen ihnen wie einem unbequemen Vertreter die »Tür vor der Nase zu«, anstatt sie wie einen guten Freund zu begrüßen. Unser Unbewußtes schickt uns in unserem Leben so viele Freunde und Helfer, und was machen wir? Wir mißtrauen uns selbst, wir behandeln unsere guten Einfälle wie »einen Sack voll Abfall«.
Wie wäre es, wenn Sie sich ein kleines Ideenbüchlein zulegen würden und darin Ihre schöpferischen Gedanken notieren. Selbst wenn Sie nicht gleich darangingen sie zu verwirklichen, könnten Sie immer wieder an sie erinnert werden, und eines Tages ist dann der Zeitpunkt tatsächlich reif für diese Idee. Weil die Umstände gerade richtig sind. Oder diese »kleinen Gedanken« könnten ein Mosaiksteinchen zu einem »großen Gebäude« werden. Lassen Sie also Ihre Einsichten und Ideen nicht kläglich untergehen! Schreiben Sie sie auf und beschäftigen Sie sich damit. Allein dadurch, daß Sie sich damit beschäftigen, wächst etwas in Ihnen, und was gestern noch unmöglich war, scheint Ihnen heute vielleicht doch im Bereich des Möglichen zu liegen. Behandeln Sie Ihre schöpferischen Ideen nicht wie lästige Fremde, sondern wie gute Freunde, dann werden Sie auch erfahren, daß diese guten Freunde Ihnen wertvolle Dienste leisten können. Denken Sie auch daran, daß unsere Wünsche »Dienstboten des Schicksals« sein können.
Und wenn Ihnen dann so ganz tief aus dem Inneren die Stimme des Vaters erklingt: »Das kannst du nicht, dazu bist zu zu klein«, und wenn Sie nicht in der Lage sind, diese mahnende Stimme in die Schranken zu verweisen, dann sind Sie wirklich noch zu klein! Dann wird es aber höchste Zeit, Papi ade zu sagen und schleunigst zu wachsen.
Wenn Sie sich mit Ihren Wünschen konsequent auseinandersetzen wollen, dann empfehle ich Ihnen: Schreiben Sie sich Ihre wichtigsten Wünsche auf und lassen Sie diese Liste zwei Wochen lang lie-

gen. Dann untersuchen Sie die Aufzeichnungen dahingehend, ob das auch wirklich Ihre Wünsche sind oder ob es sich um vorgeschobene Wünsche handelt, die Ihnen einmal von Mami oder Papi eingeimpft worden sind, oder ob es sich um einen Wunsch Ihres Ehepartners handelt, den Sie sich zu eigen gemacht haben. Streichen Sie so lange an dieser Liste herum, bis Sie das Gefühl haben, die letzten drei verbleibenden Wünsche entsprechen tatsächlich Ihren ganz tiefen Bedürfnissen, dann sortieren Sie diese Wünsche nach der Rangordnung ihrer Wichtigkeit für Sie. Den wichtigsten und vordringlichsten Wunsch nehmen Sie sich nun als ersten vor. Zerlegen Sie ihn in die kleinsten Bestandteile und untersuchen Sie diese Teile, welche Dinge und Menschen Ihnen bei der Verwirklichung dieses Wunsches behilflich sein können. Brauchen Sie Geld dazu, müssen Sie sich neue Kenntnisse zur Verwirklichung dieses Wunsches aneignen? Machen Sie sich ein klares Bild von dem, was Sie wünschen. Zeichnen Sie das Resultat des Wunsches. Wenn Sie ein neues Haus wünschen, dann denken Sie nicht an irgendein Haus. Überlegen Sie sich genau, wie dieses Haus aussehen soll. Haben Sie ein solches Haus schon einmal gesehen? Sie sollten es fotografieren und das Foto in Großformat dort hinhängen, wo Sie es täglich sehen. Machen Sie sich einen Plan über die Beschaffenheit der Räume, wie soll das fertig bepflanzte Grundstück aussehen? Mit welchem Zaun wollen Sie das Grundstück abgrenzen? Merken Sie, worauf ich hinaus will? Es kommt darauf an, sich diesen Wunsch zu zerlegen und sich jedes Detail genau anzusehen, sich damit auseinanderzusetzen.

Bevor dieses Haus irgendwo steht, muß es fix und fertig als scharfes und konkretes Bild in Ihrem Unbewußten existieren. Damit haben Sie Ihrem Unbewußten eine klare Zielvorstellung gegeben. Vielleicht soll es kein Haus sein? Sie suchen einen Ehepartner? Dann stellen Sie sich doch einmal vor, wie dieser Mensch aussehen soll. Mögen Sie die gemütlichen Vollschlanken, einen großen schlanken Menschen oder einen zarten Kleinen? Schwarzhaarig, rot oder blond? Soll dieser Mensch warmherzig oder eher kühl oder reserviert sein? Mögen Sie Herzenswärme, fröhliche Aufgeschlossenheit? Einen denkenden Menschen, der den Dingen auf den Grund gehen möchte, oder lieber einen praktischen Menschen, der sich in jeder Situation zu helfen weiß? Soll der Mensch, mit dem Sie ein Leben lang durch Freud und Leid gehen möchten, häuslich sein oder eher ein Schmetterling, der gerne mit Ihnen auf Reisen geht? Malen Sie sich auch das Zusammenleben mit diesem Menschen in allen Einzelheiten aus, erleben Sie sich, wie Sie beide eine Krise gemeistert haben und danach noch mehr zusammenwachsen. Sehen Sie sich an einem wunderbaren Urlaubsort. Erleben Sie, wie Sie durch dick und dünn gehen und immer mehr zusammenwachsen.

Was ich Ihnen vermitteln möchte, ist folgendes: Wenn ich wirklich einen Herzenswunsch habe, dann ist er bei mir zu Hause wie mein bester Freund, und wie ich mit einem guten Freund umgehe, so bewirte ich diesen Wunsch, um Ihm dadurch meine Ehrerbietung zu zeigen. Ich zeige ihm dadurch, daß ich ihn wichtignehme und mir anhöre, was er mir zu sagen hat. Denn dieser Wunsch ist ein Teil von mir – das bin ich! Überlegen Sie auch, was Sie in die Waagschale zu werfen haben. Wenn Sie beispielsweise einen Partner suchen, dann fragen Sie sich auch detailliert, was Sie zu bieten haben.

9. KAPITEL

Mir geht ein Licht auf

Sie haben sich ein Ziel gesetzt: Sie wollen im Leben vorankommen – Sie wollen aufsteigen – Sie wollen tüchtiger werden. Mit Sicherheit aufsteigen und es zu etwas bringen kann nur, wer mit seinen Leistungen über dem Durchschnitt liegt. Je höher er darüberliegt, desto günstigere Möglichkeiten verschafft er sich. Wenn wir von Leistung sprechen, dann müssen wir uns erst einmal klarwerden, was wir darunter verstehen. Vereinfacht kann über den Begriff Leistung gesagt werden: Leistung ist die in einer Zeiteinheit vollbrachte Arbeit. Je nachdem, wie sie ausfällt, hat jede Leistung ihren höheren oder geringeren Wert. Das führten uns die mal besseren oder mal schlechteren Noten während unserer Schulzeit deutlich vor Augen. Auf dem Wert unserer Leistungen beruht unser Erfolg. Der Grad unserer Leistungen verursacht unseren Erfolg oder Mißerfolg. Erfolgreich sein setzt eigene Leistungen voraus. Ohne Planen, ohne Ziele, ohne Lebensform bleibt uns der Erfolg versagt.

Nachahmung, bloße Nachahmung führt zum Tod der Leistung. Sie wird zum Friedhof jeden Erfolgsstrebens. Das ändern auch sogenannte Erfolgsrezepte nicht. Zwischen Leistungstüchtigkeit und unseren ererbten Anlagen bestehen klare Zusammenhänge. Bei unserer Geburt bekommen wir ein recht umfangreiches Erbgut mit auf unseren Lebensweg. Viele Anlagen und Fähigkeiten schlummern in uns. Sie brauchen nur geweckt, gepflegt und ausgebildet zu werden.

Sie dürfen ruhig glauben und darauf vertrauen: Viele Anlagen ruhen noch ungenutzt in Ihnen. Sie brauchen Sie nur zu wecken und auszubilden. Ein alter Grundsatz lautet: »Was lehrbar ist, ist auch erlernbar!« Und noch ein altes Lebensgesetz gibt es: »Wer Erfolg haben will, muß das, was er tut, mit Begeisterung tun und er wird andere mitreißen.«

Der Kirchenlehrer und Kirchenvater Augustinus (354–430) prägte diese Worte vor mehr als anderthalb Jahrtausenden. Augustinus

sagte: »In dir muß brennen, was du in anderen entzünden willst.« Natürlich sollten wir uns hüten, aus diesem Spruch heraus zu verallgemeinern. Begeisterung allein tut es nicht. So wesentlich und wichtig sie für den Erfolg sein mag. Zu der Begeisterung muß noch Ihr Tun hinzukommen, müssen unbedingt auch Ihre Sach- und Fachkenntnisse gelangen. Und darauf kommt es für Ihr Streben an. Nutzen Sie die Kraft der Begeisterung. Lassen Sie in sich brennen, was Sie in anderen entzünden wollen. Schüren Sie die Flamme der Begeisterung in sich. Und pflegen Sie Ihre Kenntnisse, die Sie benötigen, um zum rechten Erfolg zu kommen. Vielleicht können Sie sich aber für das, was Sie tun, nicht erwärmen. Dann haben Sie eben den falschen Beruf! Wenn Sie nur jeden Tag zur Arbeit gehen, um Geld zu verdienen, und sonst kein Interesse haben, an dem was Sie tun, dann können Sie kaum einen echten Erfolg verbuchen. Denn nur wer das tut, was er liebt, wird einen echten Erfolg für sich verbuchen können. Liebe zu etwas und Begeisterung für etwas, das können Ihre zuverlässigsten Helfer sein.
Erfolg und Leistung sind eng miteinander verbunden. Ohne entsprechende Leistung ist kein Erfolg denkbar. Auf Zufälligkeiten zu rechnen wäre sinnlos. Denn Zufälligkeiten werden Ihnen höchst selten einen Erfolg in den Schoß werfen.
Sind Sie alt? Sind Sie jung? Spielt das wirkliche Lebensalter überhaupt eine Rolle? Völlig ausgeschlossen darf es nicht werden. Denn alles Erlernte und Erfahrene, durch Einsicht Gewonnene, läßt uns geistig reifen. Die Zahl der Lebensjahre scheint demnach eine gewisse Rolle zu spielen. Doch es gibt Fünfundzwanzigjährige, die schon Greise sind, weil sie glauben, nichts mehr hinzulernen zu müssen. Sie sind nicht mehr lernbereit und lernwillig. Sie sind froh, mit der Schule und der Lehre fertig zu sein. Sie glauben, was sie gelernt haben und wissen, reicht für den Rest ihres Lebens. Deshalb werden sie auch nie so recht weiterkommen. Dagegen gibt es bejahrte Menschen im Alter von sechzig und mehr Lebensjahren, die immer noch wissensdurstig sind. Obwohl sie es zum Teil nicht mehr nötig haben, bleiben sie lernbereit und lernwillig. Dadurch wirken sie geistig jung und frisch. Sie setzen sich nicht aufs Altenteil, wenn es gilt Neues hinzuzulernen und neue Erkenntnisse zu haben. Sie legen ihre Hände keineswegs in den

Schoß. Ein Münchner Taxifahrer erzählte mir einmal folgendes: »Als ich noch Angestellter war, da fühlte ich mich gar nicht gut. Erst nach meiner Pensionierung geht es mir fabelhaft. Ich habe eine Erfindung gemacht, und die bringt mir so viel Geld.«
»Dann könnten Sie sich doch das Leben schön machen«, warf ich ein. »Aber Sie fahren Taxi.« Er zwinkerte lustig mit den Augen und meinte: »Nun, ich habe meine Rente, meine Erfindung bringt mir einen Batzen. Sie meinen wohl, ich fahre, um noch mehr Geld zu scheffeln? Weit gefehlt: Ich tue es, weil ich hier so viele interessante Leute kennenlerne. Langeweile habe ich keine und es geht mir gut.«

Das Wechselspiel von Erfolg und Niederlage

Fragen Sie sich einmal: Welche Anlagen habe ich? Welche Fähigkeiten stecken in mir? Inwieweit habe ich diese Fähigkeiten und Fertigkeiten bereits zur Entfaltung gebracht? Wo stehe ich heute in meiner Entwicklung? Welches sind meine Schwächen? Wo habe ich Lücken? Welche Fehler habe ich gemacht? Wie kam es zu diesen Fehlern? Welche Ursachen hatten diese Fehler?
Sie streben auf das Ziel der Persönlichkeitsentfaltung zu. Dann müssen Sie sich auch ganz reale Fragen stellen – und sie sich rasch und sachlich beantworten. Sie tun dadurch nichts anderes als sich selbst unter die Lupe zu nehmen. Besonders wichtig für Sie ist es, sich auch mal die eigenen Fehler unter das »Vergrößerungsglas« zu legen. In einer Selbstanalyse kann man nicht exakt genug vorgehen. So muß die nächste Fragestellung lauten, falls Sie einen Sprung nach oben machen wollen: Bin ich der Aufgabe gewachsen, die ich mir vorgenommen habe? Bin ich tauglich dafür? Entspricht mein Plan auch wirklich meinen persönlichen Fähigkeiten? Werde ich auch dafür mein Interesse wecken und ständig wachhalten können? Welches sind die Motive für mein Aufwärtsstreben? Sind meine Gefühle stark genug? Ist meine innere Anteilnahme vorhanden? Bin ich mit Leib und Seele bei der Sache? Durch solche »erbarmungslose Selbstkritik« erkennen Sie: die selbstgestellte Aufgabe, den Weg zu ihrer Verwirklichung, die einzelnen Etap-

pen, die Sie bewältigen müssen, und auch die Hindernisse. Diese Selbstanalyse soll Ihnen auch helfen, Ihre Situation real zu sehen und nicht in den Versuch zu fallen, in eine Überkompensation zu geraten. Viele Menschen, die mit Minderwertigkeitsgefühlen belastet sind, neigen zu übertriebenem Ausgleich: Sie möchten sich dadurch das Gefühl der Überwertigkeit verschaffen. In einer solchen »Überkompensation« steckt immer auch eine reaktive Einstellung, die oft genug gegen die Mitmenschen gerichtet ist. Reaktiv heißt rückwirkend, und in der Psychologie versteht man darunter ein Verhalten, das unmittelbar auf die Umweltreize hin eintritt – im Gegensatz zu einem aktiven Verhalten, das ja vom Menschen selbst ausgeht. Solche Menschen wollen oft nicht nur den »starken Mann markieren«, sondern sie wollen sich an anderen Menschen auch »rächen« für die eigenen Unzulänglichkeiten. Ein solches Verhalten nennen wir aggressiv. Lateinisch aggredere heißt angreifen. Aggression ist jedes Angriffsverhalten, das die Steigerung der Macht des Angreifers und die Minderung der Macht des Angegriffenen zum Ziel hat. Die Aggression ist immer eine Reaktion auf die Minderung der eigenen Macht, ob diese nun tatsächlich oder nur scheinbar droht, ob die Bedrohung also nur eingebildet ist. Hinter jedem aggressiven Akt steht die Verlust- und Versagensangst. Darüber sollten Sie sich ruhig einmal Gedanken machen. Etwa so: Warum war ich gerade eben so aggressiv? Wovor hatte ich in Wirklichkeit Angst?
Habe ich die Angst, möglicherweise zu versagen? Befürchte ich einen Mißerfolg?
Der Hinweis, sich mit den Dingen anzufreunden, vor denen wir uns am meisten fürchten, mag Sie in Erstaunen versetzen. Verständlicherweise wird es Ihnen keine Mühe bereiten, sich etwa mit dem Erfolg auseinanderzusetzen. Der Niederlage hingegen werden Sie aus dem Weg gehen, wo immer Ihnen das möglich ist. Der Grund mag darin zu suchen sein, daß Ihnen Erfolg die ersehnte Anerkennung bringt. Niederlagen sind mit der Verachtung der Umwelt verbunden. Davor haben wir Angst. Deshalb vermeiden wir es, daran zu denken. Besonders dann, wenn scheinbar nicht der geringste Grund dazu besteht, weil wir einen Erfolg errungen haben.

Dabei ist gerade das der beste Zeitpunkt, sich mit dem Gedanken an eine Niederlage anzufreunden. Und warum? Weil die Niederlage ein notwendiger Bestandteil des Erfolges ist. Es ist wie bei Tag und Nacht, Seele und Körper, Sonnenschein und Regen. Unser ganzes Leben ist nichts anderes als ein Wechselspiel gegensätzlicher Erscheinungen. Jedem Höhepunkt folgt ein Tiefpunkt, und zwar mit unvermeidbarer Konsequenz, die wir nicht ändern können. Wir können uns dagegen zur Wehr setzen, wir können uns Illusionen und Hoffnungen hingeben. Es wird nichts nützen. Das Vernünftigste, was wir tun können ist: Wir freunden uns mit den beiden Polen dieser Wechselbeziehung an. Wohlgemerkt mit beiden Polen. Nicht nur mit dem einen, der uns erstrebenswert erscheint. Wenn wir nämlich sagen: »Ich denke immer nur an den Erfolg und nie an eine Niederlage«, dann schwächen wir damit von vornherein unsere Kräfte zur Bewältigung unserer Niederlage. Wir wiegen uns in dem Glauben, daß es für uns keine Niederlage geben kann. Wir sagen: »Mir wird schon nichts passieren.« Oder trösten uns damit, daß bisher ja auch alles gutgegangen ist. Auf diese Weise schläfern die Menschen ihre Abwehrbereitschaft ein. Wenn dann die Niederlage kommt, sind sie ihr nicht gewachsen. Genau so ergeht es den Menschen, die »immer nur positiv denken wollen«. Sie akzeptieren ihre negativen Gedanken nicht. Es ist wie bei einer Mondfinsternis: ihre Sonne soll den Mond überdecken. Sie wollen die negative Seite in sich nicht sehen. Das ist so, als würde jemand behaupten, der Mond sei nicht sichtbar, weil ihn gerade die Sonne verdeckt, folglich existiert er nicht. In dieser Nichtbeachtung kann das Böse in ihnen wuchern, und ihnen manchen Schabernack bieten.

Wir können feststellen: Unser gesamtes Leben und alle unsere Handlungen, jedes Bemühen, ein gestecktes Ziel zu erreichen, unterliegt einem bestimmten Rhythmus. Wenn wir versuchen, einzelne Phasen der Entwicklung zu überspringen oder dagegen anzukämpfen, ist die Harmonie des Ablaufs gestört. Im täglichen Leben bezieht sich das vor allem auf die Erziehung der Kinder, das langfristige Zusammenleben mit anderen, die Gestaltung unseres Lebensbereichs und das Sexualleben.

In diesen Bereichen, die durch weitere ergänzt werden können, unterliegen wir der ständigen Versuchung, voll Hast und Ungeduld ans Ziel zu kommen. Ohne Rücksicht auf die harmonische Dramaturgie, der solche Abläufe unterliegen.

Natürlich können Sie in der nächsten Bank einen Kredit aufnehmen, einen Architekten und einen Baumeister engagieren und sich sagen: »Bis zu diesem oder jenem Termin möchte ich von Ihnen schlüsselfertig und eingerichtet mein Haus übernehmen.« Man wird dieses Haus bauen und einrichten. Es mag durchaus Ihrer Vorstellung entsprechen. Oder wenigstens den Vorstellungen jener Leute, denen Sie damit imponieren wollen. Die Frage allerdings ist: Ist das wirklich Ihr Haus? Es wird, sobald Sie alle Schulden bezahlt haben, Ihr Geld sein, mit dem Sie es erworben haben. Aber kann diese Gewißheit alles das ersetzen, was Ihnen entgangen ist, nur weil Sie sich der Mühe, Ihren Lebensbereich engagiert mitzugestalten, entziehen wollen? Die Beziehungen zu den Details, die Entfaltung Ihrer Phantasie, die Anteilnahme Ihrer Gefühle. Alles das, was nach einem spannungsgeladenen Verlauf zur befriedigenden Entspannung führt. Wenn Sie schließlich sagen können: »In diesem Haus ist alles so, wie es meiner eigenen Vorstellung entspricht.« Nicht jener irgendwelcher Vorbilder oder der eines Innenarchitekten.

Eine andere Art, mit unseren Kräften schlecht umzugehen, ist das »Verzetteln« unserer Kräfte. Sie kennen auch sicher solche Menschen, die tausend Dinge anfangen und dadurch nicht eines zum Ziel bringen. Da jede echte Leistung Kraft braucht, um sie zu einem guten Erfolg zu Ende zu bringen, werden eben durch die vielen gleichzeitigen Unternehmungen die Kräfte »verzettelt«, und insgesamt gesehen, erreicht man nichts. Wir kennen doch die Leute, die immer gleich auf mehreren Hochzeiten tanzen wollen und in Wirklichkeit den Anschluß verpassen. Wenn wir daher ein Ziel im Auge haben, müssen wir auch immer auf den Kräfteeinsatz und den Weg zum Ziel denken.

Schon manches Ziel hat, bevor wir es überhaupt angingen, innere Widerstände hochgebracht. Ständig sind wir neuen Einflüssen ausgesetzt, die oft unmerklich Veränderungen in uns bewirken. Diese Veränderungen können dann auch zu inneren Widerständen führen, weil sich nicht alles im Menschen so anpassen läßt. Da auch neue Ziele Veränderungen bewirken, werden wir daher auch bei der Verfolgung neuer Ziele mit inneren Widerständen rechnen müssen.

Es fällt den meisten Menschen leichter, einen Posten auszufüllen, als zusätzlich ein Ziel beharrlich zu verfolgen. Einfach nur an einem Platz tätig zu sein ist ja auch leichter. Man hat genauso viel Freizeit wie die anderen Kollegen; wenn man einmal etwas schlecht macht, wird man ermahnt, die Arbeit fällt an und man braucht sie nur zu erledigen.

Verfolgen Sie aber ein eigenes Ziel, dann ist meistens niemand da, der mahnt, wenn Sie nichts leisten. Vor allem weiß man ja: Wenn man auf dem zusätzlichen Gebiet einmal nichts tut, so hat das noch keine unmittelbaren Folgen. Wer aber außer den angeordneten noch freiwillige Ziele anstrebt, der hat weniger Freizeit als andere Menschen.

Sie sehen, es ist nicht so einfach, ein Ziel selbständig zu verfolgen, denn dabei wird man nicht mehr gegängelt und gesteuert, sondern muß sich selbst steuern.

»Ach, ich sehe keine Schwierigkeiten. Man muß sich nur ein Ziel stecken und alles unterdrücken, was einem an der Verfolgung des Ziels hinderlich sein könnte«, werden vielleicht manche denken. Aber Druck erzeugt Gegendruck. Das können Sie immer wieder an sich selbst beobachten, da wo Sie etwas unterdrückt haben, etwas verdrängten, da spürten Sie einen Gegendruck in mancherlei körperlichen Symptomen. Mit dem Wegdrücken haben wir dann gewissermaßen eine Zwangsjacke angelegt und es fällt uns schwer, uns von ihr zu befreien.

Stellen Sie sich einen Fluß vor. Mit vielen Windungen und Schleifen, wie er sich im Laufe der Jahre gebildet hat. Dieser unregulierte Fluß tritt immer wieder bei den einzelnen Krümmungen aus seinen Ufern und überschwemmt das Land. Nun gibt es sicher naive Gemüter, die einfach hohe Wehre bauen, so daß das Wasser nicht mehr so wie früher übertreten kann. Aber das Wasser wird nun im Flußbett steigen. Und eines Tages wird es auch diese Wehre überspringen oder woanders austreten und die Verheerungen werden vielleicht ärger sein als je zuvor. Genauso geht es mit unserer seelischen Energie. Vergleichen wir sie mit dem Fluß, so verdrängen

wir die Energie durch Wehre, es kommt zu »Stauungen«, die dann aber einmal nicht mehr unter Kontrolle gebracht werden können. Bauen wir diesem Fluß, oder auch unseren inneren Kräften, ein Bett, das dem Wasser und der Energie genügend Platz bieten, oder bietet man diesem Flußbett Schleusen, dann wird der Fluß keinen Schaden mehr anrichten. Er ist reguliert! Man hat der Kraft des Wassers genügend Raum gegeben.
Wenn Sie eine bestimmte Arbeit mit innerem Widerwillen tun, dann brauchen Sie zunächst einmal Kraft, um diesen Widerwillen zu überwinden, und dann brauchen Sie außerdem noch Kraft für die Arbeit. Würde es Ihnen aber gelingen, eine bessere Einstellung zu dieser Arbeit zu gewinnen, so würde sie Ihnen leichterfallen.

Andere am Ziel beteiligen

Da wächst jemand »wohlbehütet« auf. Er hat immer brav gelernt und das getan, was man von ihm verlangt hat. Wahrscheinlich hat man – in bester Absicht – alle möglichen Hindernisse und Schwierigkeiten weggeräumt, damit er es »besser« im Leben hätte. Und nachdem er so die Schulen absolviert hat, kommt er hinaus ins Berufsleben, wo es lange nicht mehr so wohlwollend zugeht. Dort gibt es Konkurrenzkämpfe, Schwierigkeiten und äußere Widerstände, die er durchstehen sollte. Aber hat er das in seinem bisherigen Leben genügend gelernt? Vielleicht gibt er dann zu leicht auf und begnügt sich mit dem, was bequem und ohne viel Widerstand erreichbar ist, und nimmt die Widerstände wichtiger als die Verfolgung eines Zieles und verbraucht seine sämtlichen Kräfte an Widerständen – das Eigentliche ist vor lauter Widerstandskampf ganz außer Sichtweite geraten.
Nun konnten wir manches in unserem bisherigen Leben nicht aussuchen, wir waren auch in verschiedenen Fällen noch zu jung, um es zu verstehen. Der eine wurde vom Leben »mehr verwöhnt« als der andere. Das alles aber darf nicht dazu führen, daß wir nun im weiteren Verlauf des Lebens falsch handeln und uns damit Möglichkeiten verbauen.
Bei der Verfolgung eines Zieles müssen wir von vornherein mit äu-

ßeren Widerständen rechnen. Dann dürfen wir aber nicht nur diesen Widerstand sehen, sondern müssen uns überlegen, wie man das Ziel trotz des Widerstandes erreicht. Ein gutes Beispiel für so einen Widerstand ist das europäisch-sowjetische Erdgas-Röhren-Geschäft. Der amerikanische Präsident Reagan hat seine Amerikaner dazu veranlaßt, daß die Europäer bestimmte Materialien nicht geliefert bekommen. Damit will Reagan das Geschäft verhindern. Wenn die EWG-Länder nun aufgeben und klein beigeben würden, dann könnte man sagen, sie wären mit dem Widerstand nicht fertiggeworden. Aber sie haben alles in Bewegung gesetzt, damit das Geschäft termingerecht absolviert wird. Bundeskanzler Helmut Schmidt sagte dazu: »Unsere Partner müssen sich auf uns verlassen können.« Sehen Sie, darauf kommt es an, man muß sich auf uns verlassen können, auch wenn es äußere Widerstände gibt. Und wir müssen uns in so einem Fall auch auf uns selbst verlassen können. Unser Selbstvertrauen darf davon keinen Knacks bekommen. Erst wenn wir solche Überlegungen anstellen, erst wenn wir vor Widerständen nicht einfach zurückschrecken oder auf Widerstände einfach losgehen wie ein Stier auf ein rotes Tuch, können wir trotz Widerständen ein Ziel sinnvoll weiterverfolgen.
Mit anderen Worten: Nicht sofort, je nach Stimmung und Laune, auf den Widerstand reagieren, sondern abwägen, auf welchem Weg man ein Ziel am zweckmäßigsten erreichen kann. Abwägen aber bedeutet ja schon, daß man in Ruhe überlegt und sich nicht von seinem Ärger oder von seinen Ängsten hinreißen läßt.
Im allgemeinen bieten sich drei Möglichkeiten an: Man kann den Widerstand bewältigen, durchbrechen, man kann ihn umgehen, man kann sich vorläufig gegebenen Verhältnissen anpassen, sich dabei auf eine günstige Situation vorbereiten und Gegenkräfte durch geeignete Maßnahmen allmählich auflösen.
Wenn unsere eigenen Ideen, Ziele und Wünsche sich klar herauskristallisiert haben, die Motive erkannt sind, dürfen wir nun auch unsere Pläne mit anderen Menschen besprechen. Nicht unbedingt mit Freunden, Verwandten oder anderen nahestehenden Menschen, sondern mit denen, die uns bei unserer Zielverwirklichung behilflich sein können. Vielleicht werfen Sie ein, wozu diese Fragen besprechen? Ich verfolge einfach mein Ziel und kümmere mich

nicht um die anderen! Diese Einstellung wäre falsch, denn wir brauchen den Partner. Denken Sie doch daran: Ein Mensch kann die besten Ideen haben, solange sie aber nicht verwertet werden, liegen sie brach. Ein Mensch kann über Wissen und Können verfügen, solange er nicht die richtigen Partner findet, für die er dieses Wissen und Können einsetzen kann, steht er allein und erfolglos da.

Wer ist eigentlich »erfolgreich«? Ein Mensch, der dauernd daran denkt, daß er Erfolge haben möchte? Wie ist das bei einem erfolgreichen Arzt? Er muß immer wieder sein Wissen und Können den neuen Erkenntnissen der Medizin anpassen, um den Kranken optimal helfen zu können. Und während seiner Arbeit muß er sich seiner Aufgabe, also ganz den Kranken widmen. Er muß sogar seinen Lebensstil dieser Aufgabe anpassen. Er muß mit den Kranken gut umgehen können. All das bringt ihm Erfolg. Die Leistung für andere führt zum Erfolg – nicht schon der Wunsch: Ich möchte erfolgreich sein. Das ist nur der erste Teil. Der zweite besagt: Suchen Sie sich diejenigen Menschen, die Ihre Leistung brauchen und die Ihnen dafür Gegenwerte bieten, – denen führen Sie Ihre Leistung zu.

Um eine Leistung für andere erbringen zu können, müssen wir bereit sein, unser Wissen und Können zu vervielfältigen, andere Menschen entsprechend behandeln und auch unseren Lebensstil immer wieder neu den Erfordernissen anpassen. Wir werden ständig neue Situationen bewältigen müssen. All das läßt uns nicht im gewohnten Trott versauern, sondern hält uns jung und aktiv. Vielleicht haben Sie im Laufe Ihres Lebens schon Menschen kennengelernt, die neuen Situationen möglichst ausweichen: sie trauen sich gar nicht zu, eine schwierige Situation zu bwältigen und finden sich damit ab, bei dem zu bleiben, was sie gewöhnt sind.

Das Traurige daran ist, daß sie sich selbst neue Chancen vorenthalten, weil sie glauben, solchen Situationen nicht gewachsen zu sein. Kennen wir uns aber wirklich so genau? Wir sollten daher nicht jede Möglichkeit von vornherein ablehnen, denn was wir über uns selber denken, ist nicht immer richtig. Wir haben schon an anderer Stelle erfahren können, daß viele von uns ein falsches Selbstbild haben. Es ist daher besser, seine Kräfte Schritt für Schritt zu erproben, damit Wissen und Können Zeit zum Wachsen haben. Anfangsschwierigkeiten kann es immer geben, daher müssen wir uns in Geduld üben und den Mut nicht gleich aufgeben. Ich möchte Ihnen aber bei allem Streben nach berechtigtem Erfolg noch einen Tip geben: Werden Sie niemals ein sogenannter Perfektionist. Jedes gesunde Streben nach Erfolg, sei es im Bereich der Musik, der Wissenschaft, der Bildenden Kunst, der Spenglerei, des Kochens oder der Schuhreparatur, kann zu wunderbarer Meisterschaft führen. Sie kommt durch geduldige, fleißige und beharrliche Leistung zustande, und die Vortrefflichkeit ihres Produktes ist anderen nützlich und tut anderen gut. Das ist beim sogenannten Perfektionisten nicht der Fall. Perfektionismus kann den zwischenmenschlichen Beziehungen schaden. Schon manche Ehe ging in die Brüche, weil einer der Partner sich ganz seiner Aufgabe, ganz seinem Beruf gewidmet hat. Mit den meisten dieser »perfekten Ehefrauen« und »perfekten Ehemänner« ist das Zusammenleben schwer, wenn man Wärme und Nähe mag. Toni zum Beispiel ist ein persönlich attraktiver und hervorragender Jurist, aber seine Frau wird sich wohl wegen seines Perfektionismus von ihm trennen. Seine Arbeiten in seiner Kanzlei sind ausgezeichnet. Viele ratsuchende Menschen kommen zu ihm. Toni zeichnet sich neben seiner Intelligenz und Höflichkeit gegenüber seinen Mitmenschen aus. Aber zu Hause kann Renate, seine Frau, nicht an ihn heran. Sobald er von seiner Kanzlei nach Hause kommt und gegessen hat, vergräbt er sich in seine juristischen Akten und Fälle für den nächsten Tag. Wenn Renate mit ihm zu reden versucht, ist er distanziert und höflich, aber offensichtlich verärgert, und sein Gesichtsausdruck sagt: »Siehst du denn nicht, daß ich zu tun habe?« – während seine Worte lauten: »Ja, Liebling?« Renate fühlt sich hinausgeworfen und irgendwie im Grunde nicht sehr wichtig für ihn und wird daher oft ganz aufgebracht. Zuerst war sie bloß verletzt. Dann versuchte sie ihn zu einem Gespräch und zu irgendwelchen Unternehmungen zu verführen, indem sie über die »Nebenfrau Jura« Witze machte. Ursprünglich amüsierte ihn das irgendwie, aber ihr ständiges Bedürfnis nach Aufmerksamkeit, ihre natürliche Erwartung, er solle am »bloßen Alltagsleben«, wie sie es nannte, teilnehmen, und ihr zunehmend deutlich werdender Ton der Verbitterung trieben ihn noch weiter in seine Arbeit hinein. Er hält es für vernünftig von ihr, daß sie seiner harten und stetigen Arbeit nicht Beifall klatscht. »Schließlich tue ich es für dich oder für uns, wenn du so willst«, sagte er ziemlich steif, als Renate einmal verlangte, er solle mit seiner Nachtarbeit aufhören.

Das was wir hier beobachten konnten, hat schon nichts mehr mit einem gesunden Erfolgsstreben zu tun. Dahinter stehen Angst und Unsicherheit. Nicht nur die Angst, es im Beruf nicht zu schaffen. Die »Jura« ist tatsächlich Tonis »Geliebte«. Denn solange er Arbeit hat, muß er seine Potenz nicht unter Beweis stellen. Schließlich ist es nicht verwunderlich, daß die beiden nach achtjähriger Ehe immer noch keine Kinder haben.

Schöpferisches Träumen

Das Wahrnehmen ist der Anfang allen Erkennens. Es ist die erste geistige Tätigkeit des Menschen. Wahrzunehmen heißt ja nichts anderes als »für wahr annehmen«. Wie Sie wissen, haben wir fünf Sinnesorgane und »einen sechsten Sinn«.

Durch die fünf Sinnesorgane erfolgen die Empfindungen des Sehens und Hörens, des Riechens, Schmeckens und Tastens. Danach haben wir fünf Arten von Wahrnehmungen. Sämtliche Wahrnehmungen, die wir mit unseren Sinnesorganen machen, werden in unserem Kopf als Engramme gespeichert. Wenn diese aufgenommenen Erfahrungen wieder abgerufen werden, sprechen wir von Vorstellungen. Die Vorstellungen sind also die Erinnerungsbilder unserer sinnlichen Wahrnehmungen.

»Ich erinnere mich daran, daß ich so etwas schon einmal gesehen habe«, sagen wir gelegentlich. »Ich weiß noch gut, wie mein Elternhaus aussah.« – »Ich kann mir noch gut vorstellen, als ich das erste Mal nach Mallorca geflogen bin.« Unsere Vorstellungen sind im Bereich des gesamten menschlichen Denkens von größter Bedeutung. Ohne unsere Vorstellungen könnten wir überhaupt nicht denken, ja kaum existieren.

Je schärfer wir wahrnehmen und beobachten, desto schärfer bleiben auch unsere Vorstellungsbilder. »Daran kann ich mich schwach erinnern«, eine solche Aussage mag hier und da ohne Bedeutung bleiben, insgesamt aber spricht sie jedoch für den Mangel an Wachheit, Erlebnistiefe und geistiger Anteilnahme. Je größer unsere Anteilnahme an Wahrnehmungen und Erlebnissen ist, um so schärfer bleiben die Vorstellungen – die wir täglich in neuen Situationen gedanklich verwenden müssen. Eine Vorstellung ist konkret, wenn sie die Wahrnehmung möglichst vollständig und »vollinhaltlich« wiedergibt.

Alles Gedankliche ist abstrakt. Das Abstrakte ist gegenüber dem Konkreten unanschaulich. Es wird dadurch abgeblaßt, und farblos, nüchtern und unlebendig, nicht mehr erlebnisgeladen und wirklichkeitsnah. Trotzdem ist die Abstraktion einsehr wichtiger Vorgang beim Denken. Die konkrete Einstellung ist immer realistisch auf ein bestimmtes Ding bezogen, erlebnisbetont, und auch gefühlsbeladen. Beim Abstrahieren lösen wir uns von dem gegebenen Eindruck. Das einzelne Ding stellt für uns dann nur noch ein »auffälliges« Beispiel für das Ding an sich dar. »Die Luft ist kalt – frisch – trocken – feucht – warm – schlecht – verbraucht.«

Aber, die Luft enthält Sauerstoff und Stickstoff. Merken Sie, wie der abstrakte Gedanke frei wird von jeglichem persönlichen Erlebnis? Wer denken lernen will, der darf nicht an einzelnen Vorstellungen und einmaligen Erlebnissen kleben bleiben. Er muß absehen vom Einzelnen und Einmaligen. Die Abstraktion ist ein Denkvorgang, der sich gegenüber der Wahrnehmung und den Vorstellungen auf zweierlei Weise verhält: Was gehört zum Wesentlichen eines Baumes? Die Blätter? Nein! Wenn der Baum sie im Herbst abwirft, ist er immer noch ein Baum. Die Blüten, die Früchte? Ebenfalls nicht. Zu seinem Wesen aber gehören: die Wurzeln, der Stamm, die Äste, die Zweige und vor allem der aufrechte Wuchs.

Was wollen wir damit ausdrücken? Es gibt so viele Bücher über die Macht der Vorstellung. Ich bin auch dafür, die Vorstellung zu unserer Wunschvorstellung heranzuziehen. Aber es ist ebenso wichtig, die Abstraktion als Hilfe anzunehmen, denn sie hilft uns, das Wesentliche vom Unwesentlichen zu trennen. Das bedeutet, auf unser Ziel hingewendet, wir brauchen die Vorstellungskraft, um uns unser Ziel ausmalen zu können, wir brauchen die abstrakten

Gedanken, um das Wesentliche vom Unwesentlichen zu trennen, um damit das Ziel konkreter zu machen.
Jeder Gedanke, der in uns lebendig wird, hat das Bestreben, verwirklicht zu werden. In diesem Drang steckt eine ganz bestimmte Gesetzmäßigkeit, die letzten Endes aus der Geschichte der gesamten Menschheit zu verstehen ist. Welchen Wert hätten »tote Gedanken« für uns?
Positive und bejahende, kraftvolle und zielbewußtee Gedanken machen stark und erfolgreich! Negative und verneinende, blasse und unbestimmte Gedanken machen schwach und erfolglos. Wir wissen aus der Lebensgeschichte großer Persönlichkeiten und erfolgreicher Menschen, daß sie fast immer nur von »einem einzigen Gedanken, einer einzigen Idee« durchdrungen waren. Es gab für sie praktisch nichts anderes als für die Verwirklichung dieses einen großen Gedankens zu leben und zu schaffen. Solche Gedanken beherrschen nicht nur den Verstand, sondern die ganze Persönlichkeit: Sie waren von innen her durchdrungen, sie hatten außer dieser Idee noch eine große Überzeugungskraft in sich, daß sie ihr Ziel erreichen würden. Wer nicht innerlich durchdrungen ist von der Richtigkeit seiner Zielvorstellungen, der gelangt nicht einmal zu den allerersten Etappen einer Entscheidung.
Destruktive Gedanken erzeugen destruktive Auswirkungen bei dem Menschen, der sich ihrer bedient. Das ist ein »innerer Prozeß«. Wenn zum wirklichen Wissen die Erfahrung – das eigene Erleben – gehört, erscheint wohl sehr wesentlich auch das Bewußtsein, Erfahrungen nicht einfach denkend machen zu können.
Emotion oder auch Motion bedeutet sowohl Gefühl als auch »Bewegung«. Auch in dem Wort Motiv ist die Stammbedeutung »mot« vorhanden wie in Emotion oder Motion. Emotionen sind es also, die dem Menschen Motive geben. Wer wirklich Wissen anstreben will, bedarf grundsätzlich der Fähigkeit zur Emotion – egal, was damit gesagt sein kann, denn diese Erkenntnis ist durchaus mehrdeutig. Hieraus kann jedenfalls gefolgert werden, daß Fühlfähigkeit, die Sensibilität für Emotionen, mindestens im gleichen Maß zum wirklichen Wissen nötig ist wie eine Denkfähigkeit. Diese Schlußfolgerung ist nicht nur gedanklich logisch, sondern bei Anwendung ausreichender Sensibilität auch gefühlsmäßig

völlig richtig. Eine daraus resultierende Motivation führt im Denken zu der durchaus logischen Erkenntnis: Denken und Fühlen ergänzen und befruchten sich wechselseitig; im Denken ist ebenso das Fühlen enthalten wie im Fühlen das Denken enthalten ist. Optimale Fähigkeit zur Aufnahme von wirklichem Wissen – im Sinn von Wirkung zu erlangen – erfordert harmonisches Zusammenwirken von Denken und Fühlen!

Da kommt noch etwas hinzu, was für die Beachtung von Fühlfähigkeit ausreicht: Das Fühlen war vor dem Denken. Das Fühlbare – die Emotion, die Bewegung – ist das wesentliche Moment aller Lebensprozesse. Das Gewahrwerden dieser Bewegung, die Bewußtwerdung des Lebens an sich, ist ein sicher sehr geheimnisvoller zweiter Schritt auf dem Weg einer Entwicklung. Darin liegt ein Hinweis, daß auch der Grad eines Bewußtseins entwicklungsfähig zu sein scheint. Damit schließt sich ein Kreis: Wissen ist die Stammbedeutung von »Bewußtsein«. Wirkliches Wissen und wirkliches Bewußtsein kann man nicht rein denkend erlangen. Die hohe Gabe der Denkfähigkeit würde ohne ein gleiches Maß an Fühlfähigkeit zu menschlichen Irrungen und Verzerrungen des wahren Menschseins führen.

Hieraus resultieren also die vielen Mißerfolge von Menschen, die »positiv denken«: sie denken mit dem Kopf und nicht mit dem Herzen. Unsere Gefühle und unsere Fühlfähigkeit ist eine der großen Voraussetzungen, daß positives Denken auch wirklich zum Erfolg führt.

Richtig ist demnach alles, was unsere Lebenserwartungen erfüllen und unserer Lebenssteigerung dienen kann, was unserem geistigen Wissensdrang nachkommen und unser allgemeines Vorwärtskommen fördern kann. Falsch ist für uns sicherlich alles, was unsere Entfaltung einengt, uns in unserem Vorwärtskommen hemmt, uns unwissend und dumm macht. Aus solchen Erörterungen können wir unschwer den Unterschied in der moralischen Bewertung einer Entscheidung erkennen. Egoistische Entscheidungen bleiben fragwürdig und sind höchstens von vorübergehendem Wert. Entscheidungen, die nicht nur uns, sondern auch anderen von Nutzen sind, sind allgemein gültig und bleiben dauerhaft; Uneigennutz ist immer wertvoller als Eigennutz!

Auch wenn es sich um folgenschwere Entschlüsse handelt, darf man, nachdem die Entscheidung getroffen wurde, nicht wankelmütig werden. Es darf keine halben Lösungen geben. Auf halbem Weg stehen bleiben wäre ein Verzicht. Wir müssen unseren Weg unbeirrbar gehen. Wir lassen uns jetzt, nachdem die Entscheidung gefallen ist, nicht irre machen. Wir lassen uns nicht beeinflussen. Die Ausführung eines Entschlusses muß in jedem Fall straff und zügig sein, ohne den geringsten Aufenthalt, ohne jedes Zögern und Zaudern.

»Mit heißem Herzen, aber mit kühlem Verstand« – das war ein Losungswort, das zu allen Zeiten Gültigkeit hatte, bei Forschern und bei Wissenschaftlern ebenso wie bei praktischen Menschen. Im Einklang mit unseren positiven Gedanken, im Zusammenwirken mit unseren Emotionen und Gefühlen.

Vom Umgang mit der Liebe

10. KAPITEL

Was Männer stark und Frauen schwach macht

»Ich liebe dich« – das ist der wohl am meisten ausgesprochene Satz auf der Erde, in allen Sprachen, in vielen Dialekten. In Liebesromanen und im Kino, im Fernsehen. Sie lagen auf der Sommerwiese unter einem Baum, er an den Stamm gelehnt, sie mit dem Kopf in seinem Schoß. Er strich ihr sanft über das Haar und sah, wie sich der Himmel in ihren Augen spiegelte. »Weißt du«, sagte er, und seine Stimme war ein wenig unsicher, »nicht, daß ich hier eine heile Welt aufbauen will, aber irgendwie fühle ich mich mit dir wohl.« Sie bekam rote Ohrläppchen. »Ja, ich find' auch, im Grunde genommen stimmt alles in unserer Beziehung total.«

Von Liebe ist nicht die Rede. Verlangen, Sehnsucht, Wonne – ein umfangreiches Vokabular wird langsam aus dem Sprachgebrauch gekippt, als Gefühlsschrott einer überwundenen Ära. Denkt man daran, was für ein Schindluder damit getrieben wurde, freut man sich darüber. Hört man aber, was an seine Stelle getreten ist, vergeht einem die Freude ganz schnell wieder. Es beginnt schon, wenn wir einen Menschen benennen wollen, den man liebt, pardon, zu dem man eine »starke Beziehung« hat, das heißt, »so eine Zuneigung verspürt«.

Bei Auseinandersetzungen werden die »Probleme auf den Tisch geknallt«, Bedürfnisse »angemeldet«, »Ansprüche« zurückgewiesen, Boykottmaßnahmen angedroht, kurz, man »trägt die Konflikte aus«, daß die Fetzen fliegen. Nur Menschen mit kindlichem Gemüt lassen sich noch zu solchen Sätzen hinreißen: »Ich bin traurig, weil du mich nicht mehr liebhast.« – »Ich bin froh, daß du gern bei mir bist, und deshalb liebe ich dich.«

Was ist Liebe? Ein Gefühl. Ein Bedürfnis. Die Grundlage des Lebens und des Zusammenlebens. Menschen bauen ihr Leben auf Liebe auf. Und dann werden sie abhängig von dem Menschen, den sie lieben. Ohne »Ihn«, ohne »Sie« können sie nicht mehr leben. Sie werden süchtig. Und Liebe wird zu einem Problem. Sie fragen sich: »Ist Liebe das wirklich wert?« – »Ist Liebe wirklich so wichtig?« Es gehört viel Mut dazu, die Frage überhaupt zu stellen. Liebe, sagt unser Verstand, ist der höchste Wert der Menschheit. Liebe, sagt unser Gefühl, ist die tiefste Empfindung, zu der wir fähig sind. »Gott ist die Liebe«, haben wir alle einmal als Kinder gelernt, und dieser Satz wird nicht dadurch falsch, daß sich viele Kinder Gottes heute mehr um Abtreibung und Staatsverschuldung kümmern als um die Liebe in der Welt.

Dennoch die Frage: »Ist Liebe wirklich so wichtig?« Gestellt aus zwei Gründen: Einmal ist Lieben sehr häufig mit Leiden verbunden. Menschen gründen ihr Zusammenleben auf eine Liebe, die dann langsam, beinahe unmerklich, aber mit schicksalhafter Konsequenz wegdriftet.

Eines wollen wir festhalten: Liebe ist auf dem üblichen Weg der Bedürfnisbefriedigung zu erreichen. Die modernen Tragödien spielen sich in den Kleinfamilien der Großstädte genauso ab wie in Wohngemeinschaften. Und immer aus dem gleichen Grund: Wir wollen nicht wahrhaben, daß Lebensglück nicht mit lebenslanger »Garantie« geliefert wird. Wir machen von unserem »Umtauschrecht« Gebrauch – wieder in der Hoffnung auf ewiges Glück für den verbleibenden Rest des Lebens, und wir erleben nur zu oft die gleiche Tragödie. Der Fehler liegt darin, wie schon an anderer Stelle dargelegt, daß wir uns vorher, also vor einer Partnerwahl, überhaupt keine oder sehr wenige Gedanken machen, wie der Mensch beschaffen sein soll, mit dem wir ein Leben lang glücklich sein wollen. Ist die erste Form gescheitert, dann stürzen wir uns sogleich ins nächste Abenteuer, ohne die Trauerzeit abzuwarten. Täte das eine Witwe, sie würde symbolisch gesteinigt. Es ist aber wichtig, zwischen zwei Partnerschaften eine Zeitspanne des Alleinseins zu legen, um unserer »Seele« die Möglichkeit zu geben, sich von den Strapazen der Trennung zu erholen, um uns Gedanken darüber zu machen, was wir und nur wir selbst falsch gemacht haben. Solange wir darüber nachdenken, was der Partner falsch gemacht hat, suchen wir nur einen »Schuldigen« für unser eigenes Versagen. Auch wir haben dazu beigetragen, daß diese oder jene Partnerschaft scheiterte. Daß eine Liebe ganz langsam gestorben war. Und wollen wir irgendwann wirklich eine glückliche Partnerschaft führen können, ist es wichtig zu schauen, wo die eigenen Schmerzpunkte waren oder sind. Wer den ganzen Frust und Trennungsballast einer Partnerschaft in die nächste »Liebesbeziehung« einbringt, muß sich nicht wundern, daß so eine Gemeinsamkeit schon wieder zum Scheitern verurteilt ist.

Ein destruktiver Wunsch in Richtung Liebe und Partnerschaft ist auch jenes Verlangen, ein anderer möge sich scheiden lassen, damit er für uns frei wäre. Ein solcher Wunsch kann schon deshalb keine Früchte bringen, weil er auf dem Schmerz und dem Leid eines oder mehrerer anderer aufbauen möchte.

Wenn wir nach einer Trennung uns erst einmal zurückziehen, um uns auf uns selbst zu besinnen, dann können wir auch warten, einen Partner zu finden, der frei und ungebunden ist. Auch unser neuer Partner sollte innerlich frei und ungebunden sein. Wer von einer Partnerschaft in die andere springt, verhindert seinen eigenen Reifeprozeß.

In jedem Menschen ist ganz tief das Bedürfnis nach Liebe verankert. Und das spüren wir besonders dann, wenn wir uns aus einer Partnerschaft gelöst haben und unsere »Wunden lecken«. Kein Mensch fühlt sich trostloser, verlassener, einsamer als ein Mensch, der sich gerade von einem anderen Menschen getrennt hat. Und so ist es sicherlich verständlich, wenn diese Menschen eine große Sehnsucht nach einem anderen Menschen haben, nach einem Menschen, der sie in die Arme nimmt, ihnen »die Tränen abtrocknet«, sie tröstet. Und in diesem Bedürfnis liegt die große Gefahr, schon wieder an einen falschen Partner zu geraten, denn in unserem großen Schmerz sind wir bei der Wahl viel weniger kritisch als in einer anderen Situation. Und aus dieser Sicht betrachtet, ist es auch verständlich, daß alle Einsamkeit und aller Kummer vergessen sind, wenn uns jemand in die Arme nimmt und uns sagt, daß er uns liebe. Wir glauben ihm einfach. Objektiv gesehen gibt es auch noch keinen Grund, ihm zu mißtrauen. Es ist wieder die Auseinandersetzung mit uns selbst, die wichtig wäre. Denn, wenn wir Kummer haben, wenn wir in unserem tiefen Schmerz verhaftet sind, wie wollen wir da so etwas wie Liebe für einen anderen Menschen, dem wir gerade begegnet sind, verspüren?

Was wirklich in uns ist, das ist Wut, das ist Schmerz, das ist Enttäuschung, das ist Einsamkeit, das ist Verzweiflung. Und wenn wir diese Gefühle beiseite schieben, dann belügen wir uns selbst, dann setzen wir uns nicht echt mit unseren Gefühlen auseinander. Eine solche Liebe wäre nur ein Beweis vorangegangener Einsamkeit, Verzweiflung und Wut. Sie kann niemals die echte Hinwendung zum Du, aus dem ein Wir wird, sein.

Vielen von uns fällt es schwer, das, was wir einmal gehabt haben, loszulassen. Warum fällt es uns so schwer? Sicher hat das etwas mit unserer Welt zu tun, denn unsere Welt ist eine Welt des Festhaltens und des Habens. Aber viele Geschiedene und andere Menschen, die sich trennten, konnten dann das »Glück« erfahren, das ihnen begegnete, wenn sie endlich loslassen konnten. Am stärksten festhalten wollen wir einen Menschen, von dem wir geliebt sein wollen. Wir wollen ihn ständig an uns erinnern und dadurch etwas für unser »Glück« tun. Festhalten ist damit für uns verbunden mit Intoleranz, Ungeduld, Selbstmitleid, mit Versuchen, den anderen einzufangen, ihn mit uns zu beschäftigen, ihn zu kontrollieren. Dazu gibt es Hunderte von Strategien. Mir fällt dabei auf, wieviele Worte, die für uns das Gegenteil von Loslassen ausdrükken, der Kriegs- und Stragegiesprache entlehnt sind: »planen, wehren, blockieren, vereinigen, verteidigen, besetzen, gefangennehmen, kämpfen«.

Aber auch ein Hoffen kann ein Festhalten beinhalten: Und das ist wichtig für einsame Menschen, die immer noch an einem vergangenen Partner kleben: Wir müssen unsere alten Lieben gehen lassen, wir müssen ihnen erlauben, auch innerlich aus unseren Herzen auszuziehen. Während sie real längst in den Armen eines anderen sich tummeln, haben wir ihnen einen Dauerplatz in unserem Herzen reserviert und hoffen, er oder sie würde eines Tages zurückkehren, um dieser Einladung Folge zu leisten. Loslassen in diesem Sinne bedeutet daher, sich innerlich von einem ehemaligen Partner zu lösen, damit wir wirklich frei sind, frei für eine mögliche bessere Zukunft. An diesem »Glück« müssen wir aber arbeiten, indem wir alten Ballast abwerfen.

Liebende suchen einander.

Das wäre wieder so ein Satz, wo wir ein wenig innehalten könnten, um darüber nachzudenken.

Sie sitzen vielleicht daheim und spüren in sich die große Sehnsucht nach einem anderen Menschen. Sie brauchen jemanden – und geben Sie es ruhig zu – jemanden, der sie liebevoll in die Arme nimmt, jemanden, dessen warme Nähe Ihnen ein Gefühl von Geborgenheit gibt, dessen Schweigen genauso wertvoll ist wie seine Worte in einem echten Dialog.

Und dieser Mensch sucht Sie!

Erich Fromm hat einmal gesagt: »Niemals sucht in Wahrheit der Liebende, ohne vom Geliebten gesucht zu werden. Wenn das Licht der Liebe in dieses Herz gesenkt wurde, muß man wissen, daß es auch in jenes Herz gesenkt wurde.«

Wenn wir wissen, daß wir in uns die Sehnsucht nach dem anderen tragen, dann dürfen wir auch daran glauben, daß es irgendwo in unserem Umkreis auch einen Menschen gibt, der genauso fühlt wie wir, der nur darauf wartet, daß wir ihm begegnen. Wenn wir aber verschlossen sind, wenn wir innerlich zu sind, wenn wir unsere »alte Liebe« noch nicht losgelassen haben, dann überhören wir die Signale, dann gehen wir an diesem einen, der uns lieben würde, vorüber, ohne ihn zu bemerken. Da wo wir festhalten am Alten, da wo unser Herz vollgestopft ist von »altem Gerümpel«, da ist kein Platz für das Neue.

Gott pflanzte in jeden Mann und in jede Frau das Verlangen, die Sehnsucht nach dem anderen Geschlecht. Das tat er uns nicht nur zur Freude, sondern damit die »Art Mensch« erhalten bleibe. Das Problem der mann-weiblichen Polarität führt zur Diskussion von Liebe und Sexualität.

Geben vom Lebendigen

Unsere Gesellschaft ist aufgebaut auf so hohen Werten wie der »Freiheit des Einzelnen« oder im wirtschaftlichen Bereich der »Initiative einzelner Unternehmer«. Darauf, daß Menschen in dieser Gesellschaft alleine leben, ihre Freiheit und Einzelinitiative auch im Privatleben verwirklichen, ist sie noch nicht so recht eingerichetet. Wir erwarten, daß Menschen sich zusammenfinden, heiraten und eine Familie gründen, und wenn wir auch in diesem Punkt

bei anderen tolerant sind, haben doch die meisten Menschen diese Erwartung an sich selbst. Geheiratet werden kann aus vielen Gründen – der einzige heute wirklich allgemein akzeptierte Grund zu heiraten ist aber, daß zwei Menschen sich lieben.
Wieder wird Liebe in unserem Verständnis, denn wir alle sind Kinder unserer Zeit, ausgehöhlt. Wieder wird ihr eine Funktion gegeben, eine Sonderaufgabe. Und ähnlich wie beim Sex kann es sein, daß man aufgrund von Einsichten, die mit Liebe nicht hundertprozentig zu tun haben mögen, sagt: »Ich liebe dich!« Die Nächstenliebe ist die Liebe zwischen Gleichen; die Mutterliebe ist die Liebe für das hilflose Kind. So verschieden diese beiden Arten von Liebe sind, so haben sie doch einen gemeinsamen Nenner: Sie beschränken das, was sie zu geben haben, nicht auf einen einzigen Menschen. Wer seinen Nächsten liebt, wer zur Nächstenliebe fähig ist, der kann sich für viele Mitmenschen öffnen. Wenn ich meine Kinder liebe, dann nicht nur das kleinste, sondern ich liebe alle meine Kinder. Ich bin auch offen für andere Kinder.
Bei der erotischen Liebe ist das ganz anders. Sie ist das Verlangen nach dem gegengeschlechtlichen Pol, sie ist die Verschmelzung mit ihm. Diese Form von Liebe ist aber auch, und das dürfen wir nicht vergessen, die irreführendste Liebe. Sie ist mit dem Leid der ganzen Menschheit behaftet. Wegen ihr wurde getötet, wurden Kriege geführt, wurden viele Dinge getan, die uns die Stellung als »Höheres Wesen« bezweifeln lassen müssen.
Viele verwechseln diese Liebe mit Verliebtsein. Das was über uns hereinbricht, uns alles andere vergessen läßt, das manchem von uns den Verstand raubte, das ist nicht die eigentliche Liebe, es ist jenes Verliebtsein, das sich bis zur tiefen Leidenschaft steigern kann. Dieses Verliebtsein hat weniger etwas mit unseren Gefühlen zu tun als mit unseren Trieben und Instinkten. Ihr geht die eigentliche menschliche Tiefe ab. Die Liebe, in der die Sexualität an oberster Stelle steht, ist die eigentlich gefährdete Liebe, weil eben diese Partnerschaft auf unkontrollierte Instinkte und Triebe aufgebaut ist. Daher läßt sie sich auch schwer kontrollieren, sie ist wie ein Halm im Wind. Das sexuelle Verlangen kann durch Angst vor Einsamkeit gesteigert werden oder durch den Wunsch zu er-

obern oder erobert zu werden, durch Eitelkeit, durch das Verlangen zu verletzen. Das klingt ein wenig absurd, aber für viele Menschen ist die Sexualität auch ein Aggressionstrieb, indem der andere unterworfen werden soll; der andere ist hier oft symbolisch der Vater oder die Mutter.

Erst die Sexualität gepaart mit inniger, warmherziger Liebe gibt dem Menschen das Gefühl des Zusammenschmelzens, des Einswerdens. In so einer Umarmung wird das Ich zugunsten eines Wir aufgegeben.

Liebe ist einfach mehr als ein sexuelles Spiel.

Sexuelle Liebe ist – als Teil der Sexualität – voller Wollust, oder besser noch, voller Lebenskraft. Als Teil der Liebe enthält sie das, wodurch wahre Liebe sich gegenüber allen anderen Beziehungen auszeichnet: nämlich das Wohlergehen und das Glück des anderen dem eigenen vorgehen. Liebe ist die vollkommenste und edelste Beziehung zwischen den Menschen und birgt in sich das Beste aller anderen – Respekt, Bewunderung, Auflösung, Freundschaft und Intimität, fügt aber all dem noch den eigenen Reiz und Zauber hinzu. Eine solche Beziehung kann jedoch nur dann lebensfähig sein, wenn die »inneren Eltern« und der Erwachsene in uns dem spielenden inneren Kind Platz machen.

In solchen Augenblicken hören wir auf, »vernünftige« Menschen zu sein. Liebe ist eine Beziehung von Kind zu Kind. Wer seine Liebesstunden nicht verkrampft und verklemmt erlebt hat, wer dabei lachen konnte, wer die blitzenden Augen des anderen gesehen hat, der weiß, was es heißt, wenn zwei Kinder in den Erwachsenen miteinander spielen.

Wenn wir uns für die Liebe interessieren, dann dürfen wir dabei nicht vergessen, daß überall dort, wo wir mit uns selbst nicht im reinen sind, wir auch nicht mit anderen Menschen in Harmonie leben können. Wer mit sich selbst zerfallen ist, kann nicht im Einklang mit der Welt um ihn herum leben. Wer sich selbst haßt und verachtet, ist auch zu keiner vollen, warmen Liebe fähig. Ebensowenig wie jemand, der in sich selbst verliebt ist. Wer tief an sich selbst zweifelt, wird weder festen Halt in irgendeinem Glauben finden noch anderen einen solchen Halt geben können. Wer sich selbst betrügt, kann auch nicht ehrlich in der Liebe sein. Wer sich

selbst quält und erniedrigt, kann andere nicht erheben und erfreuen. Liebe ist immer eine Hinwendung auf das Du.
Nur wer fähig ist, sich für einen anderen einzusetzen, sein Wachstum und seinen Reifeprozeß zu fördern, ist wirklich fähig, einen ihm nahestehenden Menschen zu lieben. Wer Verantwortung übernehmen kann für sich selbst wie auch für andere, wird erahnen können, was alles in der Liebe steckt. Dazu gehört die Achtung vor dem anderen Menschen, den wir lieben. Und achten können wir nur, was wir kennen. Wir müssen einfach eine gehörige Portion Einfühlungsvermögen und das Wissen um das Du mitbringen. Sonst würde der ganze innere Gefühlsstrom ins Leere verströmen.
Die vielen Kümmerformen der Liebe zeigen uns, wie doch manche Menschen so wenig reif für die Hingabe zum anderen sind. Das ist das Schicksal vieler Menschen: weil sie als Kinder nie eine echte, warme, tiefe Zuneigung von ihren Eltern bekamen, sind sie als Erwachsene niemals in der Lage, ein tiefes, bindendes Gefühl dem anderen zu vermitteln.
Die Erfahrung lehrt uns, daß Liebe nicht davon abhängt, ob wir den richtigen Partner finden. Wieviele meinen, sie hätten eben nur noch nicht den richtigen Partner gefunden, sobald es dazu käme, wären sie auch bereit, ihre »übergroße Liebe« strömen zu lassen. Dabei läuft die ganze Geschichte anders herum: Wer fähig zur Liebe ist, wer also dieses Gefühl von Urvertrauen im Elternhaus mitbekommen hat, der wird nicht lange auf einen geeigneten Partner warten müssen, denn wie ein Magnet zieht er den »anderen Liebenden« an. Wer sein Herz öffnet, für die Anteilnahme an der Welt und am Leben überhaupt, wer in seiner Seele die verschütteten Kräfte der Warmherzigkeit öffnet, der wird ohne Schwierigkeiten auch jene Menschen treffen, die seinem inneren Ruf Echo sein wollen. Um einen liebenden Menschen wird es hell auf der Welt. Wie sollte er keine Resonanz finden? Wenn wir Licht sind, wie sollten wir die anderen nicht sehen, die zu diesem Licht streben?

Liebe ist eine aktive Kraft

Wieviele von uns träumen von einer Liebe ohne Konflikte, ohne Reibereien, ohne Streit! Sie meinen, Liebe sei ein ganz starkes Gefühl, das sie aus der Mittelmäßigkeit herausreißen würde und ihnen »Flügel verleihe«, mit denen sie ein Leben lang allem, was wehtut, entfliehen könnten. Eine solche Naivität und Weltfremdheit läßt sie sich hinter Fernsehfilmen und verlogenen Romanen einer »Gartenlaubenromantik« verkriechen, die mit einer Welt von heute nichts gemein hat. Solche »großen«, tragischen Filmlieben gibt es in der Realität nicht. Was hier zum Ausdruck kommt, ist die tiefe Sehnsucht des Autors nach Liebe, und zwar einer Liebe, die durch die rosarote Brille sieht und eher im Bereich des Märchens angesiedelt ist. Hier wird bewußt mit den tief verborgenen Gefühlen der Zuschauer manipuliert. Der Autor geht davon aus, daß viele Menschen im Leben zu kurz gekommen sind und in sich eine große Sehnsucht verspüren, diesen großen leeren Topf in seinem Innern mit »Liebe zu füllen«. Das Erwachen aus so einem Traum ist in der Regel sehr enttäuschend. Die Träumer von der vollkommenen großen Liebe bringen dann in ihrem Leben nur sehr unvollkommene Liebschaften zuwege. Weil der andere Fehler hat, weil es in der Liebe nicht klappt, »fliegt der Schmetterling zur nächsten Blume«, um dort zu ernten, was die vorherige nicht hatte. Damit vergibt er sich die Chance, eine wahre Liebe kennenzulernen. Wahre Liebe heißt nämlich, aneinander zu reifen. Die Kirche hat nämlich mit der Forderung nicht unrecht, die da lautet: » ... in Freud und Leid, bis der Tod euch scheidet«. In diesem Eheversprechen liegt eben die Bereitschaft, in jeder Zeit auch für den anderen da zu sein, denn mit seinem Reifeprozeß komme auch ich ein Stück weiter.

Und ich kann darüber aus eigener Erfahrung ein Lied singen. Wie oft wollte ich mich in der Anfangszeit von meiner Freundin trennen, wieviel Ärger spürte ich in mir, wenn wir uns stritten, wie habe ich sie gehaßt und geliebt, um dann zu erkennen, daß dieser Haß gar nicht ihr galt, sondern daß sich dahinter sehr viele frühkindliche Enttäuschungen verbargen. Wir haben die großen Kräche durchlebt wie die kleinen; und vor allem bei den großen spürten wir dann hinterher – nach der Versöhnung –, da hatte sich wieder eine neue Tür für uns aufgetan. Längst hatten wir erkannt, daß unser gemeinsamer Reifungsprozeß mit immer wieder in Schüben auftretenden inneren Schwierigkeiten verbunden war. Wir haben alle Register gezogen, die ein sich liebendes und streitendes Paar überhaupt ziehen kann. Und nach jeder Versöhnung spürten wir: Wir haben es diesmal wieder geschafft! Wir sind ein Stück weiter. Und obwohl wir wissen, daß es sich um Reifungsprozesse handelt, daß diese Streitereien zu unserem Leben gehören wie die Stunden der Zärtlichkeit und Nähe, so fallen auch wir immer wieder auf die »Tücke des Schicksals« beim nächsten Krach herein und glauben immer noch in solchen Momenten, es könne niemals mehr eine Brücke zwischen uns geben. Dabei spüren wir jedesmal, wir sind wieder durch eine unsichtbare Tür gegangen. Liebe ist also nicht Konfliktlosigkeit, sondern Austragen der Gegensätze zwischen zwei Menschen und unerschütterliches Bekenntnis zueinander trotz aller Schwierigkeiten. Gerade darin bewährt sich eine echte Beziehung zwischen zwei sich liebenden Menschen, daß sie an Meinungsverschiedenheiten und Uneinigkeiten nicht zugrunde gegangen ist. Eine solche Liebe ist wie ein Phoenix, der immer wieder aus der Asche steigt. Ein kluger Autor hat einmal geschrieben: »Sie stritten sich – so erfuhren sie wiederum, wie sie zusammengehörten.« Streiten dürfen wir, sollen wir sogar. Haben Sie schon einmal Ehepaare gesehen, die nie stritten? Haben Sie vielleicht beobachten können, wie langweilig und leer deren Leben eigentlich ist? Durch einen konstruktiven Streit setzen wir einen inneren Prozeß in Gang, der ständig in Bewegung sein kann. Wie öde wäre das Leben, wenn unser Partner immer mit uns einer Meinung wäre! Wo würde ich stehen im Leben, wenn mir mein Partner nicht sagte, wie ich auf die Welt wirke, wo meine Schwächen und Fehler sind. Und für ihn gilt das gleiche. Wie langweilig wäre ein Leben mit einem Menschen, der genau dächte wie ich. Dann könnte ich ebenso alleine leben. Wer mag schon mit seinem Echo zusammen sein? Was wir aber bei der ganzen Sache bedenken sollten, ist nicht der Kampf an sich, sondern die gewählten Waffen. Wählen Sie Florett statt Schwert, ein Streit darf nicht in gegenseitiges Verletzen ausarten, auch im Streit sollte die Achtung und die

Würde vor dem anderen gewahrt bleiben. Es muß der Wille zur Verständigung und zum konstruktiven Kompromiß vorhanden sein. Im Bestreben, immer wieder den Weg zueinander zu finden, beweist sich die Dauerhaftigkeit der Liebe. Von daher kommen immer Beunruhigungen, Aufgaben und Forderungen. Denn Liebe ist nicht ausruhen nebeneinander, sondern lebendiger Kampf und Konfliktüberbrückung zu einer Einigkeit, die täglich erobert werden muß. Hier spielt sich im äußeren Rahmen genau das ab, was sich in unserem Innern tut: ein ständiger innerer Kampf und Vereinigung der Gegensätze führt letztlich zu dem von C. G. Jung so benannten Individuationsprozeß, zur Selbstverwirklichung.

Im Wegschieben des Streites meinen viele Zeitgenossen ein echtes »positives Leben« zu sehen. Und damit sind sie in eine Falle des Positivismus geraten. Denn wer nicht streiten will und darin Harmonie zu erkennen glaubt, der hat in sich noch nicht die Polaritäten von »Krieg und Frieden« erkannt.

Bedingungslose und bedingte Liebe

Die Liebe macht das Herzstück der menschlichen Existenz aus. Sie ist mit der Sexualität verwandt, hat aber einen andersartigen Ursprung. Sie ist eine innere Kraft, die vom Ich zum Du strebt. Ihre Anfänge liegen nicht in dem ersten Lächeln des Kindes, in seinen ersten Worten, die es an seine Umgebung richtet, in seinem Umweltkontakt. Trotzdem, das kleine Kind besitzt noch keine ausgeprägten Liebesgefühle. Dazu ist es noch zu sehr in seine begrenzte kindliche Welt eingeschlossen. Sie lieben zunächst die Güte und Zuneigung, die man ihnen entgegenbringt, nicht die gütigen, wohlwollenden Personen. Am Anfang ist das Geben beim Kind seltener als das Nehmen: Liebe jedoch ist Gabe und Hingabe, wozu das Kind in bezug auf Vater und Mutter noch selten Gelegenheit hat.

So ist ein Kind im ursprünglichen Sinn nur Empfangender. Es empfängt Mutterliebe und Vaterliebe. Wie ein Acker empfängt es seine Saat, die erst nach einer langen Reifezeit aufgeht und selbst Früchte trägt. Und es ist nicht die gleiche Liebe, die es von Mutter und Vater bekommt. Erich Fromm definierte den Unterschied zwischen kindlicher Liebe und reifer Liebe folgendermaßen: »Die kindliche Liebe folgt dem Grundsatz: Ich liebe, weil ich geliebt werde. Die reife Liebe dagegen folgt dem Grundsatz: Ich werde geliebt, weil ich liebe. Die unreife kindliche Liebe sagt: Ich liebe dich, weil ich dich brauche. Die reife Liebe dagegen sagt: Ich brauche dich, weil ich dich liebe.«

In einem engen Zusammenhang mit der Entwicklung der Fähigkeit zur Liebe steht die Entwicklung des Objektes der Liebe. Die ersten Monate und Jahre des Kindes sind jene, in denen es mit seiner Mutter am engsten verbunden ist. Diese Verbundenheit hat ihren Anfang schon im Mutterleib. Sie verstärkt sich im Augenblick der Geburt, wenn Mutter und Kind noch eins und trotzdem zwei sind. Die Änderung durch die Geburt ist nicht so drastisch wie man meint, denn die Mutter-Kind-Bindung ist danach sehr intensiv, denn noch neun Monate nach der Geburt, die Zeit also, in der ein Kind gesäugt wird, ist es noch völlig von der Mutter abhängig. Erst wenn es beginnt zu gehen und zu sprechen, beginnt jener lange Jahre dauernde Reifungsprozeß, in dem es sich allmählich immer mehr von der Mutter löst und die Bedeutung des Vaters immer größer wird.

Mutterliebe ist bedingungslos, sie liebt das Neugeborene, weil es ihr Kind ist, nicht weil es ein Stück von ihr ist. Die bedingungslose Liebe entspricht einer der tiefen Sehnsüchte, nicht nur des Kindes, sondern jedes menschlichen Wesens. Vaterliebe dagegen sei bedingte Liebe, meint Fromm. Der Grundsatz der Vaterliebe sei: »Ich liebe dich, weil du meine Erwartungen erfüllst, weil du deine Pflicht tust, weil du mir ähnlich bist.« Genau wie in der bedingungslosen Mutterliebe finden wir in der bedingten Vaterliebe einen positiven und einen negativen Aspekt: Der negative Aspekt ist die Tatsache, daß Vaterliebe verdient werden muß, daß man sie wieder verlieren kann, wenn man das nicht tut, was von einem erwartet wird. In der Natur der Vaterliebe liegt es, daß Gehorsam zur größten Tugend, Ungehorsam aber zur größten Sünde gehört. Die positive Seite ist genauso wichtig. Da diese Liebe Bedingungen stellt, kann ich etwas tun, um sie zu erwerben; die Vaterliebe entzieht sich im Gegensatz zur Mutterliebe nicht meiner Kontrolle und Anstrengung. Die Haltung der Mutter und des Vaters entspricht dem Bedürfnis des Kindes. Der Säugling braucht die bedingungslose Liebe und Fürsorge der Mutter sowohl körperlich als auch psychisch. Um das sechste Lebensjahr aber braucht das Kind die Führung des Vaters. Die Mutterliebe hat die Funktion, dem Kind die Lebenssicherheit zu geben, die es braucht; der Vater dagegen hat die Aufgabe, das Kind zu lehren, was es bei der Auseinandersetzung mit dem Leben braucht.

Ich möchte mich den Ausführungen Fromms nicht bedingungslos angliedern. Anders als innerhalb der Frauenbewegung, wo sich schon vor Jahren Mütter zu Wort meldeten, um über die Zeit der Schwangerschaft, über Geburtsvorbereitung und die vielfältigen neuen Erfahrungen und Anforderungen im Mütter-Alltag öffentlich zu berichten, gab es gleiches bislang von Vätern nicht. Darum ist der Öffentlichkeit auch kaum bekannt, was Väter wirklich empfinden, wenn sie Vater werden und danach die von Fromm definierte Vaterrolle ab dem sechsten Lebensjahr übernommen haben sollen. Es gibt heute Gott sei Dank Männer, die allein und gemeinsam mit anderen gezielt an der Zerstörung liebgewonnener Klischees arbeiten, die das tradierte »Manns-Bild« nicht zu übernehmen bereit sind. Von einer Bewegung zu reden, wäre töricht, aber es bewegt sich etwas. Erste Dokumente und Berichte von »anderen Männern« sind in den letzten Jahren erschienen: von Männern, die anstatt über Karriere über neue Lebensformen nachdachten. Auch von einer der stärksten Gruppen der Männer: den Vätern, wurde etwas getan. Männer beginnen ihre Alltagserfahrungen aufzuschreiben und zur Diskussion zu stellen. Sie berichten über ihre Lernprozesse im Vater-Kind-Verhältnis, die Veränderung der Paarbeziehung durch das Kind, vielfältige Reflexionen und Assoziationen etwa zum Thema »Freizeit«-Vater, alleinerziehender Vater oder aber die Situation als Vater eines behinderten Kindes. Durch derartige Veröffentlichungen werden auch Frauen beeindruckt. Vor allem dort, wo Väter ihre subjektiven Sehnsüchte, Motivationen und Gefühle schildern.

Wilhelm Busch war es ja, der einmal behauptet hat: »Vater werden ist nicht schwer, Vater sein dagegen sehr ...« Er hat sich zweifach gründlich geirrt. Denn Vater werden ist nicht Sache eines schönen

Augenblicks, sondern dauert lange neun Monate. Für viele verdichtet sich die bange Frage, wie »Mann« es schaffen wird. »Auf einmal war er da«, berichtete mir Helmut, einer meiner Klienten, »ein schreiender, über und über mit Schleim bedeckter Winzling. Carsten wurde vor den staunenden Augen des Vaters abgenabelt, gewaschen, vermessen und gewogen und schließlich der glücklich-erschöpften Mutter in den Arm gelegt. Ich war glücklich und erleichtert, und zwei Stunden später verließ ich das Krankenhaus ... Mein Sohn war während des ganzen Morgens noch etwas Fremdes für mich geblieben. Fremd war, trotz monatelanger Vorstellungen – seine Unbeholfenheit, sein Schreien ... Er war nicht einzuordnen in meinen bisherigen Gefühlshaushalt.« Doch nicht nur das Vater-werden ist für viele Männer verknüpft mit neuen Gefühlserlebnissen, auch das Vater-sein, der Vateralltag setzt eigene ungeahnte Gefühle und Erfahrungsmomente frei. Oft sind es Gefühle, die hinter der langjährig aufgebauten Fassade der Männlichkeit verlorengegangen waren und jetzt wieder entdeckt werden.

Helmut hat mir Monate später berichtet: »Wie schwer ist es gewesen, die eigenen Gefühle wiederzufinden in unserer Plastikwelt, Sentimentalität zuzulassen. Die Freude meiner Frau rührte mich so, daß ich darüber weinen konnte ...« Ungewöhnliche Töne von Männern. Bei seinem letzten Besuch sagte Helmut: »Ob meine jetzige Lebensweise identischer ist – ich weiß es nicht. Vielleicht hat unser Kind auch die Funktion eines Symbols. Es könnte stehen für Leben, Verantwortung, Individualität und Nest.«

Aus meiner geschiedenen Ehe gibt es zwei Töchter. Bei ihrer Geburt war ich nicht dabeigewesen und es wäre mir sicherlich damals auch nicht eingefallen, mir »das anzusehen«. Sie wurden mir nach der Geburt durch eine Glasscheibe gezeigt. So wie die Scheibe uns trennte, so waren sie irgendwie nicht wirklich für mich. Man mag mir die Worte verzeihen, aber ich kam mir damals vor wie im Zoo. Das hat sich natürlich bald geändert. Aber vor genau fünf Tagen ist nun mein Sohn Florian geboren worden. Ich war während der ganzen Geburt dabei. Es war eine Steißgeburt und für Lorette sehr schmerzhaft. Die Schmerzen konnte ich ihr nicht nehmen, aber allein daß ich da war und ihr meine Hand gab, in die sie sich hineinkrallen konnte, um den Schmerz abzureagieren, war für sie bedeutend. Auch für mich. Denn während dieser Geburt hat sich etwas in mir geändert. Ich habe jetzt eine ganz andere Einstellung zur Niederkunft einer Frau. Wer selbst erlebt hat, wie schwer sie es haben, unsere Frauen, der bekommt eine ganz andere Beziehung zu ihnen. Ich weiß, daß zwischen Lorette und mir einiges in Zukunft anders werden wird. Eine neue Erfahrung war auch der Umstand, daß ich zu Florian direkt ein Gefühl, eine Verbindung herstellen konnte. Ich habe das Wesen meines Sohnes sofort begreifen können, denn ich konnte ihn anfassen, ich konnte ihn »be-greifen«. Ich bin sicher, ich werde durch ihn eine Menge zu lernen haben. Mit Töchtern habe ich meine Erfahrungen, mit einem Sohn noch nicht. So gibt allein der Umstand, daß er auf dieser Welt ist, Lorette und mir wieder die Möglichkeit für viele Dialoge.

Was passiert, wenn zwei sich mögen?

Wenn die neuen Erkenntnisse der Sexologen auch die Klassenzimmer erreicht haben, können Schülerinnen und Schüler sich in der Chemiestunde mit einem Stoff befassen, der sie mehr interessieren dürfte als das bloße Büffeln von Formeln: die Chemie der Liebe. Nicht der körperlichen Liebe – das wäre nicht neu. Sondern die Chemie, die bei der ersten oft zufälligen Begegnung zwischen Mann und Frau in den Körpern beider zu brodeln beginnt. Die bloße Anwesenheit eines Mannes genügt schon, um einen verborgenen Schalter im Gehirn einer Frau anzuknipsen. Er setzt das »Blindfluggerät« in Aktion, das in ihrem Nervenzentrum die sexuellen Reaktionen auslöst. Das mannliche Gehirn kann auf ganz ähnliche Weise reagieren. So zum Beispiel, wenn einen Mann in einem überfüllten Bus oder Zug ein gutgebauter Frauenkörper streift. Selbst kleine Gesten, Bewegungen und Zeichen in einer meist unbewußten Körpersprache signalisiert und ebenso unbewußt empfangen, genügen schon, die chemische Reaktion der Liebe auszulösen. Wie dabei eine ganz Schaltanlage von Leitungen, die sich aus den zehn Billionen Nervenzellen des Gehirns zusammensetzen, plötzlich unter Strom gesetzt wird, wie da das Herz schneller schlägt, der Blutdruck steigt – das ist ein Stück spannender Naturwissenschaft. Wer weiß schon, daß bei der Begegnung zweier Menschen die Chemie eine so große Rolle spielt?

Verfolgen wir einmal die Begegnung zweier Menschen in der Straßenbahn.

Der Mann, Werner, steigt am Münchner Lenbachplatz in die Linie 4 der Straßenbahn. Die Bahn ist ziemlich besetzt, es ist Hauptverkehrszeit. Er drängelt sich durch die anderen Fahrgäste, die genau wie er auf dem Weg von der Arbeit in die heimatlichen Gefilde sind. Dabei streift er leicht Gisela, als er zum Fahrkartenentwerter sich durchschiebt. Gisela fühlt sich leicht angerempelt, dreht sich um. Werner bemerkt im Vorübergehen ihre blauen Augen, den vollen Mund, die langen blonden Haare. Nachdem er seine Fahrkarte entwertet hat, wirft er ihr noch einen Blick zu, bemerkt ihre modische Kleidung, den tiefen Ausschnitt, den hübschen, gebräunten Busen: in seinem Gehirn springt der Computer an.

Auch Gisela hat den jungen Mann, der sie flüchtig gestreift hat, genau gemustert. Prüfend betrachtet sie seinen schlanken, hochgewachsenen Körper, das markante Gesicht, die neugierigen dunklen Augen. Auch bei ihr springt der Computer an. Von Station zu Station mustert mal sie ihn heimlich und auch er läßt seine Augen über ihre Figur streifen, solange er sich unbeobachtet glaubt. Aber dann begegnen sich ihre Blicke, ein stummes, unbewußtes Werben beginnt, bei dem kleine Augen- und Muskelbewegungen durch eine Art magnetischer Wirkung chemische Vorgänge im Körper von Mann und Frau auslösen. Mit jedem Niederschlagen der Augen und jedem neuen Hinblicken sendet Gisela Signale in Werners Gehirn. Er lächelt, sie wendet die Augen wieder ab und spürt, daß sie leicht rot wird. Wie ein Antenne empfangen ihre Augen Signale. Die ihren antworten: »Signal empfangen und verstanden«.

Als Reaktion von Giselas sexuellen Signalen schaltet der automatische Teil von Werners Gehirn und Nervensystem ganz schnell neue Leitungen ein. Seine Blutgefäße erweitern sich. Wenn er in diesem Augenblick sein Hemd aufknöpfen würde, könnte er sehen, daß seine Brust leicht gerötet ist. Eine weitere Reaktion auf die Gegenwart einer anziehenden Frau. Mittlerweile ist die Tram am Stiglmaierplatz. Einige der Fahrgäste steigen aus, die Tram ist nun nicht mehr so voll. Werner hat nun Gelegenheit, sich in aller

Ruhe die gesamte Gestalt von Gisela zu betrachten. Als er sich ertappt fühlt, sieht er schnell weg und Gisela nimmt nun ihrerseits die Gelegenheit wahr, ihn in aller Ruhe von der Seite zu betrachten. Sie fällt in eine gewisse Euphorie. Doch sie weiß nicht, daß diese von körperlichen Veränderungen herrührt, die durch das Empfangen von Signalen von Werner ausgelöst wurden. Durch das Nervensystem wird Giselas Gehirn und ihren Verdauungsorganen Blut entzogen. Eine mikroskopische Menge des Hormons Adrenalin schießt in ihren Blutkreislauf. Den Befehl dazu hat ihre Hypophyse gegeben, jene Drüse an der Schädelbasis. Hierdurch wurden Giselas Herzschläge von 72 auf 90 in der Minute beschleunigt. Tausende von Nervenspitzen zwischen Kopfhaut und Unterleib beginnen mit elektrischen Nervensignalen, deren Stärke zwischen einem Tausendstel- und einem Zehntelvolt liegt, die lustempfindlichen Teile ihres Gehirns anzukurbeln.
Werner reagiert in ähnlicher Weise auf Giselas »Startbereit«-Signal. Auch seine Atmung hat sich beschleunigt, von 60 auf 85 Atemzüge in der Minute. Seine Gesichts- und Augenmuskeln vollziehen schnelle, kaum wahrnehmbare Bewegungen. Sein Körper stellt sich auf den Schnellgang ein.
An der Haltestelle Rotkreuzplatz ist die Tram schon fast leer. Gisela hatte sich auf eine der Zweierbänke gesetzt, die Beine übereinandergeschlagen. Werner schlendert zu ihr hinüber und setzt sich nach einem kurzen Wortflirt neben sie. Ihre Gehirnzellen werden von einer Fülle von Nervensignalen überflutet: Verwirrung, Furcht, Erregung. Die Unterhaltung beginnt. Giselas Gehirn hat bereits registriert, daß sich Werners Pupillen erweitert haben. Das heißt: »Ich will dich.« Auch ihre eigenen Pupillen haben sich vergrößert und antworten ihm damit: »Du bist mir auch sympathisch.«
Verlassen wir hier die Tram. Das Spiel der beiden ging sicher noch weiter. Schließlich kommen noch die Sexualhormone ins Spiel, der Körper gerät in einen Ausnahmezustand. Zwei junge Menschen begehren sich.
Eine erotische Liebe ist eine vereinigende Liebe, im Unterschied zur Mutterliebe, die immer mit dem Begriff der Trennung verbunden ist. Die Nächstenliebe ist die Liebe zwischen zwei gleichen

Menschen. Sie lebt vom Geben und Nehmen, von der Freundlichkeit zueinander, sie lebt vom Gemeinschaftssinn.
Mutterliebe dagegen ist unbedingte Liebe, die sich mit dem hilflosen Baby beschäftigt, mit den Kleinkindern, mit den schulpflichtigen Kindern; sie beschäftigt sich mit ihren Nachkommen. So verschieden Mutterliebe und Nächstenliebe sind, so haben sie doch einen Nenner: Wenn ich meinen Nächsten liebe, dann bin ich für alle Menschen offen. Wenn ich mein kleines Kind liebe, dann liebe ich alle meine Kinder, dann liebe ich auch die Kinder anderer Mütter.
Die erotische Liebe ist ganz anders. Sie trägt in sich das Verlangen nach vollständiger Vereinigung, nach der totalen Verschmelzung mit den anderen. Sie konzentriert sich auf den einzigen Menschen, mit dem ich gerade zusammen bin. Die erotische Liebe ist aber auch die irreführendste Liebe, die es gibt. Das beweisen die vielen traurigen Geschichten voller Liebeskummer, das beweisen auch Ihre eigenen Erlebnisse. Wer kennt nicht diesen tiefen Schmerz, diese Weltuntergangsstimmung, in der alles verloren scheint? Diese rein erotische Liebe, dieses völlige Hineintauchen in den anderen, dieses Vergessen von der Umwelt, diese Nächte, in denen man nicht mehr schlafen kann, wenn der andere nicht in der Nähe ist, ist meist sehr kurzlebig. Sie ist mehr eine Leidenschaft als eine Liebe, mehr Strohfeuer als Dauerbrand.

11. KAPITEL

Die Harten und die Zarten

Die sexuelle Reaktion – sowohl des Mannes als auch der Frau – wird beeinflußt von biologischen Gegebenheiten. Unser Körper ist nun mal so und so gebaut und vermag auf bestimmte Weise zu reagieren. Daneben spielen aber auch psychologische Faktoren eine erhebliche Rolle. Es gibt so vieles, das uns sexuell erregt, aber auch so vieles, das unsere Sexualität hemmt. So haben Stimmen in uns und um uns einen großen Einfluß darauf, was passiert, wann es passiert, wem es passiert und wie es passiert. Wichtiger noch als diese Stimmen sind die Bilder im Hintergrund, die ursprünglichen Bilder, die die Potenz und den Grad einer sexuellen Erregung bestimmen. Erst wenn der Orgasmus einmal ausgelöst ist, verlieren diese Stimmen und Bilder für kurze Zeit ihre Wirkung, und nur die einprogrammierten biologischen Abläufe rollen ab. Wie auch immer, das innere Kind ist dabei.

Unsere Ehebetten sind häufig zu voll, weil vier im Bett sind anstatt zwei. Und jeder der vier bringt ein bestimmtes individuelles Gefühl mit. Diese vier Liebenden sind Mann und Frau und das jeweils innere Kind der beiden. Wenn in der körperlichen Liebe Gefühle der Verletzung, der Beschämung, der Erniedrigung, der Ressentiments, der Schuld oder des sexuellen Ausgebeutet-werdens auftreten, dann ist das Kind von früher Sieger im nächtlichen Getümmel. Daher ist es wesentlich, in der sexuellen Begegnung nicht nur dem eigenen inneren Kind, sondern auch dem des Partners Beachtung zu schenken. In der liebevollen Umarmung, im »schönsten Spiel des Lebens«, sollten alle vier Beteiligten einander tiefe Achtung entgegenbringen. So können Sie beispielsweise als Mann Schwierigkeiten in der sexuellen Liebe bekommen, wenn Ihr »Kind von früher« meint, Frauen seien demütigende, verletzende Wesen. Genausowenig können Sie Ihrer Frau oder Partnerin nahe sein, wenn die Aggressivität nicht gemäßigt wird und Ihrer Partnerin die kindliche Angst nicht nimmt. Wenn Frauen beispielsweise in frühkindlicher Erfahrung den Eindruck hatten, Männer seien kraftprotzende, rauhbeinige Geschöpfe mit stacheligen Bärten, die kleine Mädchen in der Dunkelheit von hinten packen und ihnen weh tun, so sollte der Mann diese Befürchtungen respektieren und zarter mit ihr umgehen. Jeder Mangel an Zartheit im Umgang mit ihr wird ihre angsterfüllten Gefühle von früher verstärken.

Was Sie in einer sexuellen Situation von sich selbst halten, ist äußerst wichtig. Es kann von Lust bis Schmerz, von »es geht« bis »es geht nicht mehr« alles zur Folge haben. Wenn Ihr Kind von früher die allgemein herabsetzende Haltung der Eltern fortführt, wird Ihre sexuelle Zugänglichkeit und Attraktivität geschmälert, wird Ihnen die Fähigkeit zu sexueller Lust beschränkt sein. Der Geschlechtsverkehr wird etwas sein, durch das Sie ängstlich hindurchstolpern. Sie neigen besonders dazu, in eine sexuelle Situation nicht nur Ihre eigenen Kindheitswünsche und -haltungen gegenüber der Sexualität hineinzubringen, sondern auch die Reaktion Ihrer Eltern gegenüber sexuellen Gefühlen, wie Sie sie als Kind erfahren haben. Als Kinder haben wir uns natürlich für unseren Körper und den Körper anderer interessiert. Unsere Eltern, die diese Interessen und Experimente bemerkten, haben vielleicht umgehend mit Angst, Sorge, Verdammung oder Abscheu reagiert. Wenn unsere Eltern unser kindliches Interesse an der Sexualität nicht akzeptiert haben, neigen wir dazu, uns in sexuellen Situationen als unmöglich anzunehmen. Wir haben vielleicht Schuldgefühle, als würden wir versuchen, uns Lust und Liebe zu stehlen. Offenbar ist ein befriedigendes sexuelles Erlebnis schwierig, wenn wir gerade eine schlechte Meinung von uns selbst haben.

Es gibt Menschen, die die Vereinigung als einen Wettbewerb ansehen, in dem sie irgend etwas »bringen« müssen. Ihre Eltern haben die leistungsbetonte »Arbeit« hervorgehoben und damit gleichzeitig diesen Menschen das Gefühl vermittelt, ihre Leistungen seien nie ganz ausreichend. Solche Menschen haben Eheschwierigkeiten, weil sie sich selbst gegenüber diese elterliche Haltung beibehalten. Immer ist in ihnen das Gefühl: »Du schaffst es nicht – auch wenn du dich noch so anstrengst.« Solche elterliche Haltungen können auch Frauen ständig quälen. Selbst in der heutigen Zeit, da die Nackten im Englischen Garten spazierengehen dürfen, werden

Frauen noch verlegen und fühlen sich unmoralisch und schamlos, wenn sie nackt sind. Innerlich hören sie ihre Mütter zischen: »Laß dich nie von einem Mann nackt sehen!« Es gibt Frauen, die wie ihre männlichen Leidensgenossen »Erfolgsmenschen« sind, die so sehr versuchen, einen Orgasmus zu bekommen, daß es ihnen mißlingt – und dann beschimpfen sie sich selbst als frigide. Es gibt Frauen, die sich vor der Sexualität und der Schwangerschaft so sehr fürchten, daß sie, obwohl sie verheiratet sind, die ganze Geschichte zu ignorieren versuchen.
Ich habe Farida, Tochter einer Pariserin und eines Marokkaners, einmal gebeten, sich Notizen mit der Überschrift: »Wer bin ich?«, zu machen. Farida ist 31 Jahre alt und eine durchaus attraktive rassige Frau. Bei diesen Aufzeichnungen kam folgendes heraus: »Ich mag mich nicht. Ich fühle mich als schlechter Mensch. Ich bin egoistisch, habe keine Moral, nütze die anderen aus. Ich habe das Gefühl, fehl am Platz zu sein, und daß ich gar nicht auf die Welt kommen durfte. Ich bin ein schwarzes Schaf, ohne Anstand, rücksichtslos. Ich bin dumm und glaube, daß meine Umwelt sich mit mir langweilt. Das ist es, was ich von mir glaube und was Menschen mir immer wieder vorgeworfen haben. Andauernd habe ich viele Vorwürfe gehört. Ich habe immer mehr Schuldgefühle entwickelt und habe das Gefühl, jedem einen ›Schuldschein‹ begleichen zu müssen. Ich müßte anderen überhaupt dankbar sein, daß sie mich in ihrer Nähe akzeptieren, daß man mich bloß duldet.«
Sie glauben doch nicht, daß Farida wirklich so ist? Sie ist eine feinfühlige, charmante, liebenswürdige Frau. Was da aus ihr herausspricht, das ist ihr inneres Kind. Faridas Mutter war Stripteasetänzerin in Paris gewesen. Farida verachtete ihre Mutter wegen ihres leichtfertigen Lebenswandels. Aber diese moralisierende Selbstbeurteilung, das ist die innere Stimme ihrer Mutter, die ihre eigene Unzulänglichkeit auf ihre kleine Tochter projizierte. Farida ist auf dem Wege, sich von diesen inneren Bildern zu befreien, und dadurch wird es möglich sein, dieses innere moralisierende Mutterbild zu neutralisieren. Eines Tages wird Farida diese »innere Mutter« lossein und sich ein neues Selbstbild aufbauen können.
Viele Eltern erkennen nicht, was sie mit Verboten und Einschränkungen anrichten. Ihr entsetztes Geschrei: »Schäm dich, du bist

schlecht!« – »… daß ich dich nicht noch einmal bei dieser Schweinerei erwische« (gemeint ist hier die Selbstbefriedigung eines zwölfjährigen Jungen«), oder: »Der liebe Gott sieht alles«, sind Verhaltensweisen, die bösen Schaden in einem jungen Menschen anrichten. In ihrer prüden Angst reagieren sie entsprechend ihrer eigenen Unsicherheit und Frustration. Sie geben nicht eigentlich Erziehungswerte weiter, sondern nur ihre eigene Unsicherheit in Sachen Sexualität.

In unserem Kulturraum werden der Sexualität in der Kindheit mehr Einschränkungen auferlegt als irgendeinem anderen menschlichen Trieb. Eltern setzen sofort alle Hebel in Bewegung, um zu unterdrücken, abzulenken und zu verbieten. Die elterliche Angst vor der eigenen Sexualität führt häufig zu dem Versuch, frühkindliche Sexualität zu unterdrücken und damit eine »Lochkarte fürs Leben« in ihrem Kind anzulegen. Kinder haben das Recht, alles spielerisch zu erkunden, auch ihren eigenen Körper, auch den Körper von Bruder und Schwester, auch den Körper von Mutter und Vater. In dieser spielerischen Auseinandersetzung lernt es, sich auf die Sexualität als Erwachsener vorzubereiten. Wenn die Erwachsenen hier angstvoll, moralisch und negativ reagieren, dann haben sie dafür einen Samen in die Kinderseele gelegt, der dafür sorgt, daß ihr Kind unglücklich werden muß.

Sexualität kennt kein Zeitprogramm

Wir haben schon vor langer Zeit die Grenzen überschritten, die die Betrachtung des menschlichen Körpers in seiner Natürlichkeit und Schönheit von der kommerziellen Ausbeutung des Fleisches scheidet. Wir beuten diesen Körper aus, und dies ist einer der bestimmenden Faktoren in der gegenwärtigen sexuellen Massenstimulierung. Das aufreizende Mädchen verkauft alles, vom Golfclub zum Whisky, zum Auto, zu Kino und Karriere und verspricht überall Befriedigung. Unsere Mode- und Bekleidungsindustrie ist bestrebt, sexuell stimulierende Kleidung zu entwerfen und herzustellen; dies ist der Schlüssel zum Verkaufserfolg, von der Strandmode bis zur Arbeitskleidung. Die im Fernsehen gegebenen Nonsens-Shows beruhen zwar stets auf Erwartungen, die attraktive Frauen wecken, sowie auf unserem immer noch vorhandenen puritanischen Moralkodex, der die Befriedigung solcher Erwartung verbietet; sie geben aber auch zu verstehen, daß freizügige und beiläufige Begegnungen nicht nur hinter der nächsten Ecke warten, sondern sogar wünschenswert und lohnend sind. Unsere Einstellung als Erwachsene billigt das impulsive Verhalten, das oberflächliche Flirten auf Partys – und mißbilligt mit frommem Augenaufschlag alles, was sich daraus ergeben könnte.

Viele Leute spüren, daß mit der uneingeschränkten sexuellen Herausforderung, die in unserer Gesellschaft allenthalben praktiziert wird, etwas nicht in Ordnung ist. Sie sind jedoch wegen der puritanischen Bestrebungen der Vergangenheit voller Bedenken und getrauen sich nicht, ihre eigenen Gefühle und Reaktionen zu untersuchen, damit man sie nicht als puritanische Sittenwächter bezeichnet.

Es gibt immer mehr Beweise dafür, daß die Idealisierung der körperlichen und erotischen Seiten der Sexualität durch unsere Massenmedien Kinder in erhebliche Schwierigkeiten bringt. In vielen Fällen werden Kinder, vor allem von Müttern, die Beliebtheit mit Sex Appeal verwechseln, in sexuelle und emotionelle Situationen getrieben, die sie einfach noch nicht bewältigen können. Da die sexuelle Stimulierung bei uns auf die Massen wirkt, haben die daraus folgenden Probleme ebenfalls den Charakter einer Epidemie.

Sex ist ein Markenartikel geworden, ein Warenzeichen, das sich ausgezeichnet für einen neuen Weinbrand, eine Zahnpasta oder ein Spülmittel eignen würde. Kurz: schlagkräftig, suggestiv und bestechend, kribbelnd wie Sekt, nur viel populärer und – viel billiger.

Sex als Markenartikel ist die zugleich billigste und gefährlichste Prostitution, weil sie den Charakter einer heranwachsenden Jugend verderben kann und es häufig sehr schwierig ist, solche Menschen wieder zu einem erfüllten und befriedigenden Sexualleben zurückzuführen.

Die Verbreitung des Sex als Markenware durch die Massenmedien hat auch dazu geführt, den Sex als Leistung zu erkennen. Man hat in den sechziger Jahren Oswald Kolle als den großen Sexualpropheten gefeiert. Seine Bücher, Illustriertenserien und »Aufklärungsfilme« haben zu einer breiten sexuellen Verunsicherung geführt, unter der noch heute viele Menschen leiden. Kolle verstand seine »Aufklärung« unter den Begriffen wie Technik und Leistung und hat damit bei vielen Menschen Vorschub für ihr neurotischen Ausagierungen geleistet.

Ich halte es nach wie vor für gefährlich, wenn solche Leute Aufklärung betreiben und sich nur eine goldene Nase verdienen wollen. Denn man muß schon sehr gute Kenntnisse der menschlichen Psyche haben, um die Differenzierungen aufzuzeigen, auf die es ankommt.

Wie wenig der Mensch in seinem Sexualverhalten von der Natur programmiert und festgelegt ist, geht allein schon aus der Tatsache hervor, daß man die Frage nach der Dauer des Sexualaktes gar nicht eindeutig und für alle Fälle beantworten kann. Ein wesentlicher Unterschied des Menschen zum Tier ist, daß er seine Liebesvereinigung ausgestaltet, kultiviert und über einen größeren Zeitraum erstreckt. Beim Menschen sind Sexualorgane eben nicht nur reine Fortpflanzungsorgane, sondern auch Sinnesorgane und vor allem Sprachorgane, Sinnesorgane sind sie insofern, als der Mensch mit ihnen höchste Lustempfindungen verspüren kann. Sprachorgane sind sie, weil sie auf eine so leidenschaftliche und intime Weise wie nirgends sonst Liebe mitteilen und Liebesgefühle freimachen.

Ich erinnere mich an Martin und Helga, einem jungen Paar, das zu mir kam, weil sie beide Schwierigkeiten in der Sexualität hatten. Helga eröffnete damals das Gespräch: »Ich sage Ihnen jetzt ein paar Dinge, über die ich noch mit niemandem gesprochen habe«, und sie sprach ziemlich schnell, als wollte sie es endlich loswerden. »Dieses Thema ist noch nicht einmal zwischen Martin und mir richtig diskutiert worden. Seit wir uns kennen, gab es wirklich nur ein einziges Problem: Irgendwie funktioniert es mit uns im Bett nicht so richtig. In den meisten Fällen, wenn wir zusammen sind, wurde daraus so etwas wie ein Gewaltakt. Jeder strengte sich ungeheuer an, den Erwartungen des anderen gerechtzuwerden. Wenn es dann vorüber war, spielten wir einander vor, daß es wunderschön gewesen sei. Jeder hatte Angst davor, den anderen, der sich so viel Mühe gegeben hatte, zu enttäuschen. In Wahrheit hatte jeder schon vorher Angst, daß es diesmal wieder nicht so richtig klappen würde. Das ging so lange, bis Martin sagte: ›Ich hab mich furchtbar angestrengt, aber ich glaube nicht, daß du einen Höhepunkt hattest.‹ Wir lagen nebeneinander im Bett. Keiner schaute den anderen an. In mir krampfte sich alles zusammen, ich dachte nur: Jetzt ist alles aus. Irgendwie empfand ich es so, als hätte jemand, der mir blind vertraute, mich beim Stehlen erwischt. Zuerst war ich versucht, alles rundweg abzuleugnen und weiter so zu tun, als wäre alles in bester Ordnung. Aber dann wurde mir doch klar, daß es so nicht weitergehen konnte. Es mußte einmal ausgesprochen werden. Jetzt war dieser Punkt eben da. Ich sagte also, du hast recht, wir haben uns beide angestrengt, aber ich hatte keinen richtigen Höhepunkt. Heute nicht, und auch früher nicht. Irgend etwas machen wir falsch, und ich habe keine Ahnung, was es sein könnte. Jeder will das Beste für den anderen, aber wir schaffen es einfach nicht.«

Gerade das war ihr Fehler, sie dachten beide an nichts anderes, als eine Glanzleistung zu vollbringen. Jeder will dem anderen beweisen, wie gut er ist. Er will das Beste »leisten«. Wenn wir an eine Aufgabe mit dem Vorsatz herangehen, das Beste zu leisten, um jemand anderen nicht zu enttäuschen, geraten wir automatisch damit in den Gefahrenbereich des Leistungszwangs. Einem Orgasmus sollten wir uns ohne alle Vorbehalte hingeben und ihn einfach genießen. Doch viele Menschen, die zum Beispiel nie auf die Idee kämen, sich eine Schallplatte zu etwas anderem als zu ihrem Vergnügen anzuhören, können es nicht lassen, »Kapital« aus einem Orgasmus zu ziehen, ihn auszuschlachten. Meist verwenden sie ihn dazu, sich erneut ihre Männlichkeit – oder Weiblichkeit bestätigen zu lassen. Aber mehr noch, um im Wettbewerb um die Männlichkeit oder Weiblichkeit mit mehr und schöneren Orgasmen protzen zu können.

Wieder andere sehen ihn als Erlebnis an, das man einzufangen suchen sollte, dem man sich aber nicht einfach hingibt. Es gibt auch einige, die betrachten den Orgasmus als ihr eigenes Werk. Sie versuchen etwa, durch akrobatische Bewegungen beim Geschlechtsakt einen luxuriösen Orgasmus mit allem Drum und Dran zu erzielen. Manche sehen den Orgasmus als Siegesbeute oder als Geschenk an. Das hört sich dann so an: »Ich hatte einen Orgasmus mit ihr«, – oder: »Ich verhalf ihr zu einem Orgasmus.« Oswald Kolle sprach in seinen »Werken« vom Orgasmus als etwas, das man sich erarbeitet. Etwa so, wenn Sie diese oder jene Hinweise beachten, dann werden Sie unweigerlich einen Orgasmus haben. Manche betrachten den Orgasmus als Labsal und Trost. Sie vermeiden dabei sehr sorgsam, das Vergnügen, das die Vereinigung mit einem Partner mit sich bringt, in Betracht zu ziehen. Manche sehen den Orgasmus als einen Reflex, dessen Auslösung unabhängig ist vom sexuellen Anreiz, der vielleicht ein Fetisch oder eine Eroberung sein kann.

Schwieriger wird die Sache, wenn es darum geht, keinen Orgasmus zu haben. Es gibt nämlich Frauen – und auch einige Männer –, die es als besondere Leistung ansehen, keinen Orgasmus zu haben. Sie fühlen sich dadurch vollkommen den anderen überlegen. Für eine puritanische Frau ist der Geschlechtsverkehr vielleicht auch annehmbar, wenn sie dabei keinen Orgasmus hat. Sie wird dann ein Gefühl der Rechtschaffenheit bekommen, das sie der Lust und dem Vergnügen des Geschlechtsverkehrs vorzieht. Oftmals mag sie dabei ihren Partner aus Rache oder Boshaftigkeit foppen, quälen oder belügen. In einigen Fällen wird der Orgasmus wohl auch aus Angst oder Sparsamkeit vermieden. Manche Frauen haben sogar Angst, sie könnten sterben, wenn sie sich gehenlassen. Die Angst kann sie völlig frigide machen. Solche Frauen gehen nur selten das vermeintliche Wagnis ein und naschen ein klein wenig an der Lust und Freude, wobei sie ängstlich darauf bedacht sind, es nur nicht zu weit kommen zu lassen. Das gibt ihnen das Gefühl, dem Tod ein Schnippchen geschlagen zu haben – ein zusätzlicher Kitzel zu ihrem bißchen Vergnügen.

Sparsamkeit kommt dann ins Spiel, wenn man an die absonderliche – aber nichtsdestoweniger weitverbreitete Theorie glaubt, jedem Menschen werde eine begrenzte Anzahl Orgasmen zugeteilt. Diese Menschen sehen den Orgasmus als ein Kapital an, mit dem man sorgfältig umgehen muß, da es knapp ist. Manche Anhänger dieser Theorie versuchen auch, dieses »Kapital« so schnell wie möglich aufzubrauchen, denn es könnte ja einmal etwas schiefgehen und es wäre doch schade, wenn dann soviel übrigbliebe. Andere wieder bewahren es auf und knausern damit, um solange wie möglich davon zu zehren. Es ist fast nicht zu glauben, bei wievielen Leuten sich diese Theorie versteckt in den hintersten Windungen des Gehirns vorfindet.

Ganz allgemein kann man sagen, daß die Menschen vier verschiedene Einstellungen zum Orgasmus haben können:

Erstens können sie frigide sein, also nicht fähig, einen Orgasmus zu erleben. Frigidität wird meistens entschuldigt mit einem »wenn nur ...«. Zum Beispiel: »Es wäre alles in Ordnung, wenn nur der Willi mich besser behandeln würde – ein feuriger Liebhaber wäre – kein Schlappschwanz wäre – und wir uns richtig lieben würden!«

Zweitens können die Menschen auf einen Orgasmus mit Zurückhaltung reagieren. Das beruht auf einer fadenscheinigen ethischen Grundlage: Sexualität ist erlaubt, aber nur, wenn man nicht allzuviel Freude dabei empfindet. Auf diese Einstellung trifft man beim Petting-Fan und bei einer Frau, die sich »rumkriegen« läßt.

Dann gibt es noch die treue Frau: Wenn sie keinen Orgasmus beim Geschlechtsverkehr bekommt, glaubt sie, ihrem Mann oder Liebhaber oder irgend sonst jemandem, vielleicht dem Vater, treu geblieben zu sein. Manche Frauen glauben auch, sich so eine Art Jungfräulichkeit zu bewahren, wenn sie zwar bis zu einem Orgasmus kommen, aber nicht in der Stellung Gesicht zu Gesicht. Diese Stellung heben sie sich auf für den Liebhaber, gleich, ob sie ihn schon haben oder auf ihn warten.

Die dritte Einstellung zum Orgasmus könnten wir »Aufschub« nennen. »Aufschub« bedeutet, daß die Frau wohl duldet, daß der Mann beim Geschlechtsverkehr zum Orgasmus kommt, daß sie ihren eigenen aber aufschiebt. Diese Frauen brauchen zum Orgasmus ganz besondere Umstände, entweder ein ganz bestimmtes Vorgehen des Mannes beim Akt, oder aber sie sind auf einen besonderen Liebhaber angewiesen, mit dem allein sie zum Orgasmus gelangen können. Manche Frauen gelangen nur durch Masturbation zum Orgasmus.

Die vierte Einstellung, die »Lösung«, ist wohl die, die man am ehesten akzeptieren kann. Der Orgasmus ist der Abschluß des Geschlechtsaktes. Dieser Orgasmus kann dabei eine einfache, klare und durchschaubare Sache sein, es könnten sich aber auch Gedanken hinzugesellen und Gefühle hinzukommen wie Schuld, Ärger, Triumph oder verletzter Stolz. Er kann sogar zum Betrug ausarten, wenn nämlich sich eine dritte Person unsichtbar dazwischenstellt: »Ich kann mit meiner Frau nur einen Orgasmus bekommen, wenn ich dabei an eine andere Frau denke.«

Die falschen Programme des sexualfeindlichen Menschen

Das Besondere an den sexualfeindlichen Programmen des Menschen sind ihre persönlichen Reaktionen, das Besondere ist ihre Seele. Wenn sich nun ein Mensch nicht die Mühe macht (weil er ja jederzeit woanders den gleichen »Apparat« finden kann), sich um die dazugehörige Seele zu bemühen, ist dann die Frau nicht fabelhaft gesund, die diesen schamlosen »Benutzer« durch Frigidität straft? So könnte man doch meinen. »Du bist nicht der Mann, der mich in Erregung versetzen kann«, sagt sie mit ihrem Körper.
Und je eifriger der Mann den Schaltplan studiert und diese und jene Knöpfchen drückt, die doch angeblich mit Sicherheit das große Klingelzeichen, den Orgasmus, auslösen sollen, um so weniger rührt sich etwas bei ihr. Keine Trickkiste ist groß genug, um einer solchen Frau, die sich nicht wirklich geliebt fühlt, etwas vorzuzaubern. Aber liegt das wirklich an diesem bestimmten Liebhaber, wenn sie keinen Orgasmus bekommt?
Was erwarten Frauen vom Mann? Ja, was wollen sie? Auch die heutigen Psycho-, Sexo- und Soziologen zerbrechen sich den Kopf über diese Frage. Vielleicht schauen wir uns einmal die Heirats- und Bekanntschaftsanzeigen an, was Frauen gerne möchten. Denn dort steht ziemlich unverschlüsselt, was Frauen wünschen: »Einen aufrichtigen, ehrlichen, charaktervollen Mann« – »einen Mann zum Lachen, Schmusen, Beethoven- und Beatles-Hören« – »einen Partner für ein gemeinsames Leben, der zuverlässig, intelligent, zärtlich und verständnisvoll ist« – Alter, Aussehen, ja selbst gutes Einkommen rangieren erst an zweiter Stelle. Männer hingegen haben immer präzise Wünsche, was das Aussehen anbetrifft: »Partnerin mit Niveau, möglichst attraktiv verpackt« – »Langbei-

nige Blondine, Jeanstyp« – »Er, um 50, sucht Traumbild von ihr: um 30 Jahre jung, ansehnlich, gesund, gesellig«.
Es ist beinahe rührend wie sich Männer und Frauen aneinander vorbeiwünschen. Auf eine einfache Formel gebracht: Der Mann sucht in erster Linie den Reiz, die Frau die Geborgenheit. Diese Geborgenheit ist heute nicht mehr synonym mit »Versorgtsein«. Heute stehen die Frauen, was das anbetrifft, großenteils ihren »eigenen Mann«.
Die Frau sucht Geborgenheit im Gefühlsbereich, und hier liegt der Grund für die Störungen im seelischen und im sexuellen Bereich. Aber: Ist er wirklich schuld, wenn es bei ihr nicht klappt? Die Kindheit frigider Frauen ist durch den allgemeinen Puritanismus und die ihm eigene Prüderie fast immer belastet. Die hierbei erfolgten »Verdrängungen« schalten triebhafte Regungen aus der Bewußtseinssphäre aus: sie können dann im späteren Leben auch in Liebe und Partnerschaft nicht integriert werden. Dort, wo die Frau Lust und Liebe verspüren sollte, entdeckt sie schamhafte, abstoßende oder beängstigende Emotionen, oder aber auch innere Leere, die sie ihrem Partner entfremden. Schon die Erscheinung des Körpers, der durch die prüde Erziehung ängstlich verhüllt wird, ist durch Tabus in die Unsittlichkeit verwiesen; Nacktheit im sexuellen Vorgang wird als erniedrigend oder gar als sündhaft angesehen und stört das Lustgefühl, da die intime Vereinigung den Beiklang einer »tierischen Unnatürlichkeit« erhält. Jene Körperzonen, an denen sich der Koitus abspielt, sind so sehr durch erzieherische »Pfuis« vom Bewußtsein abgesperrt, daß da tausenderlei Hemmungen einem orgastischen Gefühl im Wege stehen. Die Ängste, die das heranwachsende Mädchen bei verbotenen Bela stungen, bei harmlosen kindlichen Sexualspielen, bei jugendlichem Onanieren, bei verbotener Lektüre, bei mißverstandenen Gesprächen der Erwachsenen und eigenen Sexualerlebnissen empfunden hat, kehren dann wieder ins Bewußtsein zurück, wenn sie in liebevoller Umarmung mit dem Mann ihres Herzens beisammenliegt. Viele frigide Frauen sind sich nicht bewußt, daß sie ein Opfer unserer sexualkranken Kultur und Erziehung sind. Aus zahllosen unbewußten Quellen ist die Sexualablehnung unserer kulturellen Verhältnisse in sie eingeströmt und taucht in den Um-

armungen der Liebe als ein trennendes Moment auf, an dem Lust und Lebensfreude scheitern. Die gestörte Sexualentwicklung macht sich dann in mannigfachen Symptomen geltend. Frigide Frauen haben oft keine rechte Beziehung zu ihrem Körper. Die naive Freude an der körperlichen Erscheinung ist ihnen fremd. Oft haben sie als Jugendliche das Wachstum der Brüste und Geschlechtsbehaarung mit Ekel oder Widerwillen bemerkt. Die erste Menstruation, auf die in vielen Fällen von der Mutter auf seelischer Ebene nicht genügend vorbereitet worden ist, wird zu einem massiven Schockerlebnis, das die weitere Sexualentwicklung überschattet. Elterliche Drohungen und Warnungen vor den Gefahren des Liebeslebens vollenden die Sexualerziehung, deren Ziel es scheint, die Gefühle nicht zu kultivieren, sondern sie auszurotten.

Vor allem das Mädchen wird mit Angstvorstellungen überflutet, wonach Männer nur »das« haben wollen und nachher eine Frau verlassen. Der Mann als triebhaftes Ungeheuer geistert immer noch durch die Ratschläge, mit denen Mütter, Tanten und Großmütter das Mädchen ins Leben einführen wollen. Kein Wunder, daß die Beziehung der werdenden Frau zum Sexual- und Liebesleben recht problematisch ausfällt und durch ein Übermaß an Hemmungen und Unsicherheit gekennzeichnet ist.

Lust und Freude am Körper und seinen Vorgängen beinhalten ein Stück des menschlichen Selbstwertgefühls und des daraus strömenden Lebensglücks. Frigide Frauen haben hier Lücken in ihrer Empfindungswelt, über die sie sich kaum Rechenschaft ablegen. Viele haben Spiel und Sport in ihrer Jugend kaum ausreichend kennengelernt. Sie lebten ein zurückgezogenes Leben, in ihrer Einsamkeit hauptsächlich mit sich selbst in ihren Träumen beschäftigt. Ungesunde Sexualatmosphäre im Elternhaus – die naturgemäß vor allem auch durch die Gestaltung des Liebeslebens bei den Eltern bedingt ist – erzeugt frühzeitig Ängste und Hemmungen, die zu einer allgemeinen Lebensangst ausarten. In der Frigidität ist das Lebensgefühl überhaupt gedämpft, oft erkennbar an Stimme, Auftreten und Erscheinung der betroffenen Frau im Gesamten. Körperliche Vernachlässigung, ungepflegte Kleider, mangelnde Schönheitspflege können hierfür ebenso charakteristisch sein wie reaktiv entstandene übermäßige Putzsucht, krankhafter Reinlichkeitsfimmel und manierliches Make up: Entgegengesetzte Haltungen können im psychischen derselben Grundtendenz entspringen. Aus all diesen Wurzeln und Quellen erkennen wir, daß es gar nicht so einfach ist, die unbewußt ablehnende Haltung aufzugeben. Denn diese Ängste werden nicht bewußt empfunden, sie maskieren sich häufig als Gleichgültigkeit, Ekel, Scham, Scheu oder Verachtung von Genüssen, die zu ertragen man sich nicht zumutet.

Gisela war ein typischer Fall von Orgasmusschwierigkeiten. Wir kamen in der Therapie zunächst nicht weiter, bis sie eines Nachts träumte, sie sei als kleines Mädchen auf einem Rummelplatz. Sie entfernte sich von dem Rummelplatz, kam an einer Höhle mit einem »Ungetüm« als Wächter davor, vorbei.

In einer tiefen Entspannung ließen sie wir durch Imagination (Alpha-Training) diesen Traum nochmals träumen. Ich übernahm die Regie bei dieser Traumwiederholung und forderte Gisela auf, die Höhle zu betreten, sie bekam große Ängste, vor dem »Wächter«, schaffte es schließlich aber doch, die Höhle zu betreten. Innen fand sie viele »alte Weiber« in Lumpen gehüllt, von Spinnweben übersät, an die Höhlenwände gekettet. Ich bat Gisela, einen Dialog mit den Frauen zu führen und sie zu fragen, wer sie seien: »Wir sind deine Orgasmen, die du nie herausgelassen hast«, antworteten die Frauen.

Man muß wissen, daß die Höhle symbolisch für den weiblichen Uterus steht. Als Gisela die Frauen befreit hatte, erkannte sie draußen, daß der Wächter sich gewandelt hatte. Sie erkannte in ihm ihren ersten Jugendfreund, der von ihrer Mutter ins eigene Bett gelockt worden war. Gisela hatte diesen Betrug der Mutter beobachtet und diesen Vorgang derart verdrängt, daß sie dadurch einen Haß auf Mutter und Freund gleichzeitig bekam, was zu den Orgasmusschwierigkeiten geführt hatte. Sie »gönnte« ihren Orgasmus keinem Mann. Sie wollte unbewußt ihre Orgasmen nicht hergeben und legte sie an die Kette.

Seelische Ursprünge der Impotenz

»Ach schade – es ist nur ein Mädchen!« Millionen Väter haben das gesagt, als sie eine Tochter bekamen. Millionen Mütter haben das betroffen gedacht, weil sie sich gesellschaftlich verpflichtet fühlten, einen Sohn, einen Stammhalter in die Welt zu setzen. Ein Mädchen, eine Tochter, da fehlte eben etwas: der Penis. Und wo etwas fehlt, da wird der volle Wert nicht erreicht. Also galten Mädchen seit Jahrtausenden als minderwertig und litten darunter ihr Leben lang. Sigmund Freud hat diese Anschauung mit seiner Lehre vom Penis-Neid, von den Katastrophengefühlen der Frauen des 20. Jahrhunderts, untermautert.

Heute wissen wir: das alles ist Unsinn. Der Penis ist nicht die Achse der Welt. Am Anfang ist die weibliche Keimzelle, und nur die Verstümmelung eines Chromosoms erschafft den Mann. Sein Penis ist eine übermäßige Ausformung dessen, was vorher war: die Klitoris. Damit bereits beginnt die heimliche Revolution, die heute die Frauen immer stärker und die Männer immer schwächer macht. Das Selbstbewußtsein der Geschlechter hat sich sehr verändert. Die Frauen fühlen sich nicht mehr von der Natur amputiert.

Amputiert aber fühlen sich jene Männer, die eigentlich keine Männer mehr sind. Nämlich jene, die darunter leiden, kein vollwertiger Mann zu sein. Zumindest dann nicht, wenn sie ihre Männlichkeit unter Beweis stellen wollen.

Die Impotenz oder die sogenannte Mannesschwäche ist eine der verbreitetsten Störungen der menschlichen Sexualität. Nach fundierten Schätzungen sind etwa ein Drittel bis die Hälfte der Männer teilweise oder total impotent. Das heißt, sie sind nicht fähig, den sexuellen Akt zur gemeinsamen Befriedigung beider Partner durchzuführen. Ein solches Leiden, das Glück und Lebensfreude der Betroffenen schwerstens beeinträchtigen kann, verdient sorgfältige Beachtung. Dabei hat sich ergeben, daß kaum ein Prozent der Impotenten an echten organischen Störungen leidet: In fast allen Fällen handelt es sich um »funktionelle Irritationen«, also eine Fehlleistung eines Organs, deren Ursprung im Seelischen liegt. Das Unvermögen, den sexuellen Akt vollwertig zu vollziehen, hängt mit seelischen Voraussetzungen zusammen, die nur dunkel bewußt sind: daher muß man beim impotenten Patienten mit den Hilfsmitteln der Tiefenpsychologie die unbewußten Lebenseinstellungen abklären, um an die Wurzeln des sexuellen Versagens heranzukommen. Aus der Grundhaltung, die ein Mann zum Leben und zur Liebe einnimmt, erklärt sich auch sein Sexualverhalten, dessen Korrektur nur durch eine allgemeine Festigung der Persönlichkeit und des Charakters bewerkstelligt werden kann. Von ungeheurer Wichtigkeit ist die Frage, wie der impotente Mann seine Partnerin erlebt. Gefühlsmäßige Widerstände sabotieren das sexuelle Gelingen in der verschiedenartigsten Weise. Wo eine Abneigung gegen die Partnerin besteht, wird uns das erotische Versagen nicht wundern: mitunter ist derselbe Mann bei der einen Frau potent, bei der anderen impotent. Ein gewisser Menschentypus ist nur bei der Erfüllung besonderer Bedingungen seiner Männlichkeit sicher. Der eine versagt bei einem Seitensprung, weil er Schuldgefühle hat. Ein anderer ist normal, wenn er zu einer Dirne geht, obwohl er im Bett seiner Frau versagt.

Aus all dem geht hervor, daß die seelische Haltung die sexuelle Funktion sehr weitgehend diktiert. Der Umstand, daß im sexuellen Verkehr zärtliche Gefühle mindestens so wichtig sind wie die triebhafte Befriedigung, macht die Situation nicht leichter. Wenn wir bedenken, daß für viele Menschen der sexuelle Akt nichts weiter ist als ein billiger Ersatz für die Onanie, läßt erahnen, wie es in der Liebe zueinander wirklich aussieht. Für viele impotente Männer ist Hingabe Selbstverlust, sie fürchten unbewußt, das Ich zugunsten des Du aufgeben zu müssen, sie fürchten, hörig und untertan zu werden. Im Versagen liegt die »Rückzugstendenz«, die auch sonst im Lebensverhalten, wo immer es auf Entscheidungen ankommt, angetroffen wird. Der Unschlüssige benutzt seine Impotenz, um sich nicht ganz an seinen Partner binden zu müssen. Hier wie überall in seelischen Krankheitszuständen sind Minderwertigkeitsgefühle offensichtlich. Der Liebesunfähige traut sich nicht zu, in einer rückhaltlosen Bindung bestehen und seinen Wert aufrechterhalten zu können. Wir dürfen das allerdings nicht verallgemeinern. Unter den Impotenten sind tüchtige, wertvolle und liebenswürdige Menschen, die ansonsten im Leben recht gut

durchkommen. Das Manko liegt hier nur in der Angst vor der intensiven mitmenschlichen Beziehung, die als gefährlich empfunden wird. Wer noch seine jugendliche Onanie als »Sünde« oder »Laster« betrachtet, trägt den Keim der Isolierung in Form von Schuldgefühlen in sich.
Angst in ihren tausenderlei Erscheinungsformen wirkt als Trennungsfaktor, wobei auch schon Angst vor dem sexuellen Mißerfolg diesen faktisch nach sich zieht.
Neben der Angst oder als Reaktion auf sie können auch feindliche Regungen mit im Spiel sein. Mißtrauen und Rachsucht gegen den Partner oder unbewußt gegen die Mutter können bremsend wirken. Das Fleisch kann nicht willig sein, wenn der Geist streikt. Wenn Liebe nur möglich ist, sobald zwei Herzen im »Dreivierteltakt« schlagen, dann muß jede Disharmonie ins Gegenteil umschlagen.

Den Menschen aus seiner Isolation herausholen

Psychisch fühlen sie sich einsam, schuldig, ungeliebt, selbstsüchtig, blöde und überhaupt schlecht. Andere Worte, die häufig gebraucht werden sind: unbehaglich, lieblos, unsicher, bedauernswert, beschämt, leer, schäbig, schmutzig, egozentrisch, angewidert und gehemmt. Eine der Frauen sagte: »Mir erscheint Masturbation als kindisch, einsam, als all das, was ich in meinem Geschlechtsleben lieber nicht haben möchte. Ich tue es manchmal, aber ich möchte damit nicht öffentlich prahlen.« So kann man es im Hite-Report nachlesen.
Die sexuelle Selbstbefriedigung ist jahrtausendelang Gegenstand magischer und moralischer Überzeugungen gewesen. Schon die Bibel erwähnt im 1. Buch Moses einen gewissen Onan, der sich den Zorn der Gottheit zuzog, indem er seine Samen anstatt in den Schoß eines Weibes auf die Erde entleerte. Der Tod Onans als Sühne für seine Vergehen bildet den Auftakt zur religiösen Auffassung, daß Onanie eine Todsünde sei. Diese Meinung ist auch heute noch weit verbreitet.

Dabei wissen aufgeklärte Menschen längst, daß Onanie eine Form der Sexualität ist und von vielen Paaren mit ins Liebesspiel einbezogen wird.
Nach Kinsey kann die Onanie als eine beabsichtigte Selbstreizung zum Zwecke sexueller Erregung umschrieben werden. Der Jugendliche oder Erwachsene, der sich dieser lustspendenden Betätigung hingibt, ist weder lasterhaft noch verdorben. Er handelt im Sinn seiner natürlichen Triebe, er tut das, wozu er Lust verspürt, er tut sich und seinem Körper etwas Gutes. Die Masturbation ist eine Abreaktion sexueller Bedürfnisse, die schon, wenn die Entwicklung des jeweiligen Menschen normal verläuft, im frühen Jugendalter beginnt. Auch die Einschüchterung durch moralisierende Eltern vermag die Masturbation nicht zu unterbinden. Sie führen höchstens dazu, im jungen Menschen Schuldgefühle zu erzeugen, und sie sind ein Vertrauensbruch in einer Zeit, da Jugendliche den Rat Erwachsener, erfahrener Menschen im Sexualleben so dringend benötigen. Wer in seinen Kindern durch Drohungen, Strafen oder Mißachtung Angst und Schuldgefühle in Sachen Sexualität einimpft, handelt gewissenlos und persönlichkeitsschädigend, weil die Schäden, die sie im jungen Menschen anrichten, sehr große Fehlentwicklungen nach sich ziehen können. Das Schlimme dabei ist, daß je mehr die Eltern und Erzieher gegen die Masturbation zetern, um so mehr betrieben wird. Die Tiefenpsychologie ist der Meinung, daß wir die Onanie verharmlosen sollten, um dadurch viel eher eine Einschränkung zu erreichen. Wer gegen ein Laster ankämpft, wird immer wieder daran erinnert und muß ihm deshalb zum Opfer fallen. Ungeachtet der Tatsache, daß die Tiefenpsychologen seit einem halben Jahrhundert die Wichtigkeit der sexuellen Aufklärung für die Jugend postulieren, findet der praktische Psychotherapeut und Erziehungsberater bei kaum zehn Prozent der Jugendlichen eine einigermaßen sachkundige Information über das Liebesleben. Sofern Aufklärungsversuche gemacht wurden, bewegen sie sich in vagen Andeutungen, die das Interesse wecken, ohne es zu stillen. Auch in den Schulen geht man immer noch eher zögernd mit diesem Informationsstoff um.
Immer wieder finden wir auch Ehepaare, die neben der gemeinsamen Lust sich auch in das Alleinsein verziehen, um sich mit sich

selbst zu beschäftigen. Fast immer handelt es sich hierbei um Menschen, die mehr nebeneinander als miteinander leben. In ihrer sexuellen Partnerschaft fühlen sie sich überfordert und haben erst die Ruhe und Sicherheit, wenn sie mit sich allein sind, um ein echtes Lustgefühl aufkommen zu lassen.

Farida sagte einmal zu mir: »Ich genieße Masturbation in jeder Beziehung, aber ich habe immer noch Schwierigkeiten, meine Erziehung zu überwinden. Masturbation ist doch nicht so befriedigend. Ich komme zwar zum Orgasmus, aber ich genieße ihn nicht so toll.«

Immer mehr Frauen als Männer bekennen sich offen zu ihrer Masturbation. Sie bauen sie in ihr Liebesspiel ein und sie haben ebenso Freude an einem gemeinsamen Spiel mit ihrem Partner. Solange die Masturbation ohne jedes Schuldgefühl betrieben wird, wenn sie zur Bereicherung der sexuellen Erlebnisfähigkeit herangezogen wird, sollte jeder Mensch das tun, woran er Freude hat. Aber es gibt auch die zwanghafte Onanie, und die muß psychotherapeutisch abgeklärt werden. Onanie ist weder Laster noch Sünde; sie ist ein Zeichen für einen seelischen Zustand, den man nicht als Faktum hinnehmen, sondern durch Psychotherapie korrigieren soll. Es ist sehr schwierig, Frigidität, Impotenz und zwanghafte Masturbation im Alleingang bewältigen zu wollen. Die Hilfe eines Fachmanns kann wertvoll sein. Voraussetzung ist aber der echte, von innen kommende Wunsch, in Zukunft ein erfülltes Liebesleben leben zu wollen.

12. KAPITEL

Mit Lust und Liebe

Die verschiedenen sexuellen Befreiungstendenzen – gleich, ob sie unter der Parole »Zurück zur Natur« oder »Hin zur klassenlosen Gesellschaft« oder »Auf ins Konsumglück« stehen – werden vom Adressaten dieser Theorien, vor allem von jungen Menschen, meist nicht unterschieden. Sie laufen auf das gleiche Ergebnis hinaus: »Schluß mit den Hemmungen, ziert euch nicht länger, seid nett zueinander«.
Auch wenn zweifellos die Sexualität eng mit den gesellschaftlichen Verhältnissen verknüpft ist, privatisiert der Mensch seine Sexualprobleme und sieht in ihnen vor allem die Chance der intimen Begegnung von Ich und Du. Er steht in dem Spannungsfeld, eine Einschränkung seiner sexuellen Freiheiten nicht hinnehmen zu wollen, was ihm von allen Seiten eingeredet wird, und dennoch auf Liebe nicht verzichten zu mögen. Der herrschende Sexkult scheint die sexuellen Möglichkeiten des Menschen zu vergrößern. Er wird so lautstark propagiert, und von der Unterhaltungsindustrie bis hin zur gehobenen Literatur führt er sein monotones Monopol, daß man ihn für eine grandiose Übertreibung menschlicher Sexualität halten könnte. Man sollte erkennen, daß es sich in Wahrheit um eine ärmliche Unterbewertung des Sexuellen handelt. Um die Unterbewertung zu einem Bedarfsartikel, den man sich beliebig häufig und auf beliebigen Wegen mittels eines beliebigen Partners oder richtiger Objekte verschafft. Sexualität – so wird gesagt, sei das natürlichste auf der Welt, ein Bedürfnis unter anderen. Die Gleichstellung der sogenannten sexuellen Bedürfnisse mit anderen, zum Beispiel dem Hunger oder dem Durst, hat deshalb etwas Fatales, weil man Hunger und Durst gewöhnlich nicht durch den Verzehr von Menschen befriedigt. Die Sexualität, derart zum nur biologischen Bedürfnis degradiert, macht das menschliche Gegenüber zu einem Stückchen Wurst oder einem Schluck Wasser, zu einem Lutscher oder einem Bonbon, zum Naschen oder zum zeit-

weiligen Genuß bestimmt. So verkennt man das Wesen der menschlichen Sexualität, die nicht nur Befriedigung will, sondern vor allem Erwiderung. Der Mensch wird arm, wenn er sich seine Sexualität verkürzen läßt, der Partner nur noch Sexualobjekt, nur noch Umrandung seiner Geschlechtszonen wird. So geht der ganze Bereich verloren, den wir gewöhnlich Erotik nennen: die Berührung durch das Wesen des Partners, die Anmut der Bewegungen, der Reiz der Stimme, der Zauber des Blickes und die Einzigartigkeit des Denkens und Fühlens, die uns begegnet.

Die Sexualität des Menschen hat weitere Horizonte als die des Tieres. Er kann sie getrost verwirklichen, wenn er es als Mensch tut. Er braucht sie nicht zu verdrängen und zu deformieren, zu verneinen und einzusperren. Aber er verwirklicht sie auch nicht, indem er seinen biologischen Trieben freien Lauf läßt. Mit ihnen hat man Sexualität allzuoft gleichgesetzt. Menschliche Sexualität ist von Natur aus eine gleichsam unbehauene, unbearbeitete, aber zugleich urmächtige Kraft, die erst kultiviert und humanisiert werden muß. Sie ist eine großartige Gabe, aber ebenso eine großartige Aufgabe.

Was der Mensch von Natur aus mitbekommt, ist so etwas wie der Treibsatz einer Rakete. Die Ziele und die Richtungen muß der Mensch bestimmen und in vielen Stufen verwirklichen, bei denen man die dritte nicht vor der ersten zünden sollte. Diese Grundenergie der Sexualität ist wahrscheinlich in allen Lebensäußerungen des Menschen enthalten, in seiner Freude und in seiner Angst, in der Beziehung zum anderen Geschlecht und zu sich selbst, zur Natur und zur Kunst, zur Welt und zu Gott, in Liebe und in Haß. Man könnte sie mit einer anderen Energieform vergleichen, mit der Elektrizität. Von ihr heißt es in einem Inserat der stromerzeugenden Industrie sehr treffend: Strom kann alles: Suppen kochen, Hosen bügeln, Männer rasieren, Sekt kühlen, Milch wärmen, Haare schneiden, Lokomotiven heben, Kühe melken. Strom kann noch vieles mehr, aber vor allem: Strom leuchtet und wärmt, wenn er aus dem rohen Zustand der Energie übersetzt und zivilisiert wird durch entsprechende Geräte. Die Sexualität ist ähnlich, beide haben sie die Fähigkeit zu transformieren und zu zivilisieren. Dazu gehört, daß einer dem anderen zu gefallen sucht und um den anderen wirbt, etwas lernt und leistet, um ihm zu imponieren, aber

auch, um für ihn sorgen zu können. Dazu gehört, daß man einander zuvorkommt, Takt, Rücksicht und Ritterlichkeit entwickelt, aber auch Anmut und Liebreiz, Freude aneinander und der gemeinsame Weg von dem kleinen Zeichen der Annäherung, der Sympathie, einem Flirt, einer Aufforderung zum Tanz bis zu dem gesprochenen »Ich liebe dich!« und dem schließlich körperlich und seelisch erlebten: »Wir sind eins – nur du und ich – wir!«
Sex wird durch Lust schön und durch Liebe sinnvoll. Wenn der Sex der Liebe dient, wird er nicht zuchtlos, wenn er die Lust bejaht, bleibt er nicht unterdrückt, wenn er beides verbindet, trägt er zur Freiheit und Reife des Menschen bei.
Erich Fromm sagt: »Das Verlangen nach zwischenmenschlicher Vereinigung ist das stärkste Streben des Menschen. Es ist das grundlegende Verlangen, die Kraft, die die menschliche Rasse zusammenhält, den Clan, die Familie und die Gesellschaft. Sein Versagen bedeutet Wahnsinn oder Vernichtung – Selbstvernichtung oder die Vernichtung anderer. Ohne Liebe könnte die Menschheit nicht einen Tag existieren. Wenn wir jedoch die Erreichung der zwischenmenschlichen Vereinigung Liebe nennen, befinden wir uns in einer ernstlichen Schwierigkeit. Eine Vereinigung kann auf verschiedene Weise erreicht werden – und die Unterschiede sind nicht weniger bedeutungsvoll als das, was den verschiedenen Formen der Liebe gemeinsam ist.«
Ich habe schon in anderen Abschnitten aufgezeigt, daß nicht jede Begegnung Liebe ist. Ich habe gezeigt, welche Irrungen und falsche Wege der Mensch gehen kann. Dieses letzte Kapitel jedoch soll der höchsten Erfüllung der menschlichen Liebe gewidmet sein: Der Vereinigung zweier liebender Menschen mit dem völligen Hineintauchen in den anderen.
Psychisch gesehen sind mindestens 95 Prozent aller sexuellen Störungen, die aus diesem Bereich kommen, wie ich im vorherigen Kapitel gezeigt habe. In keinem Bereich ist die Abhängigkeit zwischen seelischen und körperlichen Prozessen so stark wie gerade in der Sexualität. Der Grund dafür liegt in der Tatsache, daß die Sexualfunktionen der Willkür des Menschen weitgehend entzogen sind. Willentlich können wir nur entscheiden, ob wir unserem sexuellen Verlangen nachgeben wollen oder nicht. Alles weitere

hängt von unserer Gemütslage, der »seelischen Temparatur« ab, die über das vegetative Nervensystem den körperlichen Vorgang entscheidend beeinflußt. Deshalb ist der störungsfreie Ablauf des sexuellen Aktes nur möglich, wenn er ohne hemmende Hintergedanken vor sich geht, vor allem ohne Schuldgefühle oder Ängste. Angst ist der größte Feind jeder gesunden und befriedigenden Sexualität, beim Mann und bei der Frau.
Die sexuelle Aktivität wird vom Hirn gesteuert, präziser gesagt vom Zwischenhirn, wo sich die Hauptzentrale für Gefühlserregung befindet. Von dort geht die nervliche Nachrichtenleitung über das Rückenmark zu den Genitalien. Wie auch umgekehrt von den Genitalien Rückmeldungen an die Zentrale gelangen. Ohne diese Nachrichtenverbindung läuft nichts. Physiologisch sieht das beim Mann so aus: im Penis sitzt eine Reihe von Gefäßen, Gummischwämmchen ähnlich, die sogenannten Schwellkörper. Jedes dieser Gefäße wird von einem Bündel Adern gespeist, und hat zwei Ventile, eines zum Füllen, ein anderes zum Entleeren. Bei der sexuellen Erregung öffnen sich durch Nervenimpulse die Funkaßventile, die Schwellkörper füllen sich mit Blut, der Penis ist zum Coitus bereit. Wenn die Erregung vorüber ist, öffnen sich die Außenventile, und das Blut strömt in den Kreislauf zurück, bis bei der nächsten Reizung sich die Einlaßventile wieder öffnen. Bei der Frau läuft der Prozeß ähnlich ab.

Die Sprache der Sexualität

Der Geschlechtsakt als der immer neue Höhepunkt einer Liebespartnerschaft erfordert eine Reihe von Vorbedingungen, ohne die er nicht gelingen, zumindest nicht voll beglücken kann. Wenn ich jetzt über dieses Thema, das vielen die schönsten Stunden ihres Lebens schenkte und anderen die größten Niederlagen bereitete, spreche, dann möchte ich mich wieder ein wenig persönlicher mit Ihnen unterhalten. Denn etwas, was so schön sein kann, sollte man nicht mit trockenen Worten abhandeln.
Für viele Liebende scheint es den Faktor Zeit nicht zu geben. Sie tun so, als befänden sie sich in einer Werkshalle und der Meister

steht daneben, um die (Akkord)-Zeit zu messen. Ehe sie richtig begonnen haben, ist das Spiel schon vorbei, sie hatten einen Orgasmus und liegen erschöpft und frustriert nebeneinander. Sie tun so, als hätten sie es mit dem schmutzigsten Geschäft der Welt zu tun, das man ganz schnell hinter sich bringen müsse. Wahre Erotik-Künstler aber wissen, daß Zeit einer der wichtigsten Faktoren beim Liebesspiel ist. Manche Paare nehmen sich nicht einmal genügend Zeit, um den Partner nach den Namen zu fragen, sie wollen eben mal einen »schnellen Orgasmus« und hinterher fragen sie: »Wie heißt du eigentlich?« Ein ganz wichtiger Punkt in der sexuellen Liebe ist aber, daß sich Mann und Frau die Zeit nehmen, sich zunächst einmal kennenzulernen. Die Seele und der Körper brauchen ihre Zeit, um sich aufeinander einstellen und öffnen zu können. Der Vorgang des körperlichen Öffnens setzt eine seelische Vorbereitung voraus. Um sich seelisch einem anderen Menschen öffnen zu können, müssen wir ihm voll vertrauen können. Wie soll ein Liebesakt jenen Höhepunkt erreichen, an dem auch die Seele ihr Wonnefüllhorn ausschüttet, wenn nicht dieses tiefe Vertrauen da ist, das zwei Menschen zum Wir werden läßt? Dem seelischen Öffnen folgt während des »Vorspiels« die körperliche Öffnung, oder geht neben ihr her. Wer kennt nicht die zärtlichen Blikke einer jungen Liebe, wer kennt nicht den Wortaustausch zwischen zwei Menschen, die sich vereinigen möchten, wer nicht die versteckten Zärtlichkeiten, den ersten Hautkontakt?
Und schon hier werden die ersten Fehler gemacht. Manch einer hat einige Bücher über die »Technik der Liebe« gelesen und wird selbst nun zum Techniker. Unter diesem Gesichtspunkt wird jedes zärtliche Streicheln zur »Masche«, unbeseelt, empfindungslos, einfach nur Übung Nr. 3 aus einem Aufklärungsbuch. Schon beim Austausch der ersten Zärtlichkeiten spürt die Frau, der Mann, wenn er oder sie sensibel genug ist, daß hier möglicherweise ein »Lügner« am Werk ist. Die nonverbale Kommunikation zwischen zwei Menschen zeigt eindeutig, mit wem wir es beim Partner zu tun haben. Zärtlichkeiten dürfen nicht Mittel zum Zweck, sondern sie sollten Ausdruck ehrlicher wirklicher Gefühle sein und vom Partner auch so verstanden werden. Da, wo keine echten tiefen Gefühle im Spiel sind, da wird nicht »geliebt«, sondern »ge-

bumst«. Eine wirkliche Liebesnacht beginnt schon in dem Moment, wenn Mann und Frau sich begegnen, und nicht erst, wenn sie im Bett landen. Ein gutes Essen, ein Glas Wein und die dadurch geförderte Lockerung und Entspannung waren schon immer eine gute Vorbereitung auf eine Liebesnacht, ebenso ein Spaziergang in einer lauen Sommernacht. Ich möchte Ihnen aber empfehlen, etwas Leichtes zu essen. Denn ein Mann mit vollem Bauch kann niemals ein guter Liebhaber sein. Und Alkohol – der nicht in Maßen getrunken wird – vermindert die Potenz.
Essen, Trinken und die Liebe haben einen gemeinsamen Nenner: die Lust! Hat nicht mancher schon die Freude an gutem Essen über den erhobenen Zeigefinger mancher Mediziner verloren? Verdirbt nicht die Kalorienangst schon unsere Küche? Bewegt und nicht schon vor jedem Omelett die bange Frage, ob der damit aufgenommene Überschuß an Eiweiß und Cholesterin Krampfadern aus unseren Waden treiben könnte?
Ich preise hier keineswegs den Schmierbauch, aber ich möchte ihn von den Gewissen heben, auf die er drückt. Beschwert von der Autorität der Medizin. Ich frage: Was ist das für eine Wissenschaft, die uns eine Gewichtsnorm im Verhältnis zur Körpergröße vorschreibt, ein Schönheitsideal nach Zentimetermaß, eine Gesundheitszwangsvorstellung nach Vitamingehalten, gegen die zu verstoßen bald moralisch anstößig ist?
Ich singe nicht das Hohelied der Völlerei, aber ich wehre mich gegen ein gesundheitsapostolisches Duckmäusern, das uns einen gespickten Hasenrücken wie eine Versuchung zurückweisen läßt und uns bei Lebzeiten schon ins Fegefeuer bringt, weil wir nachts den Eisschrank leergefressen haben. Ich halte es mit einer Wissenschaft, die mir sagt, daß dicke Menschen von heiterer, gelassener Gemütsart sind. Daß der Reiz eines Frauenkörpers in einer gewissen Fülle eher liegt als in zerbrechlicher Schmächtigkeit und daß man immer wieder aus Frauenmund zu hören bekommt: »Werde nicht zu mager, man muß etwas zum Anfassen haben.«
Vor allem halte ich es mit einer Wissenschaft, die feststellt, daß Angst vor dem Dickwerden eher dickmacht als herzhaftes Essen, wenn man mit sich zufrieden ist. Daß es unserer Seele nicht nur wohltut, sondern für sie unerläßlich ist, zu genießen. Daß ein see-

lisches Wohlbefinden die beste Gewähr für unsere Gesundheit gibt, gleichviel, ob wir ein wenig über der Norm wiegen. Ich halte es mit einer Wissenschaft, die uns erlöst aus dem dumpfen Bezugsverhältnis des Nur-Materiellen zum Nichts-als-Materiellen. Für die ein Paprikaschnitzel nicht nur eine gewisse Grammenge mit bestimmten Reizstoffen angereicherten Eiweiß und Glutamins von genau meßbarem Kaloriengehalt ist, sondern eine Gaumen- und Herzensfreude, ein Schwingungshöhepunkt im Rhythmus eines glücklichen hingebrachten Tages, ein Anlaß, der Köchin einen Kuß zu geben und damit vielleicht unserem Schicksal eine unverhofft günstige Wendung. Essen, Trinken und körperliche Liebe genießen können, bedeutet, sich des Lebens freuen zu können, bedeutet seelische Ausgeglichenheit.

Wichtig in der Liebe ist auch die richtige Räumlichkeit. So mancher hat schon erfahren können, daß ein Liebesakt im Auto mit artistischen Übungen eher verwandt ist als mit einem entspannten Spiel zwischen zwei Menschen. Schließlich ist ein solcher hastig vollzogener Akt menschlich betrachtet einfach unwürdig. Wie soll eine solche Liebesnacht noch Tage nachschwingen? Die beste Lieheswiese ist immer noch ein schönes, breites Bett, in einem gut temperierten Raum, in dem man nicht friert, oder die Natur mit ihren vielen Gerüchen selbst.

Treten zwei Liebende nun in eine neue Phase ihres Spiels, liegen sie nackt nebeneinander, kommt es häufig zu neuen Schwierigkeiten. Da liegen sie nun nebeneinander, betrachten den Körper des anderen und wissen nicht, wie sie das »Ding an sich« nennen sollen. Die wissenschaftlichen Ausdrücke sind zu nüchtern, lassen kaum ein zärtliches Gefühl für »Es« aufkommen und die Vulgärausdrücke sind abstoßend. Ich möchte Ihnen empfehlen, für die Körperteile ihres Partners Phantasieausdrücke zu wählen. Einer meiner Klienten erzählte mir einmal, daß er und seine Freundin für seinen Pimmel den Namen »Peter« wählten und ihrer Muschi den Namen »Petersilie« gaben. Sie sehen, es gibt Möglichkeiten. Und ein Name, in einer zärtlichen Stunde gewählt, hat seinen Stellen- und Erinnerungswert an diese eine bestimmte Liebesnacht.

Jeder, Mann und Frau, erlebt die Liebesstunde anders. Die Gefühle bei der Liebe, wie alle Gefühle, lassen sich schwer beschreiben.

Und da jeder nur aus seiner subjektiven Sicht berichten kann, vermag er sich auch nur begrenzt in die Gefühlswelt des anderen hineinzufühlen. Offensichtlich ist beim Mann die sexuelle Energie, sein Verlangen und Begehren bei zunehmender Erregung stärker an einem Punkt, nämlich seinen »Peter« konzentriert. Das Verlangen der Frau verbreitet sich über den ganzen Körper, vor allem über die Haut. Es ist – jedenfalls zu Anfang – nicht so stark und unausweichlich. Es muß von ihr aus nicht unbedingt bei jeder zärtlichen Annäherung intimer Art zu einem vollendeten Geschlechtsakt kommen. Jede zärtliche Geste löst in ihr bereits kleine Wonneschauer aus, die ihren Sinn in sich selbst haben, während sie für den Mann nur Durchgangsstufe zur endlichen Vereinigung und Entspannung darstellen. Auch verbindet die Frau meistens mit der intimen Vereinigung einen stärkeren Wunsch nach Umhülltsein, Geborgenheit, Wärme und Sicherheit. Dem Verlangen des Mannes wohnt eine aggressiv-erobernde, mitunter auch »in-Besitznehmende Haltung« inne. So ist denn auch in manchen Kulturen der aufgerichtete »Peter« nicht nur Symbol der Fruchtbarkeit, sondern auch der Potenz im Sinne von Macht und Stärke.
Eine weitere Eigenart des Geschlechtsunterschieds liegt darin, daß der Mann regelmäßig und so gut wie sicher zum Höhepunkt, also zum Samenerguß kommt, die Frau aber nicht immer und nicht mit Sicherheit.

Kontakt mit der Haut

Der Mensch ist seiner ganzen Natur nach Entdecker, und sein erstes und anspruchsvollstes Erlebnis war und ist immer der menschliche Körper. Lange ehe er über die Mysterien seiner physischen Existenz und des Zusammenspiels seiner inneren Chemie nachzudenken begann, war sich der Mensch körperlicher Empfindungen bewußt. Lange Zeit nach seinen mechanischen Fortschritten gestattete es sich der Mensch erst, seine grundlegenden Bedürfnisse als selbstverständlich hinzunehmen; die Berührung blieb ein gemeinsamer Nenner, der ihn verbindet mit seinen unzähligen Vorfahren. Seit Urzeiten blieben die grundlegenden Empfindun-

gen, die vom körperlichen Kontakt herrührenden Schmerzen und Freuden unverändert. In unserer technologischen Zeit und in einer von Vernichtungswaffen bedrohten Welt ist der Schlag immer noch der unmittelbare Ausdruck von Zorn. Maschinen und Medikamente wurden geschaffen, die uns entspannen und beruhigen sollen, aber nichts von dem allen kann sich mit der sanften Berührung einer menschlichen Hand vergleichen. Die Hand kann beruhigend oder anregend, zärtlich oder heilend wirken. Die Streichelbewegungen und ihre Handgriffe, die ja rein körperlich sind, lösen enorme Reaktionen im Körper aus. Es ist nicht möglich, sich einem Streicheln zu entziehen, ohne nicht eine Botschaft vom anderen aber auch über sich selbst zu erhalten. Das Streicheln enthält seit frühester Kindheit eine Botschaft: die Botschaft der Liebe!
Ein Mensch ohne Streicheleinheiten verkümmert innerlich. Im Streicheln liegt die Botschaft der Liebe und der Sexualität. Der Streichelnde steigert über die Berührung die Erregung des anderen und der Gestreichelte vermittelt seine steigende Erregung an die Hand des Streichelnden. Im Streicheln teilt sich der Rhythmus des einen Körpers dem Rhythmus des anderen Körpers mit. Und wenn Sie über diese Kommunikationspunkte beim Partner noch eine leichte Nervosität spüren, dann sind Sie noch nicht für den Liebesakt bereit, dann sollten Sie die Vertrauensbasis noch mehr aufbauen. Fühlen Sie auch einmal den Herzschlag des anderen. In seinem Herzschlag spüren Sie seine Lebendigkeit, sein Leben. Streicheln Sie so lange, bis Sie einen fließenden Rhythmus von Mann zur Frau und von der Frau zum Mann spüren. Vergessen sie bei diesem Kontaktaustausch niemals die ständige Wiederholung des Augenkontakts. Durch den Augenkontakt entsteht das Gefühl der Gegenwärtigkeit, über die Augen läuft eine sehr stumme, aber doch beredte Sprache ab.
Die Seele braucht Sinneseindrücke. So wie der Körper eines Menschen Nahrung und Vitamine braucht und ohne sie zugrundegehen muß, so braucht die Seele Sinneseindrücke, ohne die der Mensch innerlich verödet. Ein Säugling, der nie auf den Arm genommen wird, befindet sich in einer traurigen Lage. Er liegt in seinem Bettchen gefangen, in grauer Eintönigkeit reiht sich ein Tag an den anderen, nur unterbrochen durch die Minuten der Nah-

rungsaufnahme, und ganz allmählich breitet sich ein körperlich-geistiger Zusammenbruch vor. Bestimmte Teile des menschlichen Gehirns müssen ständig in regelmäßigen Abständen Anregungen erfahren, wenn die Gesundheit eines Menschen nicht gefährdet werden soll. Geschieht dies nicht, kommt es zu Verfallserscheinungen. Verfallserscheinungen leichteren Grades kann man schon bei Menschen feststellen, die sich für Versuche von Sinneswahrnehmungen zur Verfügung stellen. Bei diesen Experimenten wird die Versuchsperson in eine Kabine eingeschlossen, ihr werden die Augen verbunden, damit sie nichts mehr sehen kann, die Arme werden so gelegt, daß sie mit den Händen nichts mehr berühren kann. Nur wenige halten das länger als 48 Stunden aus. Viele haben Halluzinationen und Wahnvorstellungen, die denen unter Drogeneinwirkung sehr ähnlich sind. Die meisten Menschen spüren Hunger nach menschlichem Kontakt in sich, zumindest wollen Auge und Ohr angesprochen werden, meist aber besteht ein Verlangen nach direkter Berührung und danach, gestreichelt zu werden. Auch hier können wir feststellen, daß dieser Kontakt verantwortlich dafür ist, ob der Mensch körperlich und geistig gesund bleibt oder zusammenbricht.

Die Sinnesempfindung, der die meisten Menschen vor allem anderen den Vorrang geben, ist der Kontakt mit der Haut eines anderen Menschen. Dieser Kontakt vermittelt außer Berührung auch noch Wärme. Die menschliche Haut eignet sich hervorragend dafür, Infrarotstrahlen sowohl aufzunehmen als auch abzugeben. Tatsächlich benutzen Wissenschaftler, die Infrarotstrahlen für Untersuchungen der menschlichen Haut als Standardmaß. Infrarotstrahlen sind Wärmestrahlen, sie lassen sich leicht mit besonderen Filmen fotografieren und mit Hilfe von Speziallinsen sichtbar machen. Die Infrarotstrahlen, die die menschliche Haut aussendet, haben eine ganz bestimmte Wellenlänge – gerade die Wellenlänge, die die bestmögliche Wirkung auf die Haut eines anderen Menschen ausübt. Deswegen reagiert ein Säugling so positiv auf körperlichen Kontakt mit seiner Mutter, deswegen fühlt die Mutter so gerne den warmen Körper des Kindes. All dies gerät stark in die Nähe der Sexualität, und es gehört tatsächlich zum sexuellen Vergnügen, die Wärme des anderen Menschen zu verspüren. Und wenn Sie mit einem Partner zusammen schlafen, der sich nicht gerne anfassen läßt, oder was noch schlimmer wäre, Sie selbst hätten Scheu davor, sich anfassen zu lassen, dann wäre das ein Signal für eine Kontaktstörung. Kontaktgestörte Menschen lassen sich nicht gerne anfassen. Sie müssen sich da nicht wundern, wenn der Partner sich enttäuscht aus dem Bett schleichen würde. Denn alle Zärtlichkeit der Welt läuft überwiegend über die Haut ab – über die eigene – und die des Partners.

Ich bin schön und du bist schön

»Findest du dich schön?« Wetten, daß Sie keinen Menschen kennen, der darauf ruhig und deutlich »ja« sagt. Man kann Leute fragen, ob sie eine Abtreibung hinter sich haben, oder schon einmal eine Geschlechtskrankheit hatten – schlimmstenfalls heißt die Antwort: »Was geht dich das an?« Kein Vergleich jedenfalls zu der Verlegenheit, der Verblüffung, dem Stammeln, dem nervösen Lachen, mit dem die intimste Frage aller Fragen quittiert wird: »Findest du dich schön?«

Wenn Sie es nicht glauben, dann probieren Sie diese Frage doch einmal aus. Das »Wie kommst du darauf?« ist schon der allerbeste Beweis für die Abwehrhaltung, mit der man den Abgrund der Verunsicherung überbrücken will, der sich da auftut. Woher kommt das? In den meisten Familien wurden – und werden es leider immer noch – Kinder zur Selbstverleugnung erzogen: Mehr sein als scheinen, Eitelkeit ist ein Charakterfehler, ein gutes Herz ist hundertmal mehr wert als schöne Augen. In den meisten Eltern sitzt tief verwurzelt die Überzeugung, daß aus einem hübschen Kind nur ein fauler Tunichtgut werden kann, wenn er sich seines Aussehens bewußt wird.

»Schau lieber in deine Schulbücher als in den Spiegel« – der Satz kommt doch sicher auch Ihnen bekannt vor. Das Ergebnis dieser Erziehung: Die menschlichen Bedürfnisse – geliebt, verehrt, bewundert zu werden – sind damit keineswegs abgebaut. Sie werden nur verdrängt. Man lernt, nicht zu zeigen, wie sehr man sich über Komplimente freut, und traut sich manchmal nicht einmal zu denken, daß man sich selber gut gefällt. Offenkundig hat die Sexualfeindlichkeit in unserer Gesellschaft nachgelassen. Doch an der Körperfeindlichkeit hat sich bis heute kaum etwas geändert. Die Leute laufen an den FKK-Stränden zwar nackt herum; gut. Auch durchsichtige Blusen sind kein aufsehenerregender Anblick mehr. Jedoch: was besagen solche Dinge schon, solange kein Mensch wagt, sich selber schön zu finden und das auch noch laut zu sagen? Es gibt Frauen, die ganz natürlich sagen können: »Ich habe das beste Abitur der Klasse gemacht.« Aber nie käme ihnen der Satz über die Lippen: »Auf der Party gestern war ich die Schönste.« Wieso eigentlich quittiert man das eine mit Selbstverständlichkeit und hält das andere für peinliche Selbstüberschätzung? Weil die meisten Menschen heute körperfeindlich sind. Eine Freundin, die über Akne klagt, darf unseres Mitgefühls sicher sein. Wenn sie mit Begeisterung über ihr eigenes rotes Haar spricht, dann empfinden viele Menschen das als einen Schuß vor den Bug. Viele meinen sofort eine Kritik am eigenen Schopf zu spüren. So tief können Komplexe sitzen. Die Frage ist, wozu und wem dieses grundsätzliche ungeübte soziale Verhalten nützt, ist es in Wahrheit nicht eine besonders penetrante Form der Heuchelei?

»Bescheidenheit ist eine Zier, doch weiter kommt man ohne ihr«, sagt man im Volksmund. Es läßt sich schließlich nicht leugnen, daß Minderwertigkeitskomplexe einen Menschen nicht anziehender machen. Charme und persönliche Ausstrahlung gedeihen nur auf dem Boden einer gelassenen Selbstsicherheit – wer will das ernsthaft bestreiten? Damit andere uns mögen, müssen wir erst einmal uns selbst mögen.

Wie schwierig das ist, können wir ganz einfach selbst feststellen. Fragen Sie bei der nächsten Gelegenheit, wenn Sie mit Freunden zusammensitzen, mal jeden, welche drei Dinge ihn an seinem Aussehen stören. Wahrscheinlich kommt gleich ein Dutzend von Mängelrügen am eigenen Körper zum Vorschein. Und dann fragen Sie, welche drei Dinge am eigenen Körper als besonders schön empfunden werden. Geniertes Schweigen. Verhaspelte Antworten. Kaum einer wird sich trauen zu sagen: »Ich glaube, meine Beine sind gar nicht so übel.«

Ein deutlicheres Beispiel für die Verklemmtheit in körperlichen

Dingen gibt es kaum. Sich selbst schön finden kommt uns wie eine Sünde vor. Und dabei wünschen wir uns nichts sehnlicher, als von anderen schön gefunden zu werden, speziell vom eigenen Mann, Freund oder Liebhaber. Wir sprechen diese Bedürfnisse aber nur in seltenen Fällen aus. Männer haben noch größere Schwierigkeiten. Machen Sie ihnen ein Kompliment, freuen sie sich zwar im stillen, wehren aber meistens abschwächend ab. Zuzugeben, daß sie attraktiv seien, fällt ihnen kaum ein. Männer haben Charakter, schön sind sie selten.

Um endlich zu lernen, über die elementarsten Sehnsüchte miteinander zu reden, möchte ich Ihnen zeigen, wie so etwas funktionieren kann. Wie extrem wichtig freies Körperbewußtsein für das seelische Wohlbefinden ist, wird von vielen übersehen. Das Körperspiel für Partner, das ich Ihnen hier zeige, ist ein Schritt zum Abbau der traditionellen Verklemmtheit gegenüber dem eigenen Körper. Das sind die Spielregeln:

1. Es ist ein Spiel für zwei Liebende. Meinetwegen Sie und Ihr Partner.

2. Stellen sie sich nackt vor einen Spiegel, in dem Sie sich von Kopf bis Fuß sehen können, und betrachten Sie der Reihe nach jede der nachfolgenden 22 aufgeführten Stellen an Ihrem Körper: Haare – Stirn – Augen – Wimpern – Mund – Kinn – Hals – Schultern – Brust – Arme – Hände – Finger – Taille – Bauch – »Peter und Petersilie« – Po – Schenkel – Knie – Waden – Fesseln – Füße – Zehen.

Bitten Sie Ihren Partner das gleiche zu tun. Nehmen Sie ein Blatt Papier, beurteilen Sie ehrlich jeden Körperteil nach folgendem Punktschema:

0 Punkte: Diesen Körperteil finde ich nicht schön. Oder: Keine Meinung

1 Punkt: Deswegen brauche ich mich nicht zu schämen.

2 Punkte: Diesen Körperteil habe ich schon einmal bewußt angesehen und ihn nicht für schön empfunden

3 Punkte: Dieser Körperteil gefällt mir so gut, daß ich ihn schon öfter mit Freuden angesehen habe.

Das war der Übung erster Teil. Was jetzt kommt, erfordert noch ein bißchen mehr Überwindung. Bitten Sie Ihren Partner, Ihren

Körper anzusehen und die gleiche Bewertung vorzunehmen. Tun Sie das gleiche mit seinem Körper. Nun nehmen Sie wieder die gleichen Daten der Checkliste zur Hand. Danach füllen Sie zum dritten und letzten Mal einen Zettel mit dem Körperspiel aus: Diesmal sollen Sie den Beurteilungsbogen der 22 Körperstellen so ausfüllen, wie Sie glauben, daß der andere sich selbst beurteilt hat. Sie haben jetzt also drei Wertungsbögen. Zählen Sie die Punkte eines jeden Bogens zusammen. Sie können nun drei Vergleiche anstellen. Nehmen Sie die Zettel mit der Selbstbeurteilung in die Hand: Wer hat sich schöner gefunden? Dann der Bogen mit der ehrlichen Beurteilung des anderen: Wer hat den Partner schöner gefunden? Und nun die dritten Punktskalen, die Sie über Ihren Partner ausgefüllt haben: Vergleichen Sie diese mit der Selbstbeurteilung. Wer hat sich besser in den anderen einfühlen können?
Für den ersten Vergleich genügt es, die Punktsumme gegenüber zu stellen; indem Sie die 22 Körperstellen Punkt für Punkt durchgehen und Abweichungen in der Beurteilung feststellen. Danach kommt der schwierigste und wichtigste Teil des Körperspiels: Überwinden Sie ihre eigene Scheu und Verletzlichkeit und fragen Sie den anderen, warum er beispielsweise Ihre Beine so oder so beurteilt. Stehen Sie vor allem selbst zur Ihrer Beurteilung. Wenn Sie Ihrem Partner keine Beurteilung für seine Hände gegeben haben, dann werden Sie jetzt nicht schwanken und sagen, Sie hätten sich bloß verschrieben.
Der eigentliche Sinn dieses Körperspiels liegt nämlich darin, das Gespräch über ein weitgehend tabuisiertes Thema anzukurbeln. Die meisten Menschen, die zusammenleben, reden fast nie realistisch über ihren Körper. Es gibt mal ein Kompliment, mal einen kritischen Blick. Aber meistens kann man nur ahnen, was der andere meint, und häufig werten wir positive Bemerkungen als einen Versuch, dem anderen etwas Liebes zu sagen – ohne Rücksicht auf die Realität. Wir sagen in der Mann-Frau-Beziehung meist schrecklich banale Sachen wie: »Gut siehst du heute wieder aus« oder: »Schön, deine neue Frisur« oder: »Du solltest öfter Braun tragen.«
Solche wagen Komplimente haben einen großen Haken. Wer sie zu hören bekommt, dessen Freude ist häufig durch einen Wer-

mutstropfen getrübt. Weil er sich nämlich automatisch fragen wird: sehe ich denn sonst nicht gut aus?
Dieses unterschwellige Mißtrauen hindert zu viele Menschen daran, mit sich selbst zufrieden und mit anderen unbeschwert zu leben. Es läuft doch alles auf die so wichtige Frage hinaus:
»Liebst du mich so wie ich bin?«

Die Geborgenheit im Gefühlsbereich

Wenn zwei Menschen plötzlich zulassen, daß die zwischen ihnen stehende Wand zusammenbricht, und sich einander zugehörig, eins fühlen, gehört dieser Augenblick der Einheit zu den freudigsten und erregendsten Erlebnissen. Noch wunderbarer und unbegreiflicher ist es für jene, die bisher abgeschnitten, isoliert und ohne Liebe lebten. Dieses Wunder der plötzlichen Vertrautheit wird häufig dadurch erleichtert, daß es mit sexueller Anziehung und Vereinigung verbunden ist oder durch sie überhaupt erst ausgelöst wird.
Ästhetik ist ein weiterer wesentlicher Faktor der körperlichen Vereinigung. Bei vielen Menschen gleicht der Geschlechtsakt eher einem Ringkampf. Kleine Kinder, die Vater und Mutter zufällig bei der Liebe beobachten, glauben oft, daß hier etwas Gewaltsames vor sich gehe. Es sieht brutal aus, wie ein Kampf. Es ist häßlich, nicht schön. Das ist eine Verunglimpfung des Liebesaktes.
Die beiden Liebenden sollen zusammen »tanzen«, nicht kämpfen. Eine gelöste Liebesumarmung zeigt harmonische, gleitende, fließende Bewegungen, Anmut ist das Zeichen einer wirklich fließenden Liebe. Sexualität ist ein intimes Erlebnis und ein Erlebnis des Teilens. Im Idealfall ist der andere ein Mensch, für den Sie ganz tiefe Liebe empfinden, jemand, dem Sie sich mit Ihrem ganzen Sein darbieten, bei dem Sie keine Bedenken haben, sich gehenzulassen. Eine leidenschaftliche Verschmelzung von männlichen und weiblichen Polaritäten steht bevor. Deshalb sollte der Partner jemand sein, mit dem Sie eins werden möchten, so wie er ein Teil von Ihnen wird. Ästethische Sexualität ist für »Liebende« erfunden, nicht für zufällige »Bumspartner«. Es kommt nicht darauf an, ver-

heiratet zu sein, nicht einmal eine feste Partnerschaft ist Voraussetzung. Wichtig ist nur, für den anderen echte, tiefe Gefühle zu hegen; und der andere sollte ebenso bereit sein, sich ganz alleine für Sie zu öffnen, beide sollten Sie die Einmaligkeit jeder Begegnung spüren. Das setzt voraus, daß Sie sich nicht jedem beliebigen Sexpartner öffnen, sondern wählerisch bei der Auswahl zu einem Spiel sind, das für Sie höchste Erfüllung bieten kann, wenn Sie sich nicht einfach wegschenken.

Sexualität hat etwas mit Fließen zu tun. Fließen ist das völlige Eintauchen in alles, was wir tun, egal was es ist. So daß wir jedes bewußte Gefühl von uns selbst und jedes Zeitgefühl verlieren ; dafür nehmen wir an dem, was wir tun, körperlich und seelisch bewußter Anteil. Menschen im Zustand des Fließens stellen unter anderem fest, daß sowohl Konzentration wie Wahrnehmungsvermögen wesentlich zunehmen; daß sie das herrliche Gefühl haben, alles »laufe wie am Schnürchen«; daß sie in dem, was sie gerade tun, völlig aufgehen. Bei einem fließenden sexuellen Erlebnis weiß man sofort, daß alles richtig ist; eine innere Stimme sagt einem, daß es so sein muß und nicht anders. Fließen lassen bedeutet auch, nicht nach Sex-Lehrbüchern vorzugehen, sondern sich ganz einer inneren Führung anzuvertrauen, sich ganz dem Gefühl zu überlassen. Man muß sich nicht fragen, ob man das, was man tut, auch richtig macht, sondern sich ganz auf das eigene Gefühl verlassen und gerade das tun, was Spaß macht. Und wenn Sie auf Ihr spielendes, inneres Kind hören, anstatt auf jenes, das Ihnen schon immer mit erhobenem Zeigefinger kam, dann machen Sie es richtig. Das Kind mit dem erhobenen Zeigefinger ist nichts anderes als der verlängerte Zeigefinger von Vater, Mutter, einem Lehrer, einer Ordensschwester oder sonstwem. Sie sollten sich darüber im klaren sein, daß ein solches inneres Kind Ihnen die Freuden schon im Vorhinein stiehlt. In keiner Situation Ihres ganzen Erwachsenendaseins dürfen Sie so sehr spielendes Kind sein wie gerade in der Sexualität. In ihr haben wir die beiden Pole von tiefem Ernst und spielerischer Heiterkeit vereint. Den Ernst benötigen wir, um uns der Verantwortung bewußt zu sein, die wir brauchen, um zu denken, daß aus einem Liebesakt ein Kind entstehen kann. Dieses Kind will einmal geliebt werden, will zu einem lebenstüchtigen Menschen herangeführt (nicht erzogen) werden. Dieser Mensch ist dann auch ein Stückchen Wiedergeburt von uns, denn es trägt etwas von unserem Leben in die Zukunft. Die fließende kindliche Heiterkeit dürfen wir uns erlauben, weil nirgendwo sonst wir unser Mensch-sein so »plätschernd wie ein Bach«, so leichtfüßig wie Smetanas Moldau dahinfließen lassen dürfen.

Sie sollten auch daran denken, daß nichts und niemand dieses Fließen verhindern kann – außer Sie selbst! Es sind eventuell Ihre Schuldgefühle, die Sie bremsen, es sind Ihre Moraltabus, die Ihnen im Wege stehen können, es ist Ihr innerer Richter, der Ihnen in den schönsten Stunden Ihres Lebens »den Fuß in den Nacken stellt«. Denken Sie daran, daß es sich um fixe Rollenvorstellungen, um anerzogene und eingebildete Ängste bei der Sexualität handelt, wenn es nicht so klappt wie Sie es sich vorstellen. Viele Menschen empfinden während des Geschlechtsverkehrs irgendein Gefühl persönlicher Unsicherheit, eine Angst vor Versagen, vor Ablehnung. Das sind tief in uns eingegrabene »Spulen«. Das ist traurig und unangenehm für die Betreffenden. Aber Mitleid hilft Ihnen nicht aus einer solchen Schwierigkeit heraus. Wenn Sie selbst von derartigen alten Engrammen betroffen sind, dann sollten Sie sich im klaren darüber sein, daß nur Sie es sind, der zu einer neuen inneren Einstellung kommen kann. Niemand kann Ihnen das abnehmen. Sie selbst müssen sich den inneren Ruck geben, um sich zu sagen: »Ich will mir nicht mehr selbst im Wege stehen, ich werde mich ganz öffnen, denn ich habe erkannt, daß ich mich damit nicht nur dem anderen öffne, sondern vor allem öffne ich mich für mich selbst.«

Es kann jedem einmal passieren, in der Liebe nicht den großen »Höhepunkt« zu erleben. Wir sind nicht immer in der gleichen Stimmung; und auch nicht immer körperlich auf dem Höhepunkt. Aber wir könnten, um uns Enttäuschungen zu ersparen, vielleicht an so einem Tag auf die körperliche Liebe verzichten, um dann einen günstigeren Tag zu wählen. Die körperliche Liebe entspringt dem Augenblick, nicht einem festen Terminplan. Die Spontaneität in der Liebe, dieses Sich-völlig-dem-anderen-Öffnen in einem Augenblick der Freude und Heiterkeit, das macht wahre Liebe aus. Wer glaubt, es sei wieder einmal »Mittwoch« und wir machen uns ein paar schöne Stunden, beraubt sich selbst einer bestimmten Lebendigkeit und Spontaneität. Wenn es hin und wieder einmal nicht so klappt, so ist das auch kein »Beinbruch«. Ein immer potenter, perfekter Liebhaber wäre langweilig, eine immer bereite Partnerin degradierte sich zur Sexmaschine. Wir müssen immer offen sein, Neues zu erlernen, zu variieren und zu wachsen, auch in der Liebe. Wer schon in der ersten sexuellen Begegnung Meister sein wollte, der beraubte sich aller künftigen schönen Liebesstunden, denn auf die Spitze eines Berges folgt nur noch ein leerer Raum.

Wer Emotionen, wie immer sie auch beschaffen sein mögen, zurückhält und sie mit dem Partner weder teilt noch ihm mitteilt, blockiert seinen Energieaustausch. Um den Energieaufbau zu ermöglichen, muß der Körper weitgehend entspannt sein. Das Zurückhalten von Gefühlen verursacht aber Kontraktion bestimmter Muskeln und erzeugt Spannung – nicht die natürliche und wünschenwerte sexuelle Spannung, sondern eine starre, Energie verbrauchende Muskelanspannung, die zu flauem, enttäuschendem Sex führt. Je mehr Sie Ihrem Partner vertrauen, je bereitwilliger Sie Ihre Gefühle teilen, je mehr Sie sich öffnen, desto schöner und befriedigender wird die sexuelle Begegnung sein. Es ist klar, daß das Vertrauen bei diesem Energieaustausch eine große Rolle spielt. Wir müssen schon vertrauen, um angestaute Emotionen abfließen zu lassen, um sich in Gegenwart eines anderen entspannt zu fühlen, um bereit zu sein, die lustvolle Energie, die wir bei erhöhter Sensibilität und Wahrnehmung empfinden, mit dem Partner zu teilen. Wir sollten dem anderen vertrauen, daß er uns nicht unserer Energie beraubt, sondern die unsere mit der seinen teilt. So kommt es zu einer Art Kreislauf. Stellen Sie sich voll und ganz auf die Gefühle des anderen ein. Ob Freude oder Lust, Schmerz oder Orgasmus, was immer der andere empfindet, das empfinden Sie auch. Was Sie selbst tatsächlich fühlen, ist nicht der Beginn oder das Ende Ihrer selbst. Sie beide werden zu einem Kreis. Ihre Energien verschmelzen und werden als Signale von einem zum anderen übertragen; Ihre Gefühle, Empfindungen, Energien fließen zum anderen hinüber und kommen von ihm wieder zu Ihnen zurück. Schließlich existieren nur mehr Sie beide in einer schwebenden, glücklichen Beziehung von Energie und Liebe, Freude und Lust. Ihr gemeinsames Einfühlungsvermögen hat sich so erweitert, daß Sie einander völlig verstehen – nicht auf intellektueller, sondern auf emotionaler Ebene.

Schlußbemerkungen

Wir leben in einer Zeit der großen Versprechungen, die nicht eingehalten werden. Noch nie haben uns so viele Leute und Institutionen ihre Hilfe angeboten und uns im Stich gelassen, wenn wir sie wirklich brauchten.

Falls auch nur ein Bruchteil aller Versprechungen eingelöst worden wäre, müßten wir schon alle wunschlos glücklich sein. Die meisten Menschen sind es aber nicht. Und warum? Weil sie immer nur darauf warten, bis jemand kommt und ihnen hilft. Mancher hat aber schon in seinem Leben die Erfahrung machen können, daß die beste Hilfe die Selbsthilfe ist. Schließlich ist sich jeder selbst am nächsten. »Hilf dir selbst, so hilft dir Gott«, sagt man im Volksmund. Darum war dieses Buch auch nicht so angelegt, daß es an sich eine Hilfe für Sie wäre. Ich habe es so konzipiert, daß Sie sich in einigen oder vielen Dingen wiederfinden können.

Es war mein Wunsch, Ihnen gute und weniger gute Seiten des Menschen zu zeigen und außerdem darauf hinzuweisen, daß wir die Verantwortung nicht auf andere abschieben können. Es muß unser eigener Wille sein, in unserem Leben etwas verändern zu wollen.

Wäre in meinem eigenen Leben nicht so manches schiefgelaufen, ich wäre nie motiviert gewesen, ein solches Buch zu schreiben. Aber auch ich steckte in so vielen Schwierigkeiten und habe immer gehofft, eine imaginäre Mutter, eine Vaterersatzfigur zu finden, die mir alle Schwierigkeiten ausräumten. Bis ich darauf kam, daß ich die Hauptrolle in meinem Lebensfilm spiele. Als diese Hauptfigur, als Kapitän des eigenen Lebensschiffes, auch das wurde mir klar, mußte ich selbst das Ruder in die Hand nehmen, mußte ich Herr im eigenen Hause werden.

Manchmal bedarf es nur kleiner Anstöße, um etwas aus dem Leben zu erkennen, manchmal aber, bitte verzeihen Sie, gehört ein gewaltiger Tritt in den Hintern dazu, um uns aufzuwecken. Meistens auch werden uns solche Tritte vom Schicksal verpaßt, sie anzunehmen und daraus zu lernen, dazu zwingt es uns jedoch nicht. Es gibt Menschen, die schneller daraus lernen, aber auch solche, die sich ein Leben lang »treten« lassen, sich deshalb nur bemitleiden und nichts daraus machen. Sie haben die Wahl!

Ich wünsche Ihnen, verehrte Leserinnen, verehrter Leser, daß meine Zeilen Ihnen ein wenig Mut machen, das Leben hier und da anders anzupacken oder eine Sache einmal ganz neu zu überdenken. Wenn mir das gelungen ist, dann hat es sich gelohnt, dieses Buch zu schreiben. Wenn Sie darüberhinaus noch Auskünfte wünschen, dann rufen Sie mich doch einfach mal an oder schreiben Sie mir einen Brief. Vielleicht gelingt es uns dann gemeinsam, eine Lösung zu finden.
Ich wünsche Ihnen für Ihre Zukunft, daß Sie in Ihrem Reifeprozeß zu dem Kern Ihres Seins stoßen.

Henry G. Tietze
INSTITUT FÜR KOOPERATIVE PSYCHOLOGIE
HOLZWIESENSTRASSE 16 a
8000 MÜNCHEN 83

(Falls Sie schreiben möchten, bitte mit Rückporto)

Literaturverzeichnis

Berne, Eric: Spielarten und Spielregeln in der Liebe
Reinbek 1971

Fromm, Erich: Die Kunst des Liebens
Frankfurt/M. 1976

–, Haben oder Sein
Stuttgart, 1976

Lüscher, Max: Der Vier-Farben-Mensch
München 1977

Miller, Alice: Das Drama des begabten Kindes
Frankfurt/M. 1979

Missildine, W. Hugh: In dir lebt das Kind, das du warst …
Stuttgart 1979

Richter, Horst-Eberhard: Engagierte Analysen
Reinbek 1978

–, Eltern, Kind und Neurose
Reinbek 1969

Rogers, Carl: Die Kraft des Guten
München 1978

Schmidtbaur, Wolfgang: Die hilflosen Helfer
Reinbek 1977

Thirleby: Das Tantra der Liebe
München 1979 und Berlin 1982

Tietze, Henry G.: Hypnose, ihre Möglichkeiten und Grenzen
Hannover 1978

–, Die Kräfte der Hypnose
München 1980

–, Spiegel der Träume
München 1981

–, Die punktierte Seele
München 1981

Willi, Jürg: Therapie in der Zweierbeziehung
Reinbek 1978

Xylander, Ernst: Vom Umgang mit schwierigen Menschen
München 1958
–, Vom Umgang mit sich selbst
München 1958